21世纪高职高专规划教材·通识课系列

大学生安全教育

主　编　赵升文
副主编　马建华

中国人民大学出版社
·北京·

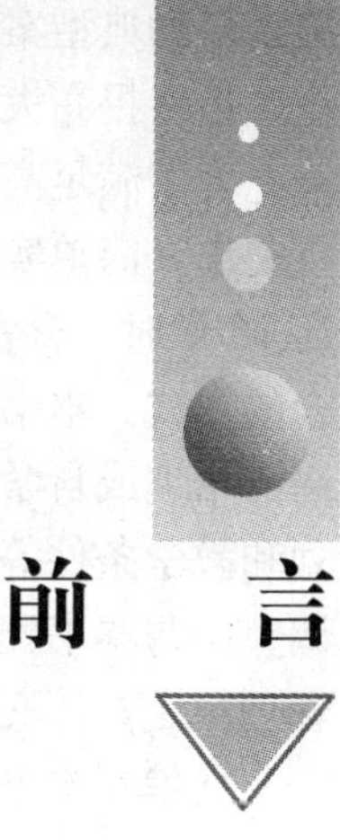

前　言

安全是人类生存的最基本要求，是个体寻求发展的前提。接受安全教育，增强安全防范意识，掌握基本的安全知识和自我保护的技能，提高安全防范能力，大学生会因此受益终身。当代大学生是祖国的未来、民族的希望，确保大学生健康成才、安全顺利地完成学业是社会、高校、家庭义不容辞的责任。

随着我国高等教育的发展，各高校办学规模不断扩大，在校生人数大幅增加，随之而来的是侵犯大学生人身、财产安全的违法犯罪行为日益增多；学生因车祸、他杀、自杀等原因的非正常死亡也时有发生。这些安全问题给学校造成了不良的社会影响，给家庭、社会带来了巨大的损失，引起了党和政府以及全社会的高度重视。大学生的安全教育已被纳入社会主义法制轨道，然而，在工作实践中，我们发现，大学生的安全教育工作尚存缺失，大学生的安全状况、安全意识和安全技能等现状尚不容乐观。安全教育是培养大学生全面素质的重要内容，高等学校要培养高素质人才，必须进一步加强对大学生的安全教育，这也是编辑和出版本书的最佳理由。

处于人生成长关键时期的大学生，面临着学习、生活、恋爱、升学、就业等一系列的人生重大课题。面对日益激烈的竞争，他们是否能够承受住挫折？面对突如其来的灾害，他们是否能够坦然应对？当合法权益被侵害时，他们能否勇敢地运用法律的武器来维护？当国家安全受到侵害的时候，他们能否挺身而出，成为国家安全和利益的自觉维护者……这一系列问题都能从大学生所接受的安全教育中找到答案。

本书针对高等职业学校大学生的特点，在分析大学生安全教育现状的基础上，从大学生常见的安全事故入手，通过分析原因，寻找法律依据，提出应对措施，借助典型案例和资料选读，进一步增强大学生的法制观念，提高安全防范意识，最终提高大学生防灾抗变的能力。

为了满足高职院校教学的需要，本书在编排上力求内容精练，选材丰富，重点突出，简单实用，覆盖了高等职业院校学生安全教育的方方面面。本书教学共需 16 学时（含实践环节）。教学形式可采取课堂教学、专题讨论与实地演练相结合的方式。本书可供高等职业院校作为通识教材使用，也可作为安全教育工作者岗前培训或自学参考书。在讲授本教材内容时，各高校教师可根据本校的教学计划和教学条件等具体情况，对书中内容进行有针对性的选择，对学时进行相应的调整。与本书配套使用的教学资源中包括授课用的 PPT 及《普通高等学校学生管理规定》等文件，具体请登录 www. crup. com. cn/jiaoyu 获取。

在编写本书的过程中，作者参考和使用了有关资料，吸收和借鉴了已有经验，在此谨向这些资料的作者致以诚挚的谢意。

由于编者水平和经验有限，书中难免存在一些错误和不足之处，敬请广大读者批评指正。

编　者

2010 年 6 月

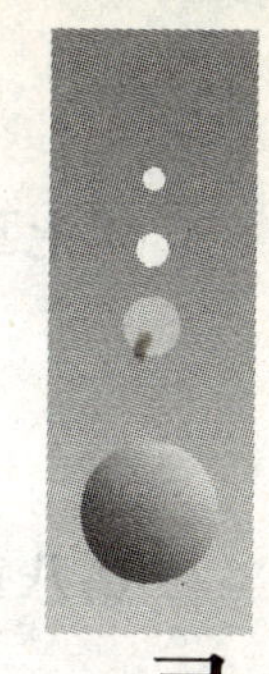

目　录

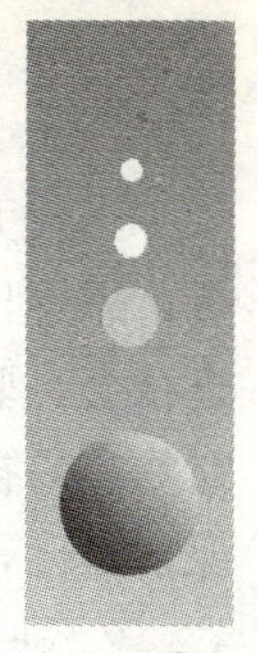

第一章 概 述

内容提示

大学生安全教育是一项复杂的系统工程。本章针对当前大学生自我防范意识和自我保护能力方面存在的问题，通过分析当前社会治安形势和校园安全状况，列举大学生常见的安全事故，阐述安全教育的内容及重要性，以期提高大学生对安全问题的重视程度。

第一节 安全防范

随着我国社会主义市场经济的不断深化和教育改革进程的快速推进，高等学校办学体制不断更新，办学规模不断扩大，在校大学生数量不断增多。同时，潜伏在校园内部和周边地区的许多不安全因素也不断涌现，各类安全事故时有发生。安全问题已成为社会、学校、学生家长普遍关心的热点问题。

一、安全意识与自我防范教育

目前，我国高等学校的安全教育体系还有待进一步完善，大学生安全教育工作水平还需要提高，以满足学生的成长和成才需求。大学生自我防范意识和自我保护能力，离实际需要还有一定的差距。大学生对于安全的认识程度有待进一步提高。

（一）大学生自我防范意识和自我保护能力方面存在的问题

1. 缺乏社会经验

当代大学生从小是在父母和老师的呵护下长大的，大都没有经受太大的挫折，思想比较单纯，对社会上的不良风气和一些坏人坏事不能作理性的认识，缺乏社会经验，自我防范能力相对较弱。比如，缺乏保管贵重物品、现金的经验，财物容易被盗；缺乏人际交往经验，容易上当受骗；遭受不法侵害时不知道如何保护自己，容易被不法之徒欺骗或利诱。

2. 缺乏安全防范意识

一些大学生安全防范意识淡薄，对可能发生的各种安全问题缺乏必要的重视和警惕，留下了种种安全隐患：有的学生离开房屋不锁门、贵重物品随意丢放；有的学生违反宿舍安全管理规定，在宿舍内乱接乱拉电线、违章使用电器等。这些安全隐患常导致各种安全事故。

3. 缺乏对社会消极思想的抵御能力

目前，我国正处在一个前所未有的改革开放时期，极端个人主义、利己主义、享乐主义等西方资产阶级腐朽思想乘虚而入，对部分涉世不深、阅历不广、缺乏社会经验的青年大学生来说具有极大的诱惑力。有的学生经不起这种诱惑，自觉或不自觉地接受了这些腐朽观念，如有些大学生经不住诱惑，从贪小便宜、小偷小摸而发展到大肆行窃，危害社会，最终成为社会的罪人；有些大学生在西方“性解放”及淫秽书刊、录像的影响下，很快成为淫乱思想的俘虏。

（二）对大学生进行安全教育的必要性

1. 维护国家安全和利益的需要

首先，从复杂的国际环境来看，我国的安全形势不容乐观。这主要表现为境外敌对势力和间谍情报机构为达到分化、西化中国的目的，一方面利用各种渠道，传播西方的政治和经济模式、价值观念以及腐朽的生活方式，培养和平演变的“内应力量”；另一方面采取金钱收买、物质利诱、色情勾引等手段，窃取我国的军事和经济机密。其次，大学生对国家安全还存留在传统的、局部的认识上，还没有认识到科技安全、金融安全、信息安全等方面的新内容。由于存在把国家安全等同于情报间谍活动的片面认识，大学生不能自觉地把维护国家安全与自身的责任联系起来。因此，全方位理解国家安全有助于增强大学生的国家安全意识，树立新的国家安全观。

2. 复杂的社会治安形势的需要

当今世界，和平和发展是两大主题。但西方敌对势力分化、西化我国的图谋从未改变，并不断炒作自由、民主、人权、民族、宗教等概念，利用各种机会捣乱、破坏我国的和平环境，利用我国人民内部矛盾制造社会对立。这些都对我国社会稳定造成严重危害。从社会发展阶段看，我国目前正处于快速奔向小康社会的转型时期，而这个阶段的经济结构、分配体系的调整，往往会引起社会关系变化和利益格局变动，导致社会矛盾多发，社会矛盾和社会问题很容易交织扩散。特别是受国际金融局势的影响，遇到经济不景气时，一些企业生产经营比较困难，下岗职工、失业农民工有所增多；高校毕业生就业压力有所增大；劳资纠纷、合同纠纷、债权债务纠纷等新矛盾不断产生，等等。上述问题如果处理不好，就容易引发不稳定事件。因此，加强对大学生的安全教育与管理，让大学生有针对性地学习必要的安全知识和法律法规，增强遵纪守法观念和安全防范意识，具有十分重要的意义。

3. 当前校园安全环境的需要

随着我国高等教育事业的蓬勃发展和各项改革的不断深化，多层次、多形式办学格局已经形成，高等教育为适应市场经济发展的需要，正在从封闭走向开放。高校管理方式社会化，办学形式多样化，学生结构复杂化，校园与社会相互交叉、相互渗透，校园治安形势日趋复杂和严峻。校园内不仅有教学区、生活区，还有超市、书店、银行、医院、浴室等生活服务设施和机构。这种复杂的格局，一方面方便了学生，另一方面又给高校的安全管理带来了诸多不利影响，突出表现在以下四个方面：一是社会上的一些不法之徒，时常窜入高校进行盗窃、抢劫、诈骗等犯罪活动，直接影响学校的安全稳定；二是大量的外来务工、经商人员涌入校园，给学校的治安管理带来了巨大的冲击；三是由于校区分散，相邻校区间的人流、车流量大，学生每天从一个校区到另一校区上课或去图书馆学习，交通安全存在较大的隐患；四是校园周边治安环境日趋复杂，侵害学校师生人身及财产安全的治安、刑事案件时有发生。

4. 大学生顺利成才的需要

学生群体作为一个特殊的社会群体，其生活方式也是特有的。大学生特定的年龄结构、生活环境和文化背景，决定了他们所面临的安全问题必然涉及日常学习和生活的方方面面。大学生需要有效地提高自己的安全防范能力，避免生活安全事故的发生，为自己的成长、成才创造更加良好的学习和生活环境。大学生的活动范围不再局限于校园，而是与社会的接触更加广泛。有的利用课余时间打工或勤工俭学，还有的因种种原因吃住在校外，特别是随着现代通信技术和互联网的发展，大学生接受来自于不同主体、不同途径、不同倾向的思想意识越来越多，其信息摄取行为也越显个体化、隐蔽化，接受信息的自由性也越来越强。而目前安全教育主要停留在说教上，且基本与学生的活动脱节，不符合学生的认知特征，很难调动学生的主观能动性，也就很难创造出安全的环境来。所有这些都说明，对大学生的安全教育和安全意识的培养是十分必要的。而安全问题不仅是学生在校学习、生活中经常遇到的问题，也是今后毕业走向社会经常遇到的问题。大学生在校学习科学文化技术知识的同时，应更多地学习、了解、掌握一些法律知识和安全常识，从而依靠法律法规的力量保护自己，维护自己或他人的正当权益。

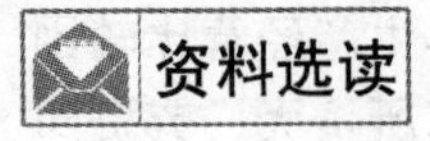

大学生安全素质的缺失

笔者曾对400名一年级的大学生进行了问卷调查。问题一是你做任何事情之前是否想到安全问题？回答想到的占9%；有时想到的占22%；没去想的占69%。问题二是当你的宿舍发生大火灾时，你怎样逃生？回答正确逃生方法的占43%；错误逃生方法的占36%；不知道逃生办法的占21%。问题三是当你遇到意想不到的危险情景时，你的表现是什么？回答冷静观察，寻找对策的占9%；恐慌逃跑的占60%；不知所措的占31%。从以上问题的回答结果可以看出，低年级大学生安全素质的缺失主要表现为：安全意识淡薄；危机应对技能欠缺；危机应对心理失衡。因此，他们一旦遇到危机情景就不能正确应对和进行紧急避险，从而酿成安全问题。

资料来源：http：//www.chinaeduc.com/。

二、大学生安全教育的主要内容

从广义看，安全有个体安全、公私财物安全、公共安全、国家安全等。作为个体安全的大学生安全，其构成又包括人身安全、心理安全、学业安全和财物安全。大学生要做好安全防范工作，应掌握的安全知识也是多方面的。只有掌握较多的安全知识，并善于在实践中运用，安全防范工作才能立于主动地位。大学生要自觉从以下几个方面接受安全教育。

（一）法律知识教育

法律知识教育是增强大学生法律意识和法制观念的重要途径。大学生开展法律知识学习，应从与学生日常生活密切相关的法律知识入手，大学生要充分利用高校公共基础课、法学专业课以及相关法制教育专题讲座、论坛等，为自己打下坚实的法律基础。学校应通过各种实践活动来推进法律知识教育，特别要与公检法执法机关建立共建关系，通过讲座、法律知识竞赛、模拟法庭等活动激发学生学习法律知识的热情，以增强学生的守法自律意识，减少学生违法犯罪行为的发生。

（二）校规校纪教育

出于目前少数大学生纪律观念淡薄等原因，大学校园内违法乱纪现象屡见不鲜。特别是随着近年高校办学规模扩大，校园开放程度增大，违纪事件呈现上升趋势。校园中的盗窃、打架斗殴、酗酒、聚众赌博以及涉黄涉毒、制造计算机病毒等违法或违纪事件，不仅严重影响了学校的教学和生活环境，而且也危及社会秩序稳定和国家长治久安。作为一名大学生，应该通过学习校规校纪知道什么应该做，什么不应该做，这对大学生在学校的健康成长乃至走向社会都是大有裨益的。从进校开始，大学生就要自觉接受以校纪校规为主要内容的入学教育，全面地了解、熟悉校纪校规，特别是涉及安全的各种规范。在平时，大学生也应随时随地要求自己，避免因违反校纪的行为受到学校的严肃处理。

（三）网络安全教育

随着计算机网络技术的飞速发展，利用网络进行的违法犯罪行为日益增多。与大学生有关的网络犯罪主要有两种：一种是大学生网上购物或网上交友被骗，其人身、财产安全受到网络违法犯罪行为的侵害；另一种是大学生自身参与网络违法犯罪行为。大学生因学习交友需要，上网的时间较多，为此，学校应当加强网络法律知识的教育，使大学生认识到哪些行为在网上是非法的，是法律严令禁止的，以免大学生由于网络法律知识的欠缺，参与到网络违法犯罪活动中去。此外，大学生应加强网络安全教育的学习，懂得如何在网络中保护自己，不要轻信他人，不要随意接受他人邀请，或将自己的重要信息告知他人，以免上当受骗。

（四）心理健康教育

由于社会压力大、生活节奏加快，尤其是大学生面对学习压力、经济压力、就业压力以及家庭环境和个人经历等诸多因素困扰，使得一些大学生产生心理问题。研究结果表明，相当一部分大学生心理上存在一定程度的不良反应和适应障碍。大学生心理障碍的发生率呈上升趋势，主要表现为焦虑、恐惧、忧郁、冷漠、偏执、暴躁、消沉等各种带有情绪色彩和偏激思想的行为越来越多。因此，大学生要特别重视自己的心理安全，培养健康的心态，有针对性地接受环境适应教育、人际关系教育、健康人格教育、应对挫折教育以及心理疾病防治教育。

（五）日常生活中的安全问题

对于一些骗局及意外情况，生活阅历丰富的人往往一眼就能识破并能应付自如，而一些青年大学生却常常难以应付，或是误入陷阱，或是缺乏临险救助的常识，从而造成不应有的损失或本该可以避免的损失。大学生的生活阅历相对比较简单，生活经验还不够丰富，在防火、防盗、防骗、防滋扰等安全问题上，缺乏基本常识。因此，大学生要针对日常生活中的安全问题，围绕人身安全和财产安全，全面掌握必要的安全防范知识，主要涉及防伤害、防拐卖、防性侵害、防抢劫、防诈骗、防火灾、防交通事故、防自然灾害事故以及受教育的保障和权利遭侵害等方面。

（六）社会活动中的安全问题

社会活动是大学生社会化过程中一个重要的组成部分。大学生在参与社会活动中往往缺乏个人防范意识，缺乏社会公德意识，缺乏应急策略意识。大学生在掌握必要的安全防范知识的基础上，还应懂得维护国家安全、社会稳定的安全知识；掌握维护公共安全、社会主义市场经济秩序、社会管理秩序的安全知识；掌握保护公民人身、财产的安全知识；掌握预防突发事件的安全知识等。这不仅是大学生人生发展的需要，也是大学生实现人生价值的需要。

（七）实践环节教育

大学生要认识到安全教育的重要性，尤其要强调实践环节。大学生要通过社会实践与调查、小组讨论等活动，积极开展安全讨论，进行安全演练，提高对自我、校园和社会安全环境的认识，为顺利完成学业打下扎实的基础。要在平时充分学习校园网、广播、院校报刊、宣传栏、黑板报的相关安全知识，参加专题讲座、主题班会、知识竞赛等多种形式的安全教育；还要在某些特殊的日子，如“6·26世界禁毒日”、“11·9消防日”、节假日前夕关注社会的热点教育。此外，学校还要用好社会资源，如公安民警、消防官兵等，开展现场演示、实际模拟等多种形式的实践教育活动，进一步提高大学生的安全意识，增强其自我防范的本领。

第二节　常见事故

一、常见大学生安全事故

在校园内外发生的学生意外伤害事故多种多样，但总体来看，还是有一定的规律可循，只要平时加以注意，很多事故还是可以避免的。大学生应提高警惕，加强自身修养，针对自己的实际情况，养成良好的安全习惯，积极预防和应对以下各种常见事故。

（一）人身伤害

1. 交通事故

主要有以下几类：一是大学生在返乡途中乘坐没有交通资质的交通工具，发生意外事故；二是大学生乘坐没有取得驾驶证的人员驾驶的机动车辆；三是大学生外出途中听音乐、闯红灯导致交通事故；四是大学生无证驾驶机动车辆发生事故。

2. 溺水

主要是指大学生假期私自外出到浴场、水库游泳导致溺水，或是在寒冷地区溜冰落水。

3. 踩踏

主要指大学生在教学楼、宿舍楼等狭窄通道因恶作剧、做怪声或不慎跌倒、发生拥挤而导致意外受伤。

4. 火灾

主要有以下两类：一是大学生在宿舍违规使用酒精炉、大功率电器、点蜡烛引发火灾；二是大学生私自外出租房居住取暖或使用煤气、天然气不当，引发火灾。

5. 电险

主要有以下两类：一是大学生在宿舍违规使用大功率或劣质电器引发火灾；二是乱拉电线或不按规程操作导致触电。

6. 摔伤

主要有以下三类：一是大学生外出爬山或探险从高处跌落；二是大学生夜间外出跌落古井或深沟；三是夜间睡觉从上铺跌落摔伤。

7. 割伤

主要有以下两类：一是大学生翻越栅栏，被铁栏杆划伤；二是大学生不慎撞破标志不明显的玻璃门被割伤。

8. 砸伤

主要有以下三类：一是被雨后坍塌的高墙砸伤；二是被高空坠物砸伤；三是恶劣天气外出被广告牌等砸伤。

9. 体育课受伤

主要有以下三类：一是喜欢激烈对抗体育活动的男大学生在各类比赛中因对抗极易发生骨折、扭伤；二是在田径项目中发生标枪刺人、铁器砸伤的事故；三是长跑或极限运动导致猝死。

10. 实验室伤害

主要有以下三类：一是危险实验品丢失、处置不当；二是不按操作规程引发爆炸、火灾、化学烧伤；三是废物处理不当造成污染。

11. 食物中毒

主要有以下三类：一是大学生吃了在小摊、小商贩处购买的不洁食品；二是学校食堂卫生条件不够导致学生集体中毒；三是大学生食用了过期或被污染的食品。

12. 性相关事故

主要有以下三类：一是大学生用情不专一或介入别人家庭引发矛盾，受到伤害；二是男生对女生实施性骚扰，甚至强奸；三是女大学生爱慕虚荣，从事陪聊、卖淫等色情服务活动。

13. 自杀

主要有以下四类：一是大学生因感情、恋爱问题受挫而自杀；二是大学生患有抑郁症而自杀；三是大学生因面临学校处分、法律惩罚，压力过大而自杀；四是大学生因压力过大、对现实不满而自杀。

14. 突发公共事件引发的伤害

主要有以下三类：一是大学生因敏感日或敏感事件参加游行、示威活动导致受伤；二是突发公共卫生事件，导致大学生染病；三是发生地震、环境污染等自然或人为灾害，使大学生遇到危险或发生伤害事故。

（二）财物及学业损失

1. 被盗

主要有以下两类：一是大学生由于保管不善，随意丢放贵重物品被盗，如宿舍忘记关门、教室丢包等；二是大学生个人外出途中被小偷偷包。

2. 被骗

主要有以下三类：一是大学生本人被骗去钱物；二是大学生因个人资料泄密或证件被骗去造成抵押或支付纠纷；三是女大学生感情被欺骗。

3. 被抢劫

主要有以下三类：一是大学生晚归，在偏僻、无人的地段遭遇坏人抢劫；二是在乘坐长途车途中遭坏人抢劫；三是大学生在面见网友过程中遭人抢劫。

4. 隐私被曝

主要有以下两类：一是大学生在浴室、宿舍、厕所等隐私场合被坏人偷拍；二是大学生个人博客、网络相册被别人盗用，或是存盘资料、录像被盗用或上传网络。

5. 学业荒废

主要有以下三类：一是大学生因上网成瘾或患忧郁症厌学，导致学业荒废；二是大学生因急于经商、创业，导致学业荒废；三是大学生因对专业不满失去学习兴趣，导致学业荒废。

6. 落入打工就业陷阱

主要有以下四类：一是中介机构常常利用大学生，尤其是利用外地留校学生急于利用假期打工的心理，无中生有或以“急招”为幌子引诱学生报名，骗取“信息费”、“报名费”；二是大学生往往被要求交纳押金，或被收取身份证、学生证作为抵押；三是找工作被骗而加人传销；第四类情况多发生在招聘家教或文秘时，有的女同学不加考虑，单独和对方见面，遭遇危险。

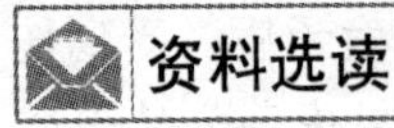

2008年上海高校发生各类安全事故统计

上海市首次通报上海高校大学生安全情况。2008年，上海市高校共发生各类安全事故63起，事故共造成55人死亡。其中事故灾难类事件18起，占总数的28.57%；社会安全类事件45起，占总数的71.43%；高校未发生3人以上的突发公共卫生事件。18起事故灾难类安全事件涉及学生26人，造成19人死亡，7人受伤。其中，交通事故10起，共造成12人死亡。

资料来源：http：//chinanews. com. cn/。

（三）违法违纪

1. 破坏公物

主要有以下两类：一是大学生受学校处分或处理后，为泄私愤打、砸、破坏公物；二是盲从别人，如毕业前有些高校发生毕业生扔、砸物品的现象。

2. 酗酒

主要有以下三类：一是大学生饮酒造成酒精中毒；二是大学生因酗酒导致打架或斗殴事件；三是大学生因酗酒导致控制力不强，易发生性侵害事件。

3. 出走

主要有以下三类：一是大学生因厌学或不及格课程太多，毕业无望而出走；二是大学生对家长或老师的批评责备接受不了而出走；三是大学生急于创业，与家人意见不一致而导致出走。

4. 非法经商

主要是指大学生不了解相关法律法规，进行违规经营或非法获利等活动。

5. 盗窃

主要有以下两类：一是大学生在宿舍、教室等校内场所盗取他人或学校财物；二是大学生在社会上与坏人勾结，盗取公私财物。

6. 伤害他人

主要有以下三类：一是大学生因感情问题，如恋爱遭拒、滥用感情等引发矛盾，导致伤害事故；二是大学生因酗酒、哥们义气打架，导致伤害事故发生；三是大学生因心理疾病或对社会不满，伤害他人泄私愤。

7. 抢劫

主要有以下两类：一是大学生因上网、虚荣心等导致花费较大，一时冲动去抢他人钱财；二是大学生与社会人员勾结，形成犯罪团伙去抢劫。

8. 性侵犯

主要有以下三类：一是大学生因恋爱，占有欲强，对女性猥亵或强奸；二是大学生因色情信息诱惑，对女性进行性侵犯；三是大学生从事嫖娼或卖淫等非法活动。

9. 替考

主要有以下两类：一是大学生在校内考试中自己作弊或替同学考试；二是大学生因利益诱惑参与高考等国家考试，充当枪手。

10. 勒索

主要有以下两类：一是大学生绑架他人，勒索钱财；二是大学生自编自演勒索骗局，欺骗自己父母。

11. 诈骗

主要有以下三类：一是大学生冒充中介，欺骗同学钱财；二是大学生利用高考，假称能帮助别人上大学而骗取钱财；三是大学生推销伪劣产品，坑害同学。

12. 网络犯罪

主要有以下三类：一是大学生在网络上散布危害国家安全、侵犯他人隐私的信息；二是大学生充当黑客或传播、制造病毒；三是大学生传播、观看黄色信息。

13. 非法宗教活动

主要有以下两类：一是大学生在校园违规传播宗教；二是大学生参加非法宗教集会。

14. 赌博

主要指大学生受社会人员引诱，参与赌博。

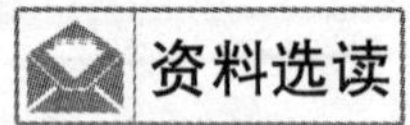

大学生性安全意识淡薄

“大学生婚前性行为近半不戴安全套”，记者从有关部门对泉州、漳州、宁德、龙岩等地的大学生所作的一次调查中了解到，6.4%的被调查者有过性生活经历。但是，对艾滋病传播途径这一问题的回答，完全答对的人只有42.8%。

“我省已经发现多例大学生艾滋病感染者”，这是记者从福建省疾病预防控制中心艾滋病监测中心获悉的。专家说，这与淡薄的性安全意识很有关系。

在“艾滋病相关知识、态度、行为调查分析”中，记者发现，在对与艾滋病相关行为及观念的调查项目中，有三成以上的学生称：在目前认识的本校同学中有过性行为经历，且赞成在校期间有婚前性行为的学生也有30%。在他们当中，男生比女生更赞成婚前性行为。在有过婚前性行为的人群中，四年级的学生占的比例最大。他们发生第一次性行为的平均年龄是19岁。

调查也显示：被调查的大学生性知识比较贫乏，艾滋病预防的意识很淡薄。调查显示，最近一次性行为中，只有60%左右的人使用了安全套。在艾滋病传播渠道的问题上，有三成的人竟然认为被蚊虫叮咬会传播，还有近一成的人认为同桌吃饭也会被传染。在对艾滋病预防干预措施中，完全答对的不到一成，甚至还有学生认为避免蚊虫叮咬是有效预防措施之一。有97%以上的人认为艾滋病患者应该得到社会的关怀，但是若周围认识的人中有艾滋病感染者，只有不到七成的人表示愿意和他们一起参加学习和工作。有71.3%的人认同患艾滋病今后可能会威胁到自身健康的说法，有91.8%的人认为预防工作与自身有关。

资料来源：http：//www. fjjsw. gov. cn/。

二、有关安全管理的文件规定

学生是祖国的未来，是国家的希望，国家在学生安全管理方面出台了很多规定，以维护学生的权利，约束学生的行为，规范高校的学生管理工作，更好地保护学生的权益。

(一)《学生意外伤害事故处理办法》的有关规定

因下列情形之一造成的学生伤害事故，学校已履行了相应职责，行为并无不当的，无法律责任：

(1) 地震、雷击、台风、洪水等不可抗的自然因素造成的。

(2) 来自学校外部的突发性、偶发性侵害造成的。

(3) 学生有特异体质、特定疾病或者异常心理状态，学校不知道或者难于知道的。

(4) 学生自杀、自伤的。

(5) 在对抗性或者具有风险性的体育竞赛活动中发生意外伤害的。

(6) 其他意外因素造成的。

下列情形下发生的造成学生人身损害后果的事故，学校行为并无不当的，不承担事故责任，事故责任应按有关法律法规或其他有关规定认定：

(1) 在学生自行上学、放学、返校、离校途中发生的。

(2) 在学生自行外出或者擅自离校期间发生的。

(3) 在放学后、节假日或者假期等学校工作时间以外，学生自行滞留学校或者自行到校发生的。

(4) 其他在学校管理职责范围外发生的。

(二)《普通高等学校学生安全教育及管理暂行规定》的有关规定

(1) 学生必须严格遵守国家法律、法规和学校的各项规章制度，注意自身的人身和财产安全，防止各种事故的发生。

(2) 学生在日常教学及各项活动中，应遵守纪律和有关规定，听从指导，服从管理；在公共场所，要遵守社会公德，增强安全防范意识，提高自我保护能力。

(3) 学生组织集体课外活动，须经学校同意，按学校规定进行。学校须认真进行安全审查，条件不具备时不得批准。

(4) 学生应严格遵守宿舍管理的规定，自觉维护宿舍的安全与卫生，提高自我管理能力。

(5) 学生未经批准擅自离校不归发生意外事故的，学校不承担责任。

对擅自离校不归，学校不知去向的学生，学校应及时寻找并报告当地公安部门，及时通知学生家长。半月不归且未说明原因者，学校可张榜公布，按自动退学除名。

(6) 学生假期或办理离校手续后发生意外事故的，学校不承担责任。

(三)《关于切实加强高校学生住宿管理的通知》的有关规定

各高校应积极创造条件为学生解决住宿问题，原则上不允许学生自行在校外租房居住。对已在校外租房的学生，应要求其搬回校内住宿；对极少数坚持在校外租房的学生，要向他们耐心说明可能产生的后果和个人应承担的责任，并逐一登记，建立报告和承诺制度，说明租房的原因、房屋详细地址、联系方式，承诺加强人身和财产安全的自我保护，经本人与家长双方签字报学校备案。

（四）《普通高等学校学生管理规定》的有关规定

(1) 学校应当维护校园正常秩序，保障学生的正常学习和生活。

(2) 学生应当自觉遵守公民道德规范，自觉遵守学校管理制度，创造文明、整洁、优美、安全的学习和生活环境。

(3) 学生不得有酗酒、打架斗殴、赌博、吸毒，传播、复制、贩卖非法书刊和音像制品等违反治安管理规定的行为；不得参与非法传销和进行邪教、封建迷信活动；不得从事或者参与有损大学生形象、有损社会公德的活动。

(4) 学校应当建立健全学生住宿管理制度。学生应当遵守学校关于学生住宿管理的规定。

信息链接

1. 中华人民共和国教育部（http：//www. moe. edu. cn/）。
2. 中华人民共和国公安部（http：//www. mps. gov. cn/）。
3. 中国警察网（http：//www. cpd. com. cn/）。
4. 中国高等教育学生信息网（http：//www. chsi. com. cn/）。

思考与练习

1. 结合所在学校的校园安全状况谈谈如何提高安全意识。
2. 谈谈大学生如何提高自己的安全防范能力。
3. 开展小组讨论，谈谈身边发生的安全事故并总结自己的经验。

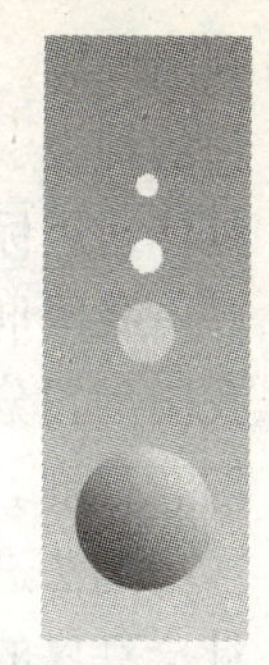

第二章　规章学习

内容提示

大学生正处在人生成长的关键时期，遵纪守法对大学生世界观、人生观和价值观的形成至关重要。本章主要介绍日常法律法规知识和高校大学生管理的各种规章制度，旨在教育大学生不但要学好现代科学知识、技能和理论，而且要不断提高自身的道德水平和遵纪守法的意识，预防违法犯罪，并运用法律保护好自身合法权益，真正成为心智与人格全面发展的有用之才。

第一节　法律法规

一、大学生应学习的法律法规

大学生在校期间，应认真学习《中华人民共和国刑法》、《中华人民共和国刑事诉讼法》等日常法律知识、《中华人民共和国治安管理处罚法》、《中华人民共和国国家安全法》、《中华人民共和国国家保密法》和《关于维护互联网安全的决定》等有关法律法规，真正做到学法、知法、用法，规范自己的行动，学会用法律保护自己的合法权益。下面我们就逐一介绍和大学生生活密切相关的法律法规。

（一）日常法律知识

1.《中华人民共和国刑法》

《中华人民共和国刑法》（以下简称《刑法》）共四百五十二条，分总则、分则两大编。总则规定了刑法的任务、基本原则和适用范围，犯罪行为的特征、刑罚的种类、刑罚的具体运用等。分则规定了各类犯罪行为的构成、罪名和刑罚的具体适用标准等。

我国刑法规定的刑罚种类有哪些呢？根据《刑法》第 32、33、34 条规定，我国刑罚分为主刑和附加刑两种。主刑的种类有管制、拘役、有期徒刑、无期徒刑、死刑。附加刑的种类有罚金、剥夺政治权利、没收财产。

刑法进行惩罚的目的并不在于惩罚本身，而在于通过惩罚维护民众的权益和社会秩序的安定，能够促进人民生活的整体提高。刑法的正义在于给予犯罪人应有的惩罚，促进人民的幸福自由。

2.《中华人民共和国民法通则》

《中华人民共和国民法通则》（以下简称《民法》）于 1987 年 1 月 1 日起施行，是为了保障公民、法人的合法民事权益，正确调整民事关系，适应社会主义现代化建设事业发展的需要，根据宪法和我国实际情况，总结民事活动的实践经验而制定的。其基本原则是保障公民、法人的合法的民事权益，正确调整民事关系，适应社会主义现代化建设事业发展的需要，调整平等主体的公民之间、法人之间、公民和法人之间的财产关系和人身关系。

该法规定了公民（自然人）的民事权利能力和民事行为能力、法人的概念、民事法律行为和代理、民事权利（财产权、债权、知识产权、人身权）、民事责任、诉讼时效等内容。

3.《中华人民共和国治安管理处罚法》

《中华人民共和国治安管理处罚法》（以下简称《治安管理处罚法》）是一部系统规范治安管理处罚的实体、程序、执法监督等内容的基本法律，是公安机关办理治安案件的准据法、程序法。这部法律在维护社会治安秩序、保障公民合法权益、规范公安机关和人民警察依法行使职权等方面，都具有广泛而深远的意义。《治安管理处罚法》自 2006 年 3 月 1 日起施行。

违反治安管理处罚的行为涉及社会生活的各个领域，包括：（1）扰乱公共秩序的行为，如扰乱机关、团体、企事业单位的秩序，致使正常工作不能进行；扰乱车站、码头等公共场所的秩序；扰乱公共汽车等公共交通工具上的秩序等。（2）妨害公共安全的行为，如非法携带、存放枪支弹药；违法生产、销售、储存危险物品；非法制造、贩卖、携带管制刀具等。（3）侵犯他人人身权利的行为，如殴打他人，非法限制他人人身自由，侮辱、诽谤他人，虐待家庭成员等。（4）侵犯财产权利的行为，如偷窃、骗取、抢夺少量财物；哄抢他人财物；敲诈勒索、故意损坏公私财物等。（5）妨害社会管理的行为，如窝赃、买赃，吸食、注射毒品，倒卖票证，利用封建会道门、迷信活动扰乱社会秩序，冒充国家机关工作人员招摇撞骗，尚不够刑事处罚的。（6）违反消防管理的行为，如在有易燃易爆物品的地方，违反禁令吸烟、使用明火；违反规定占用防火间距；有重大火灾隐患，经公安机关通告而拒不改正的。(7) 违反户口或者居民身份证管理的行为，如涂改户口证件；不按规定申报户口、领取居民身份证，拒不改正等。(8) 奸淫、嫖宿暗娼以及介绍容留卖淫的行为。嫖宿暗娼，尚不构成犯罪的。(9) 违反交通管理的行为，如挪用、转借机动车辆牌证或驾驶证；违反交通规则，造成交通事故；酒后驾车等。(10) 违反规定种植罂粟等毒品原植物或非法运输、买卖、存放、使用罂粟，尚不构成犯罪的行为，以及进行赌博或者为赌博提供条件等。

(二) 国家安全法律知识

1.《中华人民共和国国家安全法》

我国现行的《中华人民共和国国家安全法》(以下简称《国家安全法》)是1993年2月22日第七届全国人民代表大会常务委员会第三十次会议通过，中华人民共和国主席令第68号发布的，自公布之日起施行。该法对危害国家安全的行为作了以下规定：

任何组织和个人进行危害中华人民共和国国家安全的行为都必须受到法律的追究。本法称危害国家安全的行为，是指境外机构、组织、个人实施或者指使、资助他人实施的，或者境内组织、个人与境外机构、组织、个人相勾结实施的下列危害中华人民共和国国家安全的行为，主要包括：(1) 阴谋颠覆政府，分裂国家，推翻社会主义制度的；(2) 参加间谍组织或者接受间谍组织及其代理人的任务的；(3) 窃取、刺探、收买、非法提供国家秘密的；(4) 策动、勾引、收买国家工作人员叛变的；(5) 进行危害国家安全的其他破坏活动的。

2.《中华人民共和国保守国家秘密法》

(1) 国家秘密包括的秘密事项。《中华人民共和国保守国家秘密法》(以下简称《保密法》) 第2条规定：国家秘密是关系国家安全和利益，依照法定程序确定，在一定时间内只限一定范围的人员知悉的事项。《保密法》第9条规定，国家秘密包括下列秘密事项：1) 国家事务重大决策中的秘密事项；2) 国防建设和武装力量活动中的秘密事项；3) 外交和外事活动中的秘密事项以及对外承担保密义务的事项；4) 国民经济和社会发展中的秘密事项；5) 科学技术中的秘密事项；6) 维护国家安全活动和追查刑事犯罪中的秘密事项；7) 经国家保密行政管理部门确定的其他秘密事项。

(2) 泄露国家秘密的法律责任。《保密法》对相关责任做了如下规定。

违反本法规定，有下列行为之一的，依法给予处分；构成犯罪的，依法追究刑事责任：1) 非法获取、持有国家秘密载体的；2) 买卖、转送或者私自销毁国家秘密载体的；3) 通过普通邮政、快递等无保密措施的渠道传递国家秘密载体的；4) 邮寄、托运国家秘密载体出境，或者未经有关主管部门批准，携带、传递国家秘密载体出境的；5) 非法复制、记录、存储国家秘密的；6) 在私人交往和通信中涉及国家秘密的；7) 在互联网及其他公共信息网络或者未采取保密措施的有线和无线通信中传递国家秘密的；8) 将涉密计算机、涉密存储设备接入互联网及其他公共信息网络的；9）在未采取防护措施的情况下，在涉密信息系统与互联网及其他公共信息网络之间进行信息交换的；10）使用非涉密计算机、非涉密存储设备存储、处理国家秘密信息的；11）擅自卸载、修改涉密信息系统的安全技术程序、管理程序的；12）将未经安全技术处理的退出使用的涉密计算机、涉密存储设备赠送、出售、丢弃或者改作其他用途的。

3.《关于维护互联网安全的决定》

我国的互联网，在国家大力倡导和积极推动下，在经济建设和各项事业中得到日益广泛的应用，使人们的生产、工作、学习和生活方式已经开始并将继续发生深刻的变化，对于加快我国国民经济、科学技术的发展和社会服务信息化进程具有重要作用。同时，如何保障互联网的运行安全和信息安全问题已经引起全社会的普遍关注。我国制定了相关的法律法规，以打击互联网犯罪，维护国家的信息安全。

(1) 对互联网的运行安全构成的犯罪，该规定主要包括以下几个方面的内容：1）侵入国家事务、国防建设、尖端科学技术领域的计算机信息系统；2）故意制作、传播计算机病毒等破坏性程序，攻击计算机系统及通信网络，致使计算机系统及通信网络遭受损害；3）违反国家规定，擅自中断计算机网络或者通信服务，造成计算机网络或者通信系统不能正常运行。

(2) 危害国家安全的犯罪行为，该规定主要包括以下几个方面的内容：1）利用互联网造谣、诽谤或者发表、传播有害信息，煽动颠覆国家政权、推翻社会主义制度，或者煽动分裂国家、破坏国家统一；2）通过互联网窃取、泄露国家秘密、情报或者军事秘密；3）利用互联网煽动民族仇恨、民族歧视，破坏民族团结；4）利用互联网组织邪教组织、联络邪教组织成员，破坏国家法律、行政法规实施。

（三）大学生创业法律知识

大学生刚从校园步入社会，选择创业道路的时候，法律的保障就显得尤为重要。大部分大学生在创业前很少认真了解与创业相关的法律内容，即使有所了解，在实践中的众多环节上也往往忽视了法律的作用。作为受过高等教育的大学生，应该相对系统地学习法律知识，具备运用法律知识的能力以及知晓寻找法律资源的渠道，只有这样，在风险和利益同时存在的情况下，才能避免出现以投机心理和冒险行为等非理性行为导致的惨痛教训。因此，学习法律知识是大学生创业的硬件之一，只有懂法、守法，并依据法律保护自己的合法权益，才能确保大学生创业行动的稳健与长久。

1. 学习与创业密切相关的法律

大学生在创业之前，应先弄清楚设立企业要符合哪些条件、企业的组织机构应如何设置、企业的规章制度应如何制定等一系列的问题，了解与创业密切相关的法律规定。

（1）企业设立、组织、解散依据的法律，如《公司法》、《合伙企业法》、《个人独资企业法》、《公司登记管理条例》、《中小企业促进法》、《企业登记管理条例》、《企业破产法》等。大学生要设立企业，需要预先了解工商管理法规、规章；到工商行政管理部门办理登记手续，领取营业执照，如从事特定行业的经营，还须提前取得相关主管部门的批准文件。企业的组织形式可以是股份有限公司、有限责任公司、合伙企业、个人独资企业，其中以有限责任公司最为常见。

（2）规范企业市场交易活动的法律，包括《合同法》、《担保法》、《产品质量法》、《反不正当竞争法》、《反垄断法》、《广告法》、《消费者权益保护法》、《票据法》等。这部分法律法规主要解决的是合法经营、公平交易问题，大学生创业必须要了解以上基本民商、民事法律以及行业管理的法律法规。

（3）劳动关系相关法律，如《劳动法》、《劳动合同法》、《就业促进法》、《社会保险费征缴暂行条例》、《社会保险登记管理暂行办法》、《工伤保险条例》、《最低工资规定》等。企业最关键的因素是人，要想处理好企业与员工之间的关系，让员工充分发挥其积极性为企业创造效益，就必须严格按照这些法律法规的规定办事，依法保障他们的权益。这其中涉及劳动法和社会保险问题，大学生需要了解劳动合同、试用期、服务期、商业秘密、竞业禁止、工伤、养老金、住房公积金、医疗保险、失业保险等诸多规定。

（4）知识产权相关法律，如《著作权法》、《商标法》及其实施条例、《专利法》及其实施细则、《信息网络传播权保护条例》、《计算机软件保护条例》等。大学生创业需要了解著作权、商标、域名、商号、专利、技术秘密等各自的保护方法。通过了解这些法律法规，一方面要懂得如何保护自己的知识产权，另一方面也更懂得如何避免侵犯他人的知识产权。

（5）国家宏观调控相关法律，如《环境保护法》、《对外贸易法》、《税法》、《投资法》、《金融法》、《企业所得税暂行条例》、《增值税暂行条例》、《营业税暂行条例》等。企业设立后，需要进行税务登记，需要会计人员处理财务，这其中涉及税法和企业财务制度问题。大学生需要了解企业应缴哪些税种，如营业税、增值税、所得税等，还需要了解哪些支出可以计入成本，开办费、固定资产怎么摊销等。

2. 积极了解创业优惠政策

大学生应了解有关高科技园区、开发区、软件园区等方面的法规、规章和有关地方规定，从而有助于选择创业地点，享受税收等优惠政策。例如，政府主导型的扶持大学生创业已经成功应用和产生效果的上海模式，其特点是，政府出资，设立扶持大学生、毕业生创业的“天使基金”，利用高等学校的高科技园区，建设大学生或毕业生创业孵化基地（园区），经过对创业项目的审定评估，筛选出孵化项目，入住基地（园区），给予使用场地的优惠，并且给予如工商注册、财务管理、经营等方面的专业辅导。一般孵化期是两年，之后出园区。孵化成功的退还“天使基金”，不成功者不需要退还。

二、大学生要学会保障自己的合法权益

公民需要了解自身应有的各种权利，培养自觉运用法律维护自身和他人的合法权益不受侵犯的意识，只有这样才能强化国家权力运作的制约机制和监督作用，保障权力的正当行使，使个人的自由得到保障。大学生权益并不是指大学生作为公民享有的普通权益，而是大学生作为一个特殊群体而享有的特殊权益，是指大学生在接受高等教育的过程中应享有的权利。

（一）大学生享有的权利

教育部《普通高等学校学生管理规定》明确了学生在校期间依法享有下列权利：参加学校教育教学计划安排的各项活动，使用学校提供的教育教学资源；参加社会服务、勤工助学，在校内组织、参加学生团体及文娱体育等活动；申请奖学金、助学金及助学贷款；在思想品德、学业成绩等方面获得公正评价，完成学校规定的学业后获得相应的学历证书、学位证书；对学校给予的处分或者处理有异议，向学校、教育行政部门提出申诉；对学校、教职员工侵犯其人身权、财产权等合法权益，提出申诉或者依法提起诉讼；法律、法规规定的其他权利。概括起来可分为以下几类。

1. 教学设施使用权

《中华人民共和国教育法》（以下简称《教育法》）第 42 条明确规定，受教育者享有“参加教育教学计划安排的各种活动，使用教育教学设施、设备、图书资料”的权利。此种权利是指大学生充分合理地使用学校的教育教学设施、实验室设备、图书馆书刊资料等的权利，是保障大学生享有良好教育权利的前提和基础。

2. 知情权

《教育法》第 29 条规定，学校及其他教育机构应当“以适当方式为受教育者及其监护人了解受教育者的学业成绩及其他有关情况提供便利”。即大学生对学校的各种规章制度、学校的发展状况、自己所学专业的发展前景、对本专业的师资队伍水平、课程设置以及经费投入等基本情况有全面了解的权利。

3. 学业选择权

大学生有自主选择专业、自主选择课程、自由选择课堂和教师的权利。随着高等学校收费制度的改革，新的学分制的全面实施，大学生作为学习的主体，有权自主选择专业、选择课程，同时对个别教学态度不好、教学水平不高、教学效果不佳的教师，有权通过一定程序要求撤换。

4. 监督权

《中华人民共和国高等教育法》（以下简称《高等教育法》）第 64 条规定：“高等学校收取的学费应当按照国家有关规定管理和使用，其他任何组织和个人

不得挪用”；第65条规定：“高等学校的财务活动应当依法接受监督”。这是指大学生对教师的教学水平、教学态度以及课堂教学质量，对学校教学经费投入情况等进行监督的权利。

5. 受奖励资助权

《中国人民银行助学贷款管理办法》规定，对家庭经济确有困难、学习努力、遵守国家法律和学校纪律的学生，均有权提出贷款申请。此外，《高等教育法》第54条规定，对“家庭经济困难的学生，可以申请补助或者减免学费”。这些都是大学生应当享有的权利。大学生有按国家有关规定获得奖学金、贷学金或助学金的权利，以解决在校学习期间的学费和生活费用。

6. 职业发展权

《高等教育法》第59条明确规定：“高等学校应当为毕业生、结业生提供就业指导和服务”。思想品德合格，在规定的修业年限内学完规定的课程，成绩合格或者修满相应的学分，准予毕业的大学生应当享有就业的权利。高校必须广开渠道，为毕业生及时提供就业信息，积极开展职业生涯规划和创业支持，切切实实为毕业生的就业做好指导和服务工作。

7. 申诉权

学生申诉制度，是指大学生在合法权益受到侵害时，依照《教育法》及其他法律的规定，向主管的行政机关申诉理由，请求处理或重新处理的制度。我国《教育法》第42条规定，学生有“对学校给予的处分不服向有关部门提出申诉；对学校、教师侵犯其人身权、财产权等合法权益，提出申诉”的权利。这就为维护学生的合法权益确立了非诉讼法律救济的制度，也是教育法赋予学生维护自身合法权益的一项民主权利。

8. 隐私权

保障公民的隐私权是法律界人士的共识。作为社会公民的大学生，其隐私、个人信息、名誉权受到法律的保护。

（二）诉讼法所规定的相关权利

1.《中华人民共和国刑事诉讼法》

（1）主要内容。《中华人民共和国刑事诉讼法》（以下简称《刑事诉讼法》）是有关刑事诉讼的立法规定和司法实践的法律。它规定了刑事诉讼的基本原则、刑事诉讼中的专门机关和诉讼参与人、辩护与代理、刑事证据制度、强制措施和附带民事诉讼以及刑事诉讼的五大阶段（即立案、侦查、起诉、审判和执行）。

（2）刑事诉讼程序简介。根据我国现行法律规定，刑事诉讼主要包括五个阶段：立案、侦查、起诉、审判和执行。1）立案指公安机关、人民检察院、人民法院对报案、控告、举报和犯罪人的自首等方面的材料进行审查，判明是否有犯罪事实并追究刑事责任，依法决定是否作为刑事案件交付侦查或审判的诉讼活动。2）侦查指由特定的司法机关为收集、查明、证实犯罪和缉获犯罪人而依法采取的专门调查工作和有关的强制性措施。3）起诉有两种，包括公诉和自诉。4）审判是指人民法院在控、辩双方及其他诉讼参与人参加的情况下，依照法定的权限和程序，对依法向其提出诉讼请求的刑事案件进行审理和裁判的诉讼活动。5）执行则指刑事执行机关为了实施已经发生法律效力的判决和裁定所确定的内容而进行的活动，在我国，刑事执行的主体主要是人民法院、公安机关和监狱等。

2.《中华人民共和国民事诉讼法》和《民法通则》中的相关规定

(1)《中华人民共和国民事诉讼法》(以下简称《民事诉讼法》)以宪法为根据，结合我国民事审判工作的经验和实际情况制定。《民事诉讼法》的任务，是保护当事人行使诉讼权利，保证人民法院查明事实，分清是非，正确适用法律，及时审理民事案件，确认民事权利义务关系，制裁民事违法行为，保护当事人的合法权益，教育公民自觉遵守法律，维护社会秩序、经济秩序，保障社会主义建设事业顺利进行。《民事诉讼法》于1991年4月9日第七届全国人民代表大会第四次会议通过，并于2007年10月28日第十届全国人民代表大会常务委员会第三十次会议通过《关于修改〈中华人民共和国民事诉讼法〉的决定》的修正。

(2)《民法通则》规定的诉讼时效。该法规定："向人民法院请求保护民事权利的诉讼时效期间为2年，法律另有规定的除外。"并规定下列的诉讼时效期间为1年：1）身体受到伤害要求赔偿的；2）出售质量不合格的商品未声明的；3）延付或者拒付租金的；4）寄存财物被丢失或被损毁的。

诉讼时效期间从知道或者应当知道权利被侵害时起计算。但是，从权利被侵害之日起超过20年的，人民法院不予保护。有特殊情况的，人民法院可以延长诉讼时效期间。超过诉讼时效期间，当事人自愿履行的，不受诉讼时效限制。在诉讼时效期间的最后6个月内，因不可抗力或者其他障碍不能行使请求权的，诉讼时效中止。从中止时效的原因消除之日起，诉讼时效期间继续计算。诉讼时效因提起诉讼、当事人一方提出要求或者同意履行义务而中断。从中断时起，诉讼时效期间重新计算。

(三）大学生要正确维权

由于法律意识淡薄，法制观念不强，有些大学生在解决纠纷时，往往不借助国家司法制度而通过私下协商、谈判达成和解。有些大学生认为即使是刑事犯罪行为，只要双方当事人愿意，也可进行"私了"。其实这不仅是对法律的误解，也是对犯罪行为的一种放纵，使犯罪分子得不到应有的法律制裁而心存侥幸，必然继续为患一方，这对整个社会的危害是可想而知的。

根据法律规定，只有与他人存在民事或轻微刑事争议才允许当事人之间和解，比如合同纠纷、轻微伤害、交通事故等。但是，如果涉及刑事犯罪时，比如当事人有诈骗、故意伤害、强奸行为时，就不允许犯罪嫌疑人与当事人和被害人之间进行私了。即便已经私了，犯罪行为人还是要受到法律追究，承担相应的刑事责任。所以，大学生要知道“私了”也要符合法律规定，对刑事犯罪不可盲目私下了结。

（四）正当防卫

我国《刑法》第20条第1款规定，为了使国家、公共利益、本人或者他人的人身、财产和其他权利免受正在进行的不法侵害，而采取的制止不法侵害的行为，并对不法侵害人造成必要损害的，属于正当防卫，不负刑事责任。

1. 实施正当防卫必须同时符合四个条件

(1) 只有在国家公共利益、本人或他人的合法权利受到不法侵害时。(2) 必须是在不法侵害正在进行的时候。(3) 必须是对不法侵害者本人实施防卫，而不能对无关的第三者实施。(4) 正当防卫不能超过必要的限度，造成不应有的损害。

2. 大学生实施正当防卫行为后的注意事项

正当防卫是法律赋予公民的神圣权利，大学生应牢记这个权利，善于运用这个权利，当遇到抢劫、盗窃、强奸、行凶、杀人、放火等违法犯罪行为时，就要善于运用正当防卫行为来维护合法权利。实施正当防卫行为后要及时向公安机关报告，主动配合公安执法人员打击犯罪行为。

第二节　校规校纪

高校为了维护正常的教学和管理秩序，保障大多数学生的利益，按照国家法律法规，制定了一系列的有关教学、管理、安全等方面的规章制度。大学生在进入大学后，一定要对自己所在学校的学生手册进行学习，并严格遵守学校的纪律要求，规范自己的行为。

一、高校学生管理文件介绍

为维护普通高等学校正常的教育教学秩序和生活秩序，保障学生身心健康，促进学生德、智、体、美全面发展，依据教育法、高等教育法以及其他有关法律法规，教育部制定了一系列的文件规定。各高校根据上级部门的文件规定又制定了适合本学校实际情况的规章制度，以维护本校的教学、管理秩序。

（一）教育部等上级部门制定的相关文件

教育部与上级有关部门先后制定和修订了一些有关指导高校进行学生管理和安全教育的规章制度，以对高校的教学和管理活动提供指南。大学生要对这些规章制度进行必要的了解，并在日常生活中认真遵守。

1.《普通高等学校学生管理规定》

该规定对高校、学生的任务和义务做了明确的规定。

高等学校要以培养人才为中心，按照国家教育方针，遵循教育规律，不断提高教育质量；要依法治校，从严管理，健全和完善管理制度，规范管理行为；要将管理与加强教育相结合，不断提高管理水平，努力培养社会主义合格建设者和可靠接班人。

高等学校学生应当努力学习马克思列宁主义、毛泽东思想、邓小平理论和"三个代表"重要思想，确立在中国共产党领导下走中国特色社会主义道路、实现中华民族伟大复兴的共同理想和坚定信念；应当树立爱国主义思想，具有团结统一、爱好和平、勤劳勇敢、自强不息的精神；应当遵守宪法、法律、法规，遵守公民道德规范，遵守《高等学校学生行为准则》，遵守学校管理制度，具有良好的道德品质和行为习惯；应当刻苦学习，勇于探索，积极实践，努力掌握现代科学文化知识和专业技能；应当积极锻炼身体，具有健康体魄。

学生在校期间依法履行下列义务：遵守宪法、法律、法规；遵守学校管理制度；努力学习，完成规定学业；按规定缴纳学费及有关费用，履行获得贷学金及助学金的相应义务；遵守学生行为规范，尊敬师长，养成良好的思想品德和行为习惯；法律、法规规定的其他义务。

2.《高等学校校园秩序管理若干规定》

大学生需要重点了解的相关内容如下。

在校内举行集会、讲演等公共活动，组织者必须在 72 小时前向学校有关机构提出申请，申请中应当说明活动的目的、人数、时间、地点和负责人的姓名。集会、讲演等应符合我国的教育方针和相应的法规、规章，不得反对我国宪法确立的根本制度，不得干扰学校的教学、科研和生活秩序，不得损害国家财产和其他公民的权利。

学生一般不得在学生宿舍留宿校外人员，遇有特殊情况留宿校外人员，应当报请学校有关机构许可，并且进行留宿登记，留宿人离校应注销登记。不得在学生宿舍内留宿异性。

师生员工应当严格按照学校的安排进行教学、科研、生活和其他活动，任何人都不得破坏学校的教学、科研和生活秩序，不得阻止他人根据学校的安排进行教学、科研、生活和其他活动。

师生员工组织社会团体，应当按照《社会团体登记管理条例》的规定办理。成立校内非社会团体的组织，应当在成立前由其组织者报请学校有关机构批准，未经批准不得成立和开展活动。校内非社会团体的组织和校内报刊必须遵守法律、法规、规章，贯彻我国的教育方针和遵守学校的制度，接受学校的管理，不得进行超出其宗旨的活动。

告示、通知、启事、广告等，应当张贴在学校指定或者许可的地点。散发宣传品、印刷品应当经过学校有关机构同意。

3.《普通高等学校学生安全教育及管理暂行规定》

大学生需要重点了解的内容如下。

学生必须严格遵守国家法律、法规和学校的各项规章制度，注意自身的人身和财物安全，防止各种事故的发生。

学生在日常教学及各项活动中，应遵守纪律和有关规定，听从指导，服从管理；在公共场所，要遵守社会公德，增强安全防范意识，提高自我保护能力。

学生组织集体课外活动，须经学校同意，按学校规定进行。学校须认真进行安全审查，条件不具备时不得批准。

学生要严格遵守宿舍管理的规定，自觉维护宿舍的安全与卫生，提高自我管理能力。

发现刑事、治安案件或交通、灾害等事故，在场学生应保护现场，及时报告学校或公安部门并协助处理。在学校范围内的，学校应迅速采取措施，控制事态发展，减轻伤害和损失。

学生未经批准擅自离校不归发生意外事故的，学校不承担责任。对擅自离校不归，学校不知去向的学生，学校应及时寻找并报告当地公安部门，及时通知学生家长。半月不归且未说明原因者，学校可张榜公布，按自动退学除名。

学生假期或办理离校手续后发生意外事故的，学校不承担责任。

4. 教育部《关于切实加强高校学生住宿管理的通知》

各高校应积极创造条件为学生解决住宿问题，原则上不允许学生自行在校外租房居住。对已在校外租房的学生，应要求其搬回校内住宿；对极少数坚持在校外租房的学生，要向他们耐心说明可能产生的后果和个人应承担的责任，并逐一登记，建立报告和承诺制度，说明租房的原因、房屋详细地址、联系方式，承诺加强人身和财产安全的自我保护，经本人与家长双方签字报学校备案。

5. 教育部、公安部《关于加强高校学生管理禁止学生参与非法传销活动的紧急通知》

各高等学校要密切关注本校学生动态，及时了解和掌握每一个学生的课内课外活动情况。要针对外地实习、外出联系工作学生人数多、地域分散的特点，采取切实可行的措施和办法，随时掌握他们的动向，加强对他们的教育和管理。对极少数不服从教育管理，多次参加非法传销活动或在非法传销活动中起重要作用的学生，给予适当的纪律处分，性质严重的及时移送公安机关处理。

（二）高校自己制定的管理文件

为了保证学校正常的教学、管理秩序，按照国家法律法规和教育部的文件精神，各高校制定了一系列的规章制度。这些制度主要包括以下几个方面：

（1）行为规范，如学生管理规定、文明公约、考试管理规定、安全教育管理规定、违纪处分条例、请假管理规定、考勤制度、早操检查制度等。

（2）学籍学位，如学籍管理规定、学位授予细则、免试推荐研究生办法、应征入伍规定、公派出国学生管理、双学位管理办法、重修暂行规定等。

（3）公共秩序，如校园文化建设、图书馆、教师管理规定、住宿管理规定等。

(4) 权益保障，如申诉处理办法等。

(5) 资困助学，如各类奖学金、助学金管理办法，勤工助学规定，学费收缴办法，绿色通道入学规定，贷款办法等。

(6) 安全管理，如消防规定，安全事故预案，社团和活动审批，门卫管理规定，保密规定，安全用电、火、水制度等。

(7) 就业和社会实践，如职业生涯规划制度、学生档案管理办法、创业扶持办法、社会实践制度。

(8) 思想引导，如心理健康教育、大学生导师制。

二、违反校规校纪的处理程序

1.《普通高等学校学生管理规定》中对大学生违纪处理的有关规定

(1) 纪律处分的种类分为：警告、严重警告、记过、留校察看、开除学籍。

(2) 学校可以给予开除学籍处分的情形包括：违反宪法，反对四项基本原则、破坏安定团结、扰乱社会秩序的；触犯国家法律，构成刑事犯罪的；违反治安管理规定受到处罚，性质恶劣的；由他人代替考试、替他人参加考试、组织作弊、使用通信设备作弊及其他作弊行为严重的；剽窃、抄袭他人研究成果，情节严重的；违反学校规定，严重影响学校教育教学秩序、生活秩序以及公共场所管理秩序，侵害其他个人、组织合法权益，造成严重后果的；屡次违反学校规定受到纪律处分，经教育不改的。

(3) 纪律处分的程序和要求。纪律处分的程序和要求如下：

学校对学生的处分，应当做到程序正当、证据充分、依据明确、定性准确、处分适当。

学校在对学生作出处分决定之前，应当听取学生或者其代理人的陈述和申辩。

学校对学生作出开除学籍处分决定，应当由校长会议研究决定。

学校对学生作出处分，应当出具处分决定书，送交本人。开除学籍的处分决定书报学校所在地省级教育行政部门备案。

学校对学生作出的处分决定书应当包括处分和处分事实、理由及依据，并告知学生可以提出申诉及申诉的期限。

学校应当成立学生申诉处理委员会，受理学生对取消入学资格、退学处理或者违规、违纪处分的申诉。学生申诉处理委员会应当由学校负责人、职能部门负责人、教师代表、学生代表组成。

学生对处分决定有异议的，在接到学校处分决定书之日起 5 个工作日内，可以向学校学生申诉处理委员会提出书面申诉。学生申诉处理委员会对学生提出的申诉进行复查，并在接到书面申诉之日起 15 个工作日内，作出复查结论并告知申诉人。需要改变原处分决定的，由学生申诉处理委员会提交学校重新研究决定。

学生对复查决定有异议的，在接到学校复查决定书之日起 15 个工作日内，可以向学校所在地省级教育行政部门提出书面申诉。省级教育行政部门在接到学生书面申诉之日起 30 个工作日内，应当对申诉人的问题给予处理并答复。

从处分决定或者复查决定送交之日起，学生在申诉期内未提出申诉的，学校或者省级教育行政部门不再受理其提出的申诉。

被开除学籍的学生，由学校发给学习证明。学生按学校规定期限离校，档案、户口退回其家庭户籍所在地。

2. 常见学校处分与申诉程序规定

各高校对学生违反校纪校规做出上述处分时，首先由学生所在院系或部门将学生违纪情况调查清楚，掌握确凿证据和材料，然后根据各自学生违纪处理规定的相应条款，提出初步处理意见，同时通知学生，告诉学生可以陈诉、申辩。一般来说，警告、严重警告、记过、留校察看由学生处组织学院及有关部门会签，提出处理意见，上报学校学生工作委员会进行审核；退学处理、开除学籍处分除遵循以上程序外，还要报学校校长办公会议批准，然后下发处分决定书，并送达受处分学生。

学生对处分决定有异议的，在接到学校处分决定书之日起 5 个工作日内，可以向学校学生申诉处理委员会提出书面申诉。如果学生申诉，学生申诉处理委员会对学生提出的申诉进行复查，并在接到书面申诉之日起 15 个工作日内，作出复查结论并告知申诉人。需要改变原处分决定的，由学生申诉处理委员会提交学校重新研究决定。学生对复查决定有异议的，在接到学校复查决定书之日起 15 个工作日内，可以向所在省教育主管部门提出书面申诉。

3. 常见大学生违纪行为

常见大学生违纪行为主要集中在以下几个方面：

(1) 学习方面。旷课、作弊、替考、抄袭他人成果等。

(2) 经济方面。偷盗、诈骗、抢劫、合伙经商引发矛盾导致互相伤害等。

(3) 感情交际方面。因感情危机、人际关系不合导致打架、受伤或伤害别人；留宿异性；造谣诽谤等。

(4) 行为安全方面。酗酒、私自离校、损坏图书、破坏公物、侵犯他人隐私、违规使用物品等。

第三节 预防犯罪

大学生违法犯罪的成因，既有主观因素，又有来自于社会、家庭、学校教育与管理等方面的客观因素。预防大学生违纪、违法犯罪是一项系统工程，需要调动社会各种积极因素和可能的力量，采取教育、行政和法律等综合手段，提高大学生的个体思想道德修养和法制观念，建立健全各种规章制度，群防群治、齐抓共管，形成良好的社会环境，这样才能消除大学生违法犯罪的诱因，有效做好大学生违法犯罪的预防工作。

一、常见大学生刑事犯罪类型

（一）侵犯财产类犯罪事件

此类犯罪事件是大学生犯罪事件中最多见的，约占总数的70%，主要包括抢劫、偷盗、诈骗等。大学生盗窃，除了少数是因为经济窘迫所致外，绝大多数是因为虚荣心过强，受社会不良习气的影响，喜欢攀比，贪图享乐造成的。

[案例2—1] 2009年，来自江苏农村的朱某考取上海一所大学后，看到同寝室同学穿着时髦、生活奢侈，而自己仅有家里每月寄来的少许零花钱，起先只是羡慕，后来便趁寝室无人或学校放假，盗窃同学的银行存折、信用卡等，提取现金后购买手机、手表等，后被法院判处拘役5个月。

[案例2—2] 2009年7月，某法庭对一个抢劫、强奸团伙进行公开审理。该团伙总共有8名骨干，2006年10月15日至27日期间，他们先后5次在夜晚驾车劫持了10多名女性。在劫持被害人后，为了逼问出银行卡密码，强迫被害人脱光衣服，用针扎、电警棍电击、打火机烧身，被劫持的一名女孩小王还被强奸。在这个8人抢劫团伙中，有3人都是在校大学生。其中作为犯罪团伙骨干的大学生曹某因参与实施抢劫犯罪8次，抢劫13人，抢劫财物价值共计13万元，被判处死刑，缓期两年执行，另一名伙同犯罪的大学生高某被判处15年有期徒刑。

[案例2—3] 大学生周某在中国建设银行用偷来的身份证开设了两个账号，接着又伪造了多份新生收费通知书，内容是：我校有关收费项目已实行计算机管理，并在新生所在市专设了缴费账号，新生接此通知书后请到本市中国建设银行存入有关收费款。周某同时在通知书中写明了其中一个账号。开学初，一些接到录取通知书的学生及家长信以为真，将费用存入了该账号。先后有洪某、刘某等12名学生汇款共计2.3万余元。周某随后取款1万余元，并全部挥霍一空。后来，学校向学生催交学费，家长一查询，才知学校根本没设此账号，也没有寄发这份新生收费通知书，遂向警方报案。在警方、教育部门和学校的协作下，周某被抓获。

（二）因情绪失控而故意伤人事件

大学生年轻气盛，极度渴望自立、自尊，期望获得他人的平等相待，不愿受管束，希望过无拘无束的生活。这种心理特点随着年龄的成熟而越来越强烈，特别是当他们因一些不良品行受到管教时，轻则反感、对抗，重则予以报复。还有一些大学生因种种原因形成了自卑或者偏激的心理，容易一时冲动，触犯法律。

［案例 2—4］某高校数学学院学生刘某与计算机科学学院学生杨某、李某等人喝酒聊天，当聊到与同学院学生廖某的过节时越想越气，遂冲到廖某所在宿舍，把廖某叫到楼道里进行殴打，杨某、李某在劝架中趁机对廖某进行踢打。当天下午，廖某的同寝室同学韦某回到宿舍后，得知寝室门被刘某踢坏，廖某又被刘某殴打后，便与同宿舍一起找刘某"评理"，将刘某打成重伤。

［案例 2—5］杨某是某校美术学院的一名女学生，长得非常漂亮，她的老乡小刘非常喜欢她，两人一直保持着恋爱关系并经常通信。小刘远在东北上学，杨某觉得很寂寞，就开始与同校的一个男生恋爱。在她即将毕业的时候，小刘来找她，听说杨某移情别恋之后，小刘怒不可遏，用刀将杨某捅成重伤，随后自杀。

（三）性犯罪

大学期间，大学生的生理迅速走向成熟，开始对性充满了好奇和渴望。如果不引导他们形成良好、正常的性道德观念，他们就有可能在神秘感、好奇心的驱使和各种暴力、色情文化的不良影响下产生性犯罪行为。

［案例 2—6］21 岁的女大学生小陈，就读于武汉某医学院。在网上结识男网友阿江后，两人很快有了亲密接触，此间，阿江拍摄了小陈的裸照。随后，阿江以公开散发裸照相威胁，要求小陈再弄个漂亮妹妹来玩。小陈被迫答应，并与他预谋实施方案。2009 年 7 月 1 日晚，小陈出面将女同学菲菲哄骗至宾馆。随后，阿江趁进餐之际，将麻醉药物掺入菲菲所饮用的啤酒中，致菲菲昏迷。随后，阿江就在客房内将丧失反抗能力的菲菲强奸。

（四）计算机犯罪

青少年是计算机违法犯罪的高危人群，大学生正处于青年阶段，更应该特别注意预防涉及计算机的违法犯罪行为。

［案例 2—7］毕业于某学院计算机专业的大学生刘某，发挥"专业特长"，在互联网上建立了一个淫秽网站。该网站是一个发布色情、淫秽信息的"淫窟"，色情电影、淫秽图片、色情文学比比皆是，其中"成人天堂"栏目中含有色情电影多部、淫秽图片千余幅、色情小说一百余篇。网络警察在掌握大量证据的基础上，将刘某抓获并将网站彻底摧毁。

［案例 2—8］某大学计算机系一名大学生编写了名为 YAI 的计算机病毒，据病毒监测网称，这个恶性病毒叫"秘密"，比 CIH 病毒还凶猛。KILL98 国内病毒监测网已经收到数百例染毒报告。"秘密"病毒是第一个国内编写的大规模流行的"黑客"病毒。计算机系统感染这种病毒后，没有特殊征兆就能将病毒激活，这时计算机硬盘中会出现 .YAI 文件。此时用户应及时采取措施，否则会造成更大的数据损失。

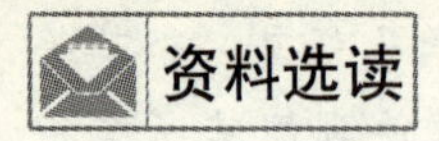

大学生犯罪情况分析

大学生犯罪是一个敏感的问题，之所以受到人们更多的关注，是因为人们对大学生这个群体期望值过高，犯罪的结果与期望值之间形成了很大的落差。就犯罪主体而言，他们是一个特殊的犯罪群体，其犯罪行为具有自身的产生和发展的特点，为此，我们对4年来受理的大学生犯罪案件进行了分析，其犯罪特点、动机和诱因表现在以下几方面。

一、大学生犯罪案件的表现特点

犯罪类型简单：大学生犯罪涉及的罪名大多是盗窃、故意伤害和寻衅滋事三种。

二、大学生犯罪的动机和诱因

为了更准确地了解大学生犯罪的动机和诱因，我们对4年来所受理的23件、涉及70名大学生犯罪的案件（其中男性64人，女性6人；公立大学在校生25人，私立大学在校生45人；专科在读49人，本科在读21人）进行了进一步的分析。从犯罪类型来看，盗窃的有49人，占总数的70%；故意伤害的有14人，占总数的20%；寻衅滋事的有5人，约占总数的7%；其他的有2人，约占总数的3%。从犯罪的动机来看，因贪慕虚荣导致犯罪的有12人，约占总数的17%；因一时冲动引发犯罪的有12人，约占总数的17%；因心理不平衡导致犯罪的有7人，占总数的10%；因报复心理引发犯罪的有5人，占总数的7%。

资料来源：http：//www.rendajd.org/anlifenxi/alfx081104.htm，2008-11-04。

二、如何预防大学生犯罪

（一）大学生违法犯罪的原因

近年来，大学生违法犯罪率呈上升的趋势引起了社会的广泛关注。造成大学生犯罪日益增多的原因是多方面的，主要表现为以下几点。

1. 世界观、人生观、价值观的错位

随着改革开放的不断深入，我国物质文明和精神文明建设不断取得进步，人民的物质文化生活水平和精神文化生活水平也相应地得到空前提高，但改革在一定程度上也给包括大学生们在内的部分社会成员带来了负面影响。主要表现在：（1）大学生的失业现象，使他们认为自己不再是出类拔萃的“天之骄子”，导致他们的自我预期下降，这使他们极易产生消极颓废心理。（2）在市场经济的影响下，许多大学生错误地以物质利益为尺度去评价个人得失，这诱发了众多大学生进行抢劫、盗窃、诈骗等违法犯罪活动。（3）面对改革浪潮，大学生的价值观念出现了个人化、个性化倾向。这种倾向很容易使他们陷入个人主义的泥潭，从而产生犯罪。

2. 法制观念和纪律观念淡薄

在大学生的诸多犯罪类型中，打架斗殴、伤害、强奸等这类人身伤害的犯罪仅次于盗窃犯罪。有的大学生恋爱不成，因爱生恨报复对方。有的仅仅因为一句玩笑话或一点小事，认为被对方侮辱便杀害或打伤对方。这类学生法制观念淡薄，爱意气用事，缺乏个人修养，自控能力差，以至于做一些违法违纪的蠢事。

3. 性格孤僻，缺乏关怀

有的大学生不能处理好同学之间的关系，且性格孤僻、心胸狭窄，常为一些小事与人发生争执。这类大学生存在严重的报复心理，稍遇不顺则伺机报复，他们往往性格内向，身边朋友不多，遇事不冷静，易走极端。

4. 心理不成熟

大学生处于青年期，其心理正在迅速走向成熟，但又未完全成熟，他们心理起伏比较大、易冲动、自我控制能力较差、做事情欠考虑。此外，大学生人生阅历浅，面对复杂的社会，若没有正确的引导，他们很容易走上歧途，甚至诱发犯罪。大学生心理发展的不成熟还表现在心理的极度脆弱上。这种心理对自我的要求远远高于自身的素质、能力，它的形成和生活环境困难以及父母过度关怀有关。

5. 家庭因素

现代大学生受到父母的溺爱，容易产生好逸恶劳、挥霍无度的不良习气，甚至导致犯罪的发生。有的家庭教育方式简单、粗暴；有的家庭父母过于溺爱孩子；有的家庭子女无人管教；有的家庭出现婚外情、离异等问题，造成子女以自我为中心，没有感恩的心，不会为他人的感受考虑。以上种种家庭因素，容易导致大学生犯罪心理的产生。

6. 其他原因

有的大学生交友不慎，被社会上一些违法犯罪分子引诱，导致触犯国家刑律。

（二）预防和减少大学生犯罪的措施

预防是减少大学生犯罪的最有效的途径。预防大学生犯罪是对人才的珍惜，是对社会的责任。每个大学生犯罪案件都是个人、家庭、学校和社会等多方面因素综合作用的产物，是社会多方面消极因素的综合体现。因此，减少和预防大学生犯罪需要社会各界的广泛关注和全社会的共同努力。预防大学生犯罪与预防其他犯罪具有相似性，最根本的措施还在于防患于未然，针对其犯罪原因，实行综合治理，形成一种有利于大学生全面发展的环境。具体来说，预防大学生犯罪需要从以下几个方面做起。

1. 引导大学生正确认识社会，树立正确的人生观、价值观

有什么样的思想就会有什么样的行动。在西方一些糟粕文化冲击中国传统文

化的社会大环境下，大学生要树立积极、健康向上的人格，坚定正确的人生信念；学会正确地认识自我，认识社会，做到遇事冷静分析、辩证思考，在每一件小事中，积累与提高自己的道德修养、思想政治素养，树立正确的人生观。

2. 开展良好的心理教育

大学生要自觉接受各种心理教育，正确认识两性、婚姻、事业、就业等问题，尤其是要放弃偏激和自卑心理，积极对待生活，使自己的心理常常处于轻松愉快之中。另外，学校对于一些性格内向、经济比较困难的学生要特别留意，要给予鼓励与照顾，全方位、多层次地提高大学生承受和应对挫折的能力，正确引导大学生建立和谐的校园人际关系，帮助大学生形成健康向上的心理。对大学生来说，当前尤为重要的是注意以下几点：

（1）大学生要学会控制情绪，消除人格障碍，学会宽容，提高承受和应对挫折的能力。

（2）大学生要建立和谐的人际关系。大学生要放弃偏激和自卑心理，笑对人生，热爱生活，多交朋友。

（3）大学生要学会正确处理恋爱与性问题，树立正确的恋爱观，以友情为重，不过早确立恋爱关系。

3. 自觉接受法制教育

大学生要正确认识自我、认识社会，树立正确的人生方向和追求目标，进一步增强公德意识和法律意识。我国法制建设正在发展与完善的时期，部分大学生受社会一些不正常现象的影响，错误地认为金钱、关系主宰一切。大学生绝不能有这种想法，只有接受法制教育，遵法守法才能为成就自己的未来提供基础。

4. 营造和谐的社会氛围

全社会要贯彻落实“教育、感化、挽救”的方针，积极挽救犯罪的大学生。大学生违法犯罪事件的发生都有其原因，社会各方要积极动员起来，为大学生营造一种良好而又健康的社会和谐氛围：一方面，要坚决杜绝违法分子诱导、教唆大学生从事违法犯罪活动；另一方面，要对一些大学生违法犯罪事件持有包容的心态，以“教育为主，惩罚为辅”的原则，鼓励一些一时糊涂、而又能积极改造的大学生早日回归社会，特别是不能歧视回归社会的违法犯罪大学生。

5. 创造良好的家庭环境

家庭是社会的基本单位，家庭对大学生的健康成长负有重要的责任，家庭教育是青少年形成道德品质的基础，做好家庭教育工作不仅仅是家庭的事情，而且是关系到国家培养人才的大事。在家庭生活中，每个成员通过良好的言行举止，相互影响，共同提高，形成良好家风，这对孩子的健康成长是至关重要的。

6. 建设平安校园

学校是大学生学习、生活的日常场合。预防犯罪首先必须保证良好的校园安全环境，切实抵制社会不良因素的进入。要加强和改进高校的学生管理，建立预防大学生犯罪的网络，积极配合有关执法部门开展综合整治，排除校园周围不健康因素，最终从根本上杜绝大学生违法犯罪现象。

信息链接

1. 中华人民共和国司法部（http：//www. moj. gov. cn/）。
2. 中国法律信息网（http：//www. law-star. com/）。
3. 法律援助网（http：//law. univs. cn/）。
4. 中华人民共和国教育部（http：//www. moe. edu. cn/）。

思考与练习

1. 开展小组讨论，谈谈如何更好地遵守学校的规章制度。
2. 谈谈大学生如何从自身做起，预防违法犯罪。

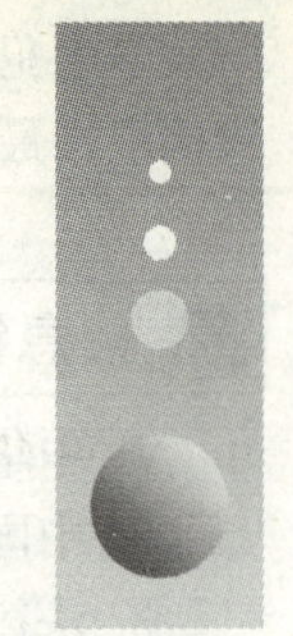

第三章 学习安全

内容提示

安全是大学生学习能顺利进行的保障。在大学生的求知过程中，学习安全问题不容忽视。本章重点提出大学生在实验室、校内外实习、训练场所和体育场所以及外出勤工助学过程中可能遇到的安全问题，并给予一定的指导，以期大学生能够发现学习过程中的安全问题，学会积极主动应对，将学习过程中不安全事故的危险系数降到最低，让危险远离自己，或在事故突然发生时，有充足的知识进行自救或防护。

第一节 实验安全

实验中使用的设备、玻璃仪器、电器、化学药品等都潜伏着很大的危险性。有些化学反应本身是十分剧烈的，稍不注意，会发生意外事故，小则危及个人，大则损害国家财产和危及他人人身安全。因此，安全教育是大学实验课的重要内容之一。学生必须像重视实验内容一样，认真学习实验教材中有关实验安全的指导，养成安全实验的良好习惯。万一发生事故，只要事先掌握了一般救护措施，也会及时妥善处理，而不致酿成严重后果。

一、如何防火

着火是实验室特别是有机实验室和物理实验室里最容易发生的事故。多数着火事故是由于加热或处理低沸点有机溶剂时操作不当或线路短路引起的。

（一）实验室防火要点

(1) 乙醚、酒精、丙酮、二硫化碳、苯等有机溶剂易燃，实验室不得存放过多，切不可倒入下水道；用明火加热易燃有机溶剂时，必须要有冷凝装置或合适的排放装置。

(2) 电气设备严禁超载、超负荷运行，要特别关注大功率的电器，防止线路短路。

(3) 要学会使用灭火器，如果使用不当，则小火也会变成大火，造成更大的损失。

(4) 使用氧气钢瓶时，不能让氧气大量溢入室内。在含氧量约25%的大气中，物质燃烧所需的温度要比在空气中低得多，且燃烧剧烈，不易扑灭。

(5) 安全使用易燃固体，如碱金属、磷等。金属钠严禁与水接触，销毁废钠要用乙醇；禁止在烘箱内存放、干燥、烘焙有机物；燃着的或阴燃的火柴棒应放在表面皿中，不得随意乱丢。

(6) 发现火情时应保持冷静，平时应该多注重灭火的实际演练，才能做到防患于未然。

资料选读

二硫化碳、乙醚、石油醚、苯和丙酮等的闪点都比较低，即使存放在普通电冰箱内（冰室最低温−18℃，无电火花消除器），也能形成可以着火的气氛，故这类液体不得储存于普通冰箱内。另外，低闪点液体的蒸气只需接触红热物体的表面便会着火。其中，二硫化碳尤其危险，即使与暖气散热器或热灯泡接触，其蒸气也会着火，应该特别小心。常见有机液体的易燃性参数如表3—1所示。

表3—1　　常见有机液体的易燃性参数

名　称	沸点(℃)	闪点(℃)	自燃点(℃)
石油醚	40～60	−45	240
乙醚	34.5	−40	180
丙酮	56	−17	538
甲醇	65	10	430
乙醇(95%)	78	12	400
二硫化碳	46	−30	100
苯	80	−11	
甲苯	111	4.5	550
乙酸	118	43	425

资料来源：http：//chem.nju.edu.cn/。

（二）实验室灭火技巧

在实验过程中万一着火，大学生切莫惊慌失措，应冷静、沉着处理。只要掌握必要的消防知识，一般可以迅速灭火。一旦失火，首先应立即熄灭附近所有火源，切断电源，移开易燃易爆物品，采取措施防止火势蔓延，随后视火势大小，采取不同的扑灭方法。

1. 局部小火

如在烧杯、烧瓶、漏斗等容器中发生的局部小火，可立刻用石棉网、表面皿或木块等封盖，使火焰缺氧而熄灭。

2. 有机溶剂蔓延燃烧

当有机溶剂在桌面或地面上蔓延燃烧时，不得用水冲，可用沙箱细沙或灭火毯扑灭。

3. 金属着火

当易燃的金属如钠、钾等着火后，通常要用干燥的细沙覆盖。特别要注意的是严禁用水和老式的四氯化碳灭火器，否则会造成猛烈的爆炸，也不能用二氧化碳灭火器，否则只会加重火势。

4. 反应装置着火

若因冲料、渗漏等着火引起整个反应装置着火时，处理不当会加重火势。有效的扑灭方法是用几层灭火毯包住着火部位，隔绝空气使其熄灭，必要时在灭火毯上加撒细沙辅助。如仍不奏效，必须使用灭火器。扑救时要谨防冷水溅在烧热的玻璃仪器上，以及灭火器材击破玻璃仪器，造成严重的泄漏而扩大火势。

5. 准备好消防器材

常见的实验室消防器材有沙箱、灭火毯、二氧化碳灭火器、泡沫灭火器。化学实验室一般不用水灭火，这是因为水能和一些药品（如钠）发生剧烈反应，用水灭火时会引起更大的火灾，甚至引起爆炸。同时，大多数有机溶剂不溶于水且比水轻，用水灭火时有机溶剂会浮在水上面，反而扩大火场。

二、如何防爆炸

爆炸的毁坏力极大，必须严格加以防范。凡有爆炸危险的实验，大学生必须严格遵照具体的安全要求进行实验。

（一）实验室发生爆炸事故的原因

实验室发生爆炸事故的原因如下所述。

1. 化学药品爆炸

一是随便混合化学药品，如氧化剂和还原剂的混合物在受热、摩擦或撞击时会发生爆炸；二是一些本身容易爆炸的化合物，如硝酸盐类、硝酸酯类、芳香族多硝基化合物、乙炔、重金属盐、重氮盐、叠氮化物、有机过氧化物（如过氧乙醚和过氧酸）等，受热或被敲击时会爆炸；三是强氧化剂与一些有机化合物接触，如浓硝酸和乙醇混合时会发生猛烈的爆炸反应。

2. 压力过大导致爆炸

一是在密闭体系中进行蒸馏、回流等加热操作；二是在加压或减压实验中使用不耐压的玻璃仪器，气体钢瓶减压阀失灵；三是反应过于激烈而失去控制。

3. 气体爆燃导致爆炸

易燃易爆气体如氢气、乙炔、烃类、煤气和有机蒸气等大量逸入空气，引起爆燃。

（二）实验室防爆炸要点

（1）在使用和制备易燃、易爆气体时，必须在通风橱内进行，确保附近不得有火源。

（2）在做高压或减压实验时，应使用防护屏或戴防护面罩。

（3）已经取出的试剂药品不得随便倒回储备瓶中，也不能随手倒入污物缸，应征求指导教师意见后再加以处理。

（4）不得让气体钢瓶在地上滚动，不得撞击钢瓶表头，更不得随意调换表头。搬运钢瓶时应使用钢瓶车。

（5）煤气灯用完后或中途煤气供应中断时，应立即关闭煤气龙头。若遇煤气泄漏，必须停止实验，立即报告，进行检修。

三、如何防化学中毒和化学灼伤

化学中毒是指吸入有毒物质的气体、通过皮肤吸收使有毒药品进入人体、误食被有毒药品或有毒物质污染过的食物或饮料，导致人体出现不良反应。化学灼伤是指因为皮肤直接接触强腐蚀性物质、强氧化剂、强还原剂，如浓酸、浓碱、氢氟酸、钠、溴等引起的局部外伤。众所周知，绝大多数实验室中常用的有机化合物对人体都有不同程度的毒害。除了易燃易爆外，化学药品还具有腐蚀性、刺激性、对人体的毒性，特别是致癌性，如果使用不慎会造成化学中毒或化学灼伤事故。

（一）防止化学中毒和化学灼伤的要点

1. 正确取用

禁止直接用手取用任何化学药品，使用有毒物品时除用药匙、量器外，必须配戴橡皮手套，实验后必须马上清洗仪器用具，同时用肥皂洗手。

2. 及时通风

处理具有刺激性的、恶臭或有毒的化学药品时，如硫化氢、二氧化氮、氯气、溴气、一氧化碳、二氧化硫、浓硝酸、发烟硫酸、浓盐酸、乙酰氯等，必须在通风橱中进行，并保持实验室通风良好。注意通风橱开启后，不要把头伸入橱内，避免吸入任何药品和溶剂蒸气。

3. 牢记禁忌事项

（1）严禁在酸性介质中使用氰化物。

(2) 移取浓酸、浓碱、有毒液体，应该用洗耳球吸取，严禁用口。

(3) 禁止冒险品尝药品试剂，不得用鼻子直接嗅气体。

(4) 不用有机溶剂擦洗溅在皮肤上的药品，以免增加皮肤对药品的吸收速度。

(5) 禁止在实验室里吸烟进食，禁止赤膊露脚。

4. 保护眼睛

为防止眼睛受刺激性气体熏染，防止任何化学药品特别是强酸、强碱、碎屑等异物进入眼内，大学生应该在化学实验室里一直配戴护目镜。

(二) 化学中毒和化学灼伤的急救

1. 眼睛灼伤

一旦眼内溅入任何化学药品，立即用大量水进行彻底冲洗。实验室内应备有专用洗眼水龙头。洗眼时要保持眼皮张开，或由他人帮助翻开眼睑，持续冲洗15分钟。对因溅入碱金属、溴、磷、浓酸、浓碱或其他刺激性物质的眼睛灼伤者，急救后必须迅速送往医院检查治疗，忌用稀酸中和溅入眼内的碱性物质，忌用稀释的碱性物质中和溅入眼内的酸性物质。

2. 皮肤灼伤

(1) 酸性物质灼伤。先用大量水冲洗，以免深度受伤，再用稀碳酸氢钠溶液或稀氨水浸洗，最后用水洗，局部外用可的松软膏或紫草油软膏及硫酸镁糊剂。

(2) 碱性物质灼伤。先用大量水冲洗，再用1%硼酸溶液浸洗，最后用水洗。

(3) 溴灼伤。被溴灼伤后的伤口一般不易愈合，必须严加防范。凡用溴时都必须预先配制好适量的20%硫代硫酸钠溶液备用。一旦有溴沾到皮肤上，立即用硫代硫酸钠溶液冲洗，再用大量水冲洗干净，包上消毒纱布后就医。

(4) 黄磷灼伤。皮肤被黄磷灼伤时，应及时脱去被污染的衣物，并立即用清水或5%硫酸铜溶液或3%过氧化氢溶液冲洗，再用5%碳酸氢钠溶液冲洗，中和所形成的磷酸，然后用1：5 000高锰酸钾溶液湿敷。灼伤创面禁用含油敷料。由五氧化二磷、五硫化磷、五氯化磷引起的灼伤禁用水洗。

灼伤后若创面起水泡，均不宜把水泡挑破。

3. 中毒急救

实验中，如果有咽喉灼痛、嘴唇脱色或发绀或恶心呕吐、心悸头痛等症状时，则要考虑是否化学中毒。要根据中毒原因，及时采取急救措施后，送医院治疗，不得延误。

(1) 固体或液体中毒。有毒物质尚在嘴里的要立即吐掉，并用大量水漱口。误食碱者，先饮大量水再喝些牛奶。误食酸者，先喝水，再服氢氧化镁乳剂，最后饮些牛奶。重金属盐中毒者，喝一杯含有几克硫酸镁的水溶液，立即就医。不要服催吐药，以免引起危险或使病情复杂化。砷和汞化物中毒者，必须紧急就医。

(2) 吸入气体或蒸气中毒。要立即将中毒者转移至室外，解开衣领和纽扣，呼吸新鲜空气。对休克者应施以人工呼吸，但不要用口对口法，以避免营救者中毒，并立即将休克者送医院急救。

[案例 3—1] 某生物工业园区实验室突然发生爆燃，继而发生大火。事故造成150多平方米的实验室内化学品燃烧，一名正在实验室实习的某大学大四学生被严重烧伤。经过消防队员近两个小时的奋力扑救，大火被制服，紧随的环境监测部门也介入调查。事发后警方出动众多警力，维持现场秩序，避免出现更大意外事故。据悉，事故原因疑为该实习生单独实验操作不慎所致。

记者在现场看到，爆炸发生在一栋挂牌“××生物科技园区”字样的大楼的最高层即第4层，数十名消防队员在向实验室喷洒液体进行灭火，有几名戴着防毒面具的消防队员则冲进实验室搬运盛放着不明化学药品的大铁桶。

据了解，经过消防队员努力扑救，大火不到两个小时被彻底“制服”。实验室内被爆燃大火灼伤的学生也被120急救车送往附近医院烧伤科进行抢救。

随后记者赶到医院烧伤科，看到了实验室内被烧伤的实习生。他的头发、眉毛全都没有了，面部、颈部以及手部被大面积烧伤。

资料来源：http：//www. yingshuo. org/。

四、如何安全用电

人体若通过50赫兹25毫安以上的交流电时，会发生呼吸困难，100毫安以上则会致死。因此，安全用电非常重要，在实验室用电过程中，必须严格遵守以下的操作规程。

(一) 防止触电

所有电源的裸露部分都应有绝缘装置；不能用潮湿的手接触电器；已损坏的接头、插座、插头或绝缘不良的电线应及时更换；必须先接好线路再插上电源；实验结束时，必须先切断电源再拆线路。

(二) 防止着火

1. 避免超负荷

(1) 保险丝型号与实验室允许的电流量必须相配；(2) 负荷大的电器应使用标准规格的电线。

2. 防止短路

(1) 仪器接触不良处，应及时处理，以免产生电火花；(2) 如遇电线走火，切勿用水，应立即切断电源，用沙或二氧化碳灭火器灭火；(3) 电路元件两端接头不能直接接触，以免烧坏仪器，电路中各接点要牢固；(4) 若仪器有漏电现象，防止仪器内部和外壳形成短路而造成严重漏电，导致更为严重的事故。

3. 高压电的使用注意事项

实验室内使用高压电或大电流的仪器越来越普遍，大学生使用高压电，尤其是500伏以上者，要特别小心：（1）要有特别的高压保护罩，有良好的接地线；（2）如在一般实验桌上操作，要挂有警告板，使其他人员知晓；（3）保持实验桌绝缘良好，一切金属管都内藏，操作人员不用越过电器操作；（4）开关、控制都在桌边方便位置。

第二节　实习安全

众所周知，大学生只要一走进实验室或者实习车间，就会面临着各种各样的安全问题。如何在实验实习教学中有效地进行安全教育，确保学生的生命安全与学校财产安全，是一个值得广大实验实习指导教师共同探讨的问题。

实验实习安全教育是指对大学生进行安全思想、安全知识、安全技能的宣传、教育和训练。全体师生要牢固树立“安全第一，预防为主”的思想，努力强化安全意识，认真学习有关安全知识，学好各项实验实习操作规程，通过不断地实践训练，充分掌握安全技术知识，提升安全作业技能，从而顺利达到实验实习教学的最终目标。

一、安全法律知识

（一）《中华人民共和国安全生产法》

《中华人民共和国安全生产法》（以下简称《安全生产法》）于2002年6月29日颁布，2002年11月1日起实施。在这部法律中，规定了从业人员的权利和义务。

（1）从业人员在作业过程中，应当严格遵守本单位的安全生产规章制度和操作规程，服从管理，正确佩戴和使用劳动防护用品。

（2）从业人员应当接受安全生产教育和培训，掌握本职工作所需的安全生产知识，提高安全生产技能，增强事故预防和应急处理能力。

（3）从业人员发现事故隐患或者其他不安全因素，应当立即向现场安全生产管理人员或者本单位负责人报告；接到报告的人员应当及时予以处理。

（二）《中等职业学校学生实习管理办法》

根据教育法律、法规和国务院的有关规定，教育部、财政部制定了《中等职业学校学生实习管理办法》，同样为高职学生的实习管理提供了依据。

（1）组织安排学生实习，要严格遵守国家有关法律法规，为学生实习提供必要的实习条件和安全健康的实习劳动环境。不得安排一年级学生到企业等单位顶岗实习；不得安排学生从事高空、井下、放射性、高毒、易燃易爆、国家规定的第四级体力劳动强度以及其他具有安全隐患的实习劳动；不得安排学生到酒吧、夜总会、歌厅、洗浴中心等营业性娱乐场所实习；不得安排学生每天顶岗实习超过 8 小时；不得通过中介机构代理组织、安排和管理实习工作。

（2）学校安排学生赴国（境）外实习的，应当根据需要通过国家驻外有关机构了解实习环境、实习单位和实习内容等情况，必要时可派人实地考察。要选派指导教师全程参与，做好实习期间的管理和相关服务工作。

（3）学校和实习单位应当加强对实习学生的实习劳动安全教育，增强学生安全意识，提高其自我防护能力；要为实习学生购买意外伤害保险等相关保险，具体事宜由学校和实习单位协商办理。实习期间学生人身伤害事故的赔偿，依据《学生伤害事故处理办法》和有关法律法规处理。

（4）实习学生应当严格遵守学校和实习单位的规章制度，服从管理；未经学校批准，不准擅自离开实习单位；不得自行在外联系住宿；违反实习纪律的学生，应接受指导教师、学校和实习单位的批评教育，情节严重的，学校可责令其暂停实习，限期改正。学生实习考核的成绩应当作为评价学生的重要依据。

二、学校对实习学生的要求

学生实习是理论联系实际、培养学生独立工作能力的重要途径，是教学的重要组成部分和必备环节。学校在学生外出实习前都要开展安全教育，要求学生严格遵守，具体包括以下几方面的内容。

（1）遵守国家法律、社会公德和校纪校规以及实习单位的规章制度，遵守实习纪律，言行不能有损大学生形象。要认真了解和尊重当地的乡规民约、风俗习惯，避免与陌生人发生任何形式的冲突，以避免带来不必要的麻烦。

（2）一切行动要服从实习单位指导教师的管理，听从实习单位指导教师的指挥。尊重实习单位的领导和指导教师，对存在安全隐患的工作应向实习单位及时提出并进行相应调整。遵守交通法规，注意交通安全，外出时应选择符合国家安全标准的交通工具。

（3）遵守国家保密条例，对涉及保密的实习资料，必须保证资料安全。

（4）严格遵守实习期间的作息时间。实习期间不得擅自离开实习地点到外地游玩，若有事需外出，应尽量集体出发，集体返回。

（5）在实习期间，学生必须提高安全防范意识，提高自我保护能力，注意自身的人身和财物安全，防止各种事故的发生。发生突发事件或重大情况应及时向指导教师或系里报告，不得拖延。

（6）学生在校外实习期间，要自觉接受实习单位的教育管理，严格遵守实习单位安全纪律和操作规程。参加实习的学生在接触、使用和操作各种机械电器设备和化学药品时，要先了解它们的特点、性能、操作要领，要严格按照有关人员示范的操作规程，并在他们的指导下进行操作。

（7）学生个人联系单位进行实习的，需经家长认可并及时告知实习指导教师，并自觉接受实习单位对学生实习期间的安全管理和要求，并向指导教师定期汇报实习情况。

(8) 由于实习过程中存在诸多不确定因素，要求学生购买意外人身伤害保险。

(9) 实习安全责任的主体是学生本人，学生应该认真遵守执行有关规定。学生家长要主动配合学校和企业对子女进行安全教育。

(10) 学生在集中实习期间，中途因身体不适等各种原因需返校者，必须有人陪伴。在活动结束后，途中需回家的学生，必须办理请假手续并由带队教师同家长取得联系；单独回家的同学安全到家后，要及时打电话告知带队教师。

三、入厂教育内容

按照安全生产的要求，新入厂的大学生通常在实习期前都要进行三级安全教育，主要内容有以下几个方面。

（一）厂级安全教育

讲解党和国家有关安全生产的方针、政策、法令、法规；讲解劳动保护的意义、任务、内容及基本要求。介绍本企业的安全生产情况，包括企业安全生产发展史、企业生产特点、企业设备分布和特种设备的性能、作用、分布和注意事项以及主要危险及要害部位；介绍安全生产一般防护知识和电气及机械方面安全知识；介绍企业的安全生产规章制度和安全生产组织机构以及企业内设置的各种警告标志和信号装置等；介绍企业典型事故案例和教训；介绍抢险、救灾、救人常识以及工伤事故报告程序等。此外，还要提出希望和要求，如要遵守操作规程和劳动纪律，不擅自离开工作岗位，不违章作业，不随便出入危险区域及要害部位，注意劳逸结合，正确使用劳动保护用品等。

（二）车间级安全教育

各车间有不同的生产特点和不同的要害部位、危险区域和设备，因此，在进行本级安全教育时，主要介绍本车间生产特点和性质。如车间主要工种及作业中的专业安全要求；车间的生产方式及工艺流程；车间人员结构，安全生产组织及活动情况；车间危险区域、特种作业场所，有毒有害岗位情况；车间事故多发部位、原因及相应的特殊规定和安全要求；车间安全生产规章制度和劳动保护用品穿戴要求及注意事项；车间常见事故和对典型事故案例的剖析；车间安全生产、文明生产的经验与问题等。

（三）班组级安全教育

介绍本班组的生产特点、危险区域、作业环境、设备状况、消防设施等。重点介绍高温、高压、易燃易爆、腐蚀、有毒有害、高空作业等可能导致事故发生的危险因素；本班组容易出事故的部位和典型事故案例的剖析；讲解本工种的安全操作规程、岗位责任、使用的机械设备及有关安全注意事项、工器具的性能、防护装置的作用和使用方法；讲解本工种安全操作规程和岗位责任；思想上应时刻重视安全生产，自觉遵守安全操作规程，不违章作业；爱护和正确使用机器设备和工具；介绍各种安全活动以及作业环境的安全检查和交接班制度，以及出了事故或发现了事故隐患时的报告制度和采取的措施；讲解正确使用劳动保护用品及其保管方法和文明生产的要求，重点讲解安全操作要领。

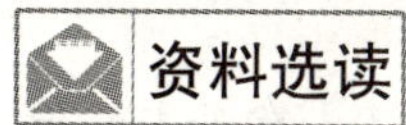

安全操作“十忌”歌

一忌盲目操作，不懂装懂；二忌马虎操作，粗心大意；
三忌急速操作，忙中出错；四忌忙乱操作，顾此失彼；
五忌自顾操作，不顾相关；六忌心慈手软，扩大事端；
七忌程序不清，次序颠倒；八忌单一操作，监护不力；
九忌有章不循，胡干蛮干；十忌不分主次，轻重缓急。

资料来源：http：//www. safehoo. com/。

四、特殊专业实习注意事项

（一）金工实习

金工实习是高职院校一门涉及专业面很广的基础性实践课程，参加学生人数众多，安全隐患的种类也很多。比如操作靠电力驱动的设备有触电的危险；易燃易爆气体及压力容器有爆炸的危险；手工电弧焊有强紫外线辐射的危险。但最易出现危险的还是各种各样的机械损伤，如各种切削机床的刀具、工件或传动装置以及砂轮、切割机等辅助设备对人身的伤害。这类安全事故一旦发生会给当事人造成无法挽回的损失。从这个意义上说，绝对要可靠地保证实习学生的人身安全和实习设备的安全，实习前充分学习安全技术规则是减少不安全事故的最好方法。

(1) 实习时要穿便于工作的服装，大袖口要扎紧，衬衫要系入裤内，女同学要戴安全帽，并将发辫纳入帽内，严禁穿拖鞋、凉鞋、背心、短裤等进入车间。

(2) 应在指定的机床上进行实习。其他机床、工具或电器开关等均不得乱动；不准戴手套工作，不准用手摸正在运动的工件或刀具。变速、换刀、换工件或测量工件时，都必须停车；停车时不得用手去刹车床卡盘或铣床刀杆。

(3) 开动机床前，要检查机床周围有无障碍物、各操作手柄位置是否正确、工件及刀具是否已夹持牢固等。开车后不准离开机床，如要离开必须停车。

(4) 两人操作一台机床时，应分工明确，相互配合。在开车时必须注意另一人的安全。不要站在切屑飞出的方向，以免伤人。

(5) 工作中如机床发出不正常声音或发生事故时，应立即停车，保持现场，并报告指导老师。

(6) 电焊机在使用之前，应检查电焊机与开关外壳接地是否良好。焊接时必须穿好工作服，戴好工作帽和电焊手套，工作鞋和电焊手套保持干燥。焊接时为了防止其他人员受弧光伤害，工作场地应使用屏风板；切勿用手接触刚焊好的高温焊件，应使用钳子夹持高温焊件。敲击清理焊渣时，注意防止高温焊渣飞入眼内或烫伤皮肤。

(7) 钻孔时不准戴手套，手中不准拿棉纱头，以免不小心被钻头卷进去或被切屑勾住，造成事故。女同学要戴工作帽。清理切屑不能用手去拉或用嘴吹，应用钩子或刷子清理，钻塑料或钢料时应加冷却液或润滑液。

(8) 操作者必须熟悉、了解、掌握机床的机械性能、电器性能，开机前检查其是否符合工作要求，各按键、仪表、手柄及运动部位是否正常，注好油，检查好程序，注意开机、关机顺序，一定要按照机床说明书的规定操作。

（二）电工实习

在电类相关专业中，电工的专业实习必不可少，电工实习安全教育异常重要。如果使用电气设备不当或不规范操作，极易造成人身伤害及设备的损坏。为确保人身和财产安全，学生应提高安全意识，掌握安全技术，养成安全操作的习惯。

(1) 进入电工电子实习基地不许戴项链、手链，不许穿拖鞋；长发要盘起，衣衫要穿整齐。

(2) 在实习过程中要严格执行安全操作技术规程，听从指挥，未经许可，不得擅自合闸送电；接通电源后，若有异常现象，应立即切断电源；切断电源后，方可进行维修或排查故障。

(3) 实习操作过程中，保持双手干燥。在检查和排除电路故障前，要用测量工具检查电路是否带电，严禁用手触摸。

(4) 特殊情况下带电操作或登高作业，旁边必须安排专人监护。

(5) 学会正确使用各种电工工具，使用工具前，要仔细检查工具绝缘部分是否损坏，以免触电伤人。实习中工具箱放在安全区域，工具用后要及时放入工具箱，不要随手乱放，更不允许放置在高处；导线线头、螺钉或其他配件放在专门区域，不要随意丢弃。

(6) 严格遵守“先接线后通电”、“先断电后拆线”的操作顺序。接通电源或起动电机时，应先通知本组人员。

(7) 严禁用身体接触电路中不绝缘的金属导线或连接点等带电部分。当天实习任务结束，将所有实验设备、仪器仪表和导线放回原位且经指导教师验收后，方可离开。

（三）景区实习

(1) 避免去自然灾害易发地及各种疾病感染高发区开展实习活动，严禁到治安状况差的场所活动。

(2) 出行在外，应注意文明举止，了解并尊重实习地的风俗习惯，尽量避免与陌生人发生任何形式的冲突，以免带来不必要的麻烦。

(3) 严格遵守交通法规，杜绝交通意外的发生。在乘车、乘船或外出开展实习活动时，注意保管好自己的行李物品。

(4) 确保饮食安全，不在小摊小贩处购买食品或就餐；准备必要的药品，带足御寒衣物。

(5) 实习期间禁止任何形式的单独行动。不单独去陌生或偏僻的地方，夜间禁止单独出行，以防范抢劫、诈骗等事故的发生。

（四）建筑专业实习

(1) 凡进入施工现场作业前应穿好工作服，戴好安全帽并系好安全带，带好本工种有关其他防护用品，施工现场不准穿拖鞋、凉鞋、打赤脚或穿短裤，不准带小孩和闲杂人员进入施工现场。

(2) 在施工现场内行走，应注意来往车辆和各种警示信号，严禁跨越正在运转的机电设备和起重卷扬机的钢丝绳、拖拉绳和其他危险物；不在吊物下面停留、观望和穿行。

(3) 在工作中遵守劳动纪律，不准擅自离开工作岗位，在施工作业中不准打闹、斗殴、睡觉，不准在上班前和工作中饮酒。

(4) 不准擅自乱动和拆除施工现场的各种管线、阀门、开关、电气线路、机电设备等各种安全防护措施以及各种安全标志和警示牌。

(5) 高处作业人员必须穿好工作服，袖口、裤脚口要扎紧，要戴好安全帽，禁止穿硬底鞋、带钉易滑鞋、凉鞋、拖鞋和高跟鞋。安全带应栓挂在牢固的挂点上或专用的安全绳索上。高处作业应行走上下作业通道或爬梯，不准攀爬脚手架、起重吊臂、绳索，严禁搭乘运料的吊篮上下。遇暴风雨、大雪、大雾、大风等恶劣天气，应停止作业。

第三节　助学安全

一、有关助学安全的相关规定

（一）《高等学校学生勤工助学管理办法》

为规范管理高等学校学生勤工助学工作，促进勤工助学活动健康、有序开展，保障学生的合法权益，帮助家庭经济困难学生顺利完成学业，教育部、财政部联合制定了《高等学校学生勤工助学管理办法》，有关内容如下：

(1) 不得组织学生参加有毒、有害和危险的生产作业以及超过学生身体承受能力、有碍学生健康的劳动。

(2) 学生参加勤工助学的时间原则上每周不超过 8 小时，每月不超过 40

小时。

(3) 校外用人单位聘用学生勤工助学，须向学校学生勤工助学管理服务组织提出申请，提供法人资格证书副本和相关的证明文件。经审核同意，学校学生勤工助学管理服务组织推荐适合用人单位工作要求的学生参加勤工助学活动。

(4) 校内固定岗位按月计酬。以每月 40 个工时的酬金原则上不低于当地政府或有关部门制定的最低工资标准或居民最低生活保障标准为计酬基准，可适当上下浮动。

(5) 校外勤工助学酬金标准不应低于学校当地政府或有关部门规定的最低工资标准，由用人单位、学校与学生协商确定，并写入聘用协议。

(二) 明令禁止收取抵押金

“风险抵押金”、“保证金”等有关费用早已被劳动保障部门明令禁止收取，对此应聘者有权拒绝交纳并可向当地劳动保障部门进行举报。

(三) 权益保护

如果参与打工的学生还没有从学校毕业，按照劳动法的规定，他们暂时还不具备国家劳动法所规定的独立劳动者身份，自然不能用我国《劳动法》通过劳动仲裁的形式保护其正当权益。然而，这并不表示他们的权益无法得到维护。这种情况下，一旦双方发生劳务纠纷，打工者可以到法院的民事厅去直接起诉用人单位，通过民事诉讼来保护自己的权益，维护自己应得的利益。

二、勤工助学中的安全隐患及其防范

(一) 常见安全隐患

1. 交通安全隐患

大学生参加校外勤工助学的工作地点有的距学校较远，交通安全问题也日益凸显。在此，校外勤工助学的学生在外出时一定要注意交通安全，特别是需要晚归的学生。

2. 中介的安全隐患

由于大学生打工的人数越来越多，社会上也随之出现了各种各样的中介组织，这就难免会有一些只以赢利为目的的非法中介鱼目混珠，这些中介组织工作来源往往很不可靠，不能给学生提供任何的安全保障，往往在收取学生费用后，便撒手不管，或了无踪迹。

3. 工作过程中的安全隐患

在许多同学做校外兼职的过程中，自身权益受到侵害的现象时有发生，比如用人单位不履行协议而让学生做约定外的工作，有些户外工作往往缺乏安全保障等。这一隐患也主要是由于学生没有经过正规的中介组织或者是自行联系工作造成的。在这种情况下，一旦自身权益受到侵害，学生往往处于孤立无援的弱势境地。

4. 误入违法分子的圈套

有些不法分子利用大学生涉世不深、看待问题过于简单的弱点，以各种优厚条件为诱饵骗取其信任，从而把大学生作为其进行违法活动的工具，如非法传销组织或其他非法组织。而一些犯罪分子更是猖獗，以找家教或兼职为名，对学生实施抢劫或其他犯罪活动，因此，大学生勤工助学时一定要保证自己的人身安全。

5. 被"高薪"蒙蔽

有些不法分子在招聘广告上称有文秘、打印、公关等比较轻松的岗位或许以优厚的报酬等作为诱饵吸引大学生，承诺求职者只需交一定的保证金即可上班。但往往学生交钱后，他们又推托目前职位已满，要学生回家等消息，接下来便石沉大海。有的娱乐场所以特种行业的高薪来吸引求职者，年轻学生到这些场所打工，往往容易误入歧途。

6. 被"有奖调查"迷惑

有一些骗子冒充公司或学校的名义，向学生派发关于就业、市场等方面的调查问卷，并辅以一些抽奖活动，让同学在问卷上面留下自己的信息资料，以便获奖可以联系。不久后，这些学生便陆续接到电话，被邀请加入他们的公司或缴纳一定的税金以领取奖品。

（二）防范措施

(1) 认真仔细地辨别所要从事兼职工作的公司情况。对不能确定具体工作地点的工作，一律不去做。明确用人单位信息，公司地点偏僻的不轻易去。对存在较大安全隐患的兼职工作，例如地点可疑、兼职主要招收女生而又对相关单位以及负责人的信息了解不全的，原则上不去。

(2) 遵循国家相关法律，拒绝用人单位提出的无理要求。大学生参加兼职工作也必须遵纪守法，提高安全意识，不从事违法的工作。女学生参加勤工助学要重点接受必要的安全自卫方法教育，提高自我保护意识和应对危险的能力。

(3) 找到兼职工作时，应主动要求同用人单位或个人签订协议书或合同。尽量参加通过学校安排的兼职工作，并与用人单位签定协议书。对于长期的固定工作，由用人单位、学生代表和学校三方签订一式三份的协议书，明确各方的权利和义务。

(4) 加强自我保护及维权。大学生在参加校外勤工助学工作的过程中，一定要注意辨别，提高防范意识。遇到侵权现象要学会维护自己的正当权益，尤其是女同学应加强自我保护意识，在工作中遇到可疑情况，应及早退出并向相关部门反映。

（三）家教兼职的安全防范

家教是一个比较大众化的勤工助学项目，所以历来是很多大学生勤工俭学之首选，然而，由于目前家教市场还存在着许多的不规范、不完善之处，同时，部分大学生还没有真正地接触社会，思想还比较单纯，这就容易被一些不法分子钻空子。他们利用大学生们勤工助学的急切心理以及想多赚钱的愿望，经常通过一些不正规途径向在校大学生发布一些虚假家教信息，以达到骗取钱财的目的。大学生在兼职家教过程中应注意以下几个方面的问题：

(1) 应该查看并登记对方身份证信息，充分了解家教需求方的情况，其他辅助信息如家庭住址、住宅电话号码、家庭成员情况、授教小孩的情况等。

(2) 尽量不要首次即跟随家教需求方到其家里，要记清地址后自己去，去之前可以以预约时间的名义打其宅电以辨真伪，必要时可以请同学结伴前往。

(3) 应告知辅导员老师或其他同学自己的家教时间和地点，以备不测之时便于查找求援。在家教过程中切记尽量不要食用他人提供的食品和饮料，防止被坏人使用麻醉药后伺机作案。

(4) 女同学如果遇到独身男子前来请家教的情况，面见小孩的地点可以放在公共场合或校园，切记不可独自跟其到家中。女同学在家教过程中应衣着得体，避免过分暴露。女同学在家教过程中如遇男主人单独在家的情况，可以立即找借口离开。如果遭到男主人纠缠，要果断当面拒绝、反抗，如其不听劝阻要及时报警或向老师同学发信息求援。

［**案例 3—2**］赵某是某高校大学生，暑假留校后想通过做家教挣取学费。他没有通过正规的家教中心，而是通过网络和张贴广告等形式发布信息。一天上午，赵某接到一位家长的电话，约其在某单位门口见面。赵某如约前来。“我叫刘兵，是受人之托帮朋友的孩子找个家教老师。”一番交谈，刘兵用手机联系朋友并称朋友现在有应酬，等会才能面谈待遇。时至中午，刘兵很礼貌地请赵某吃顿便饭，赵某顺手将皮包放进刘的摩托车后备箱。饭后，刘兵载着赵某来到某商场，称先去找个朋友，让赵某在门外等着。1 小时后，摩托车不知去向，而赵某自己的皮包在刘兵摩托车的后备箱，里面有手机、钱包等物品。

通过以上案例可见，大学生找家教一定要通过正规的渠道，如学校的勤工助学指导中心、正规的家教服务机构，通过老师、朋友等熟人介绍，绝不能通过网络或散发小广告寻找兼职家教。在与寻求家教者初次交往过程中，绝不能把贵重物品交由对方保管。

三、海外实践中的安全隐患及其防范措施

近年来，国内各高校为扩大同国外的交流，通过各种措施搭建学生实践成才的平台，使在校大学生出国锻炼机会逐年增多。大学生暑假赴国外带薪实习是近几年比较流行的项目，很多学生借此增长才干，开拓视野，锻炼自己。常见岗位包括销售助理、厨房助理、卡通表演、餐饮服务、公园向导、主持人、系统维护、设备控制、停车服务、客房服务等。工作地点一般在零售店、餐饮店、超市、大卖场、百货店、游乐园、饭店、度假胜地等。学生的工作报酬按小时支

付，工资不低于所在国家法定最低工资。由此也引发了一些人身、财产安全受到侵害的事件，这方面的安全隐患及防范措施如下所述。

（一）主要安全隐患

(1) 交通事故频发。

(2) 被偷盗、抢劫现象严重。近来一些国家连续发生多起偷盗、抢劫案件，主要集中在景点、饭店、机场及车站等公共场所和汽车、火车及地铁等交通工具上。

(3) 受骗上当和被敲诈情况渐多。当地不法分子诱骗出国人员食用有毒食品导致其神志不清后，抢走钱物，或冒充便衣警察在高速公路上拦截车辆，借检查之名实施抢劫。

(4) 暴力袭击事件时有发生。在景点遭持抢歹徒胁迫，贵重物品被洗劫一空的现象也时有发生。

上述事件的发生，既有国际安全形势日益严峻、各国治安环境日趋复杂的原因，也存在出国人员安全意识淡薄、防范措施不力等因素。

（二）防范措施

为保证出国人员在外的人身、财产安全，降低类似事件的发生机率，保证对外交往安全有序地进行，参加海外实践项目的大学生应认真做到以下几点：

(1) 提前了解并遵守往访国法律法规，特别是有关交通方面的规定。对当地组织或接待单位提出安全介绍要求，同时自身也应自觉遵照执行。

(2) 增强防盗、防抢等自我保护意识。不要随身携带大量现金；不要接受陌生人递送的食品或饮料；避免单独去偏僻地区；如遇着装或便衣警察的检查，要保持镇定，请对方出示工作证件并记录其证件号，发现疑点应迅速与当地警察机关和我驻外使领馆联系。

(3) 遇有不测或受到侵害时，应马上记下发生时间、地点、过程及嫌犯个人特征，清点损失钱物，尽快向当地警察机关报案。同时，要尽快与我驻外使领馆或所在学校报告。

(4) 出境前请随身携带我驻外使领馆（领事处）电话。使馆电话和地址可到我外交部网站查询。出入境时要事先了解有关国家的报关手续和具体要求，以免受阻。

信息链接

1. 中国实验室建设网（http：//www.china-lab.net.cn/）。
2. 国家安全生产监督管理总局（http：//www.chinasafety.gov.cn/）。
3. 中国安全生产网（http：//www.aqsc.cn/）。
4. 中国安全网（http：//www.safety.com.cn/）。

5. 中国教育风险管理网（http：//www. yingshuo. org/）。

6. 安全管理网（http：//www. safehoo. com/）。

思考与练习

1. 结合所在专业的学习状况，组织学生谈谈如何提高实验安全意识。
2. 谈谈自己所学专业的实习需要掌握哪些有关的安全知识。
3. 开展小组讨论，谈谈身边发生的外出打工的安全事故并总结经验。

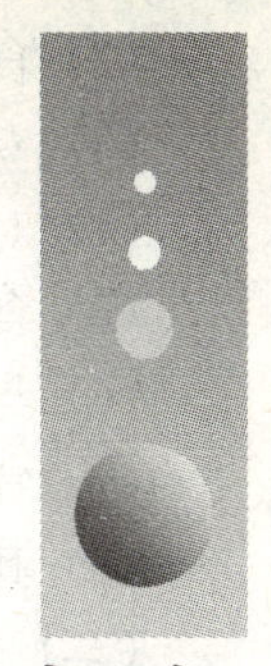

第四章 生活安全

在日常生活中，由于疏忽或知识缺乏引发的安全事故确实不少，本章主要围绕食、住、行等生活的各个方面，结合学生的校园生活，重点为大学生讲解生活常识，养成良好的生活习惯，培养安全意识，减少安全隐患。

第一节 饮食安全

民以食为天，食品安全不仅仅是一个安全问题，更是一个民生问题，是一件有关社会稳定的大事。大范围的食品安全事件会引起社会恐慌，也会影响我国的形象。近两年，国家制定了食品安全的法律，成立了国家食品安全委员会，采取了诸多有力的措施，加大监管力度，切实提高了食品安全水平。大学生要学习食品安全相关的法律知识和有关规定，提高自己应对饮食安全的能力。

一、《中华人民共和国食品安全法》的相关规定

《中华人民共和国食品安全法》由中华人民共和国第十一届全国人民代表大会常务委员会第七次会议于2009年2月28日通过，自2009年6月1日起施行。

（一）食品安全标准包括的内容

（1）食品、食品相关产品中的致病性微生物、农药残留、兽药残留、重金属、污染物质以及其他危害人体健康物质的限量规定。

(2) 食品添加剂的品种、使用范围、用量。

(3) 专供婴幼儿和其他特定人群的主辅食品的营养成分要求。

(4) 对与食品安全、营养有关的标签、标识、说明书的要求。

(5) 食品生产经营过程的卫生要求。

(6) 与食品安全有关的质量要求。

(7) 食品检验方法与规程。

(8) 其他需要制定为食品安全标准的内容。

(二) 预包装食品的包装标签标明的事项

(1) 名称、规格、净含量、生产日期。

(2) 成分或者配料表。

(3) 生产者的名称、地址、联系方式。

(4) 保质期。

(5) 产品标准代号。

(6) 储存条件。

(7) 所使用的食品添加剂在国家标准中的通用名称。

(8) 生产许可证编号。

(9) 法律、法规或者食品安全标准规定必须标明的其他事项。

专供婴幼儿和其他特定人群的主辅食品，其标签还应当标明主要营养成分及其含量。

(三) 食品加工的相关安全标志

1. 食品质量安全标志

食品质量安全标志是食品市场准入标志，其式样和使用办法由国家质检总局统一制定。加贴（印）有食品质量安全标志的食品，即意味着该食品符合了质量安全的基本要求。获得食品质量安全生产许可证的企业，其生产加工的食品经出厂检验合格的，在出厂销售之前，必须在最小销售单元的食品包装上标注由国家统一制定的食品质量安全生产许可证编号并加印或者加贴食品质量安全标志。该标志由“QS”和“质量安全”中文字样组成（见图 4—1），标志主色调为蓝色，字母“Q”与“质量安全”四个中文字样为蓝色，字母“S”为白色，使用时可根据需要按比例放大或缩小，但不得变形或变色。

2. 有机食品标志

“有机食品”可以说是现在的流行语。有机食品指来自于有机农业生产体系，根据国际有机农业生产要求和相应标准生产、加工，并经具有资质的独立认证机构认证的一切农副产品。有机食品不使用任何人工合成的化肥、农药和添加剂。有机食品标志如图 4—2 所示。有机食品与我国绿色食品的最显著差别是在其生产和加工过程中绝对禁止使用农药、化肥、激素等人工合成物质，而绿色食品则允许有限制地使用这些物质。

图 4—1　食品质量安全标志

图 4—2　有机食品标志

3. 无公害农产品标志

“无公害农产品”是指源于良好生态环境，按照专门的生产技术规程生产或加工，无有害物质残留或残留控制在一定范围之内，符合标准规定的卫生质量指标的农产品。严格来讲，无公害是食品的一种基本要求，普通食品都应达到这一要求。无公害农产品标志（见图 4—3）以一棵象形的大白菜为底，下面是英文单词“safecrop”，即“安全农作物”，“白菜”的上面是中文“无公害农产品”6 个黑体字，中间是大写的英文字母“GB”，是“国家标准”拼音的首字母大写。

4. 绿色食品标志

“绿色食品”是遵循可持续发展原则，按照特定生产方式生产，经过专门机构认定，许可使用绿色食品标志的无污染的安全、优质、营养类食品，级别比“无公害农产品”更高。由于与环境保护有关的事物国际上通常都冠之以“绿色”，为突出这类食品出自良好生态环境，因此定名为“绿色食品”。绿色食品标志如图 4—4 所示，由 3 部分构成：上方的太阳、下方的叶片和中心的蓓蕾。标志图形为正圆形，意为保护。该标志形象地告诉人们绿色食品正是出自纯净、良好生态环境的安全无污染食品，象征着蓬勃的生命力。绿色食品分为 A 级和 AA 级。A 级产地环境质量要求评价项目的综合污染指数不超过 1，在生产加工过程中，允许限量、限品种、限时间地使用安全的人工合成农药、兽药、鱼药、肥料、饲料及食品添加剂。AA 级产地环境质量要求评价项目的单项污染指数不得超过 1，生产过程中不使用任何人工合成的化学物质，且产品需要 3 年的过渡期。

图 4—3　无公害农产品标志

图 4—4　绿色食品标志

二、预防食物中毒

生活中一日三餐是每个人必不可少的。如不注意饮食卫生，就会病从口入，导致食物中毒，影响身体健康，甚至会危及生命安全。吃了“有毒食物”而引起的以急性中毒症状为主的一类疾病即为食物中毒。食物中毒的特点是来势凶猛，时间集中，突然发生，且一般有恶心、呕吐、腹泻、头晕、乏力、多汗等症状。

（一）食物中毒的分类

根据引起食物中毒的有毒有害物质不同，常将食物中毒分为以下四类：细菌性食物中毒，真菌性食物中毒，动植物性食物中毒和化学性食物中毒。

1. 细菌性食物中毒

细菌性食物中毒是指人们吃了被细菌或细菌毒素污染的食品而引起的食物中毒。细菌性食物中毒的发生与不同地域人群的饮食习惯和卫生习惯有密切关系。

2. 真菌性食物中毒

真菌在谷物或其他食品中生长繁殖产生有毒的代谢产物，人和动物摄入这种毒性物质发生的中毒，称为真菌性食物中毒。中毒发生主要通过被真菌污染的食品。用一般的烹调方法加热处理不能破坏食品中的真菌毒素。不同种类真菌毒素的毒性强弱不同，毒素损害部位也不同，因此治疗处理方法也不同。真菌生长繁殖及产生毒素需要一定的温度和湿度，因此中毒往往有比较明显的季节性和地区性。

3. 动植物性食物中毒

动物性食物中毒是指误食有毒动物及其组织或食入因加工、烹调不当而未去除有毒成分的动物食品而引起的中毒。动物性中毒食品主要有两种：将天然含有有毒成分的动物或动物的某一部分当做食品；在一定条件下产生了大量的有毒成分的可食的动物性食品。近年，我国发生的动物性食物中毒主要是河豚鱼中毒，其次是鱼胆中毒。

植物性食物中毒是指误食有毒植物及其加工品而引起的中毒，一般是因误食有毒植物或有毒的植物种子，或烹调加工方法不当，没有把植物中的有毒物质去掉而引起的。植物中的有毒物质多种多样，毒性强弱差别较大，中毒后的表现轻重不一，除急性胃肠道症状以外，一些植物性食物中毒神经系统症状也较为常见，抢救不及时可引起死亡。植物性中毒多数没有特效疗法，所以对一些能引起死亡的严重中毒，尽早排除毒物对中毒者的救治非常重要。可导致植物性食物中毒引起死亡的有毒蘑菇、马铃薯、曼陀罗、银杏、苦杏仁、桐油等。

4. 化学性食物中毒

化学性食物中毒是指食用被有毒化学物质污染的食品或饮用水引起的中毒。此类发病常无地域性、季节性，亦无传染性，一般进食后不久发病，进食量大者，发病时间短，病情重。化学性食品中毒主要有四种：食用被有毒有害的化学物质污染的食品，如近年来各地多次发生食用绿叶蔬菜造成的有机磷农药中毒，食用有毒化学品的容器盛装食品引起的中毒；酒精中毒；食用有害食品添加剂、营养强化剂的食品；食用发生变质的食品。

（二）生活中如何预防食物中毒

（1）购买食品时一定要查看食品的生产日期、有效期、保质期、食品质量安全标志等，不买无照经营（非食品厂家）、个体商贩自宰自制的食品；不买不用过期、伪劣、假冒（如勾兑假酒等）食品。

（2）不吃变形、变味、变色食品和包装破损或异常的食品（如包装袋胀气、胀罐）。

（3）生熟食正确存放食用，一是防止生、熟食品之间交叉加工，做到加工每一种食品前后都要洗手，案具、刀具不能混用；二是冰箱保存食品要严格分类分区，不能冷热混放，并严格遵守保存时间。

（4）外出就餐要注意就餐环境卫生、餐具清洁度，不吃装盒超过 2 小时的盒饭，饮用清洁水，不喝冷水。

（5）粮食要存放在通风、干燥、避光的地方，做好防霉、防虫、防鼠工作。

（6）不吃不熟的青豆角、鲜黄花菜；不吃发芽的土豆；不吃野生蘑菇、霉变粮谷和有异味的鸡蛋。

（7）便后、饭前、加工食品前要洗手。

（三）食物中毒如何自救

1. 及时发现症状

很多食物中毒的患者不能及时发现自己的中毒症状，往往在送到医院的时候，症状已经非常严重。因此，食物中毒后早期的发现和处理十分重要。食物中毒后第一反应往往是腹部的不适，中毒者首先会感觉到腹胀，一些患者还会腹痛，个别的会发生急性腹泻。与腹部不适伴发的还有恶心，随后会发生呕吐的情况。一旦有人出现上吐、下泻、腹痛等食物中毒症状，首先应立即停止食用可疑食物，同时拨打 120 急救电话呼救。

2. 尽快排出有毒物质

（1）催吐。对中毒不久而无明显呕吐者，可先用手指、筷子等刺激其舌根部的方法催吐，或让中毒者大量饮用温开水并反复自行催吐，以减少毒素的吸收。如经大量温水催吐后，呕吐物已为较澄清液体时，可适量饮用牛奶以保护胃黏膜。但要注意当呕吐物中发现血性液体时，应暂时停止催吐，以免损伤消化道。

（2）导泻。如果病人吃下去中毒食物的时间较长，超过 2 小时，且精神较好，可采用服用泻药的方式，促使有毒食物排出体外。

3. 保留检查样本

在发生食物中毒后，要保存导致中毒的食物样本，以提供给医院进行检测，因为确定中毒物质对治疗来说至关重要。如果身边没有食物样本，也可保留患者的呕吐物和排泄物，以方便医生确诊和救治。

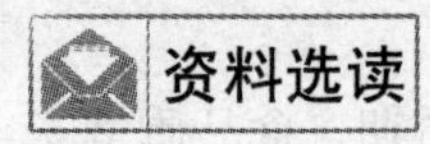

资料选读

食品包装业评出“十大隐忧产品”

为了降低生产成本，一些一次性餐具生产中大量使用工业级碳酸钙、滑石粉、石蜡等有毒有害原辅材料；生产中习惯加入双酚A的太空杯与婴儿奶瓶，人体长期使用有可能导致心脏、肝脏等器官的病变……国际食品包装协会在北京首度发布2010年中国食品包装行业“十大隐忧产品”，提醒消费者购买这些日常生活消费品时要注意选择质量合格的产品。

国际食品包装协会经过对食品包装行业的深入调查和分析，本着为消费者负责的态度，经过专家分析和评比，首次公布的这十大“隐忧产品”分别是一次性塑料餐饮具、食品用塑料袋、置物盘、食品包装材料及添加剂、纸杯、太空杯与婴儿奶瓶、PVC保鲜膜、PVC热收缩膜、奶制品包装袋、商品过度包装。

国际食品包装协会副会长兼秘书长董金狮介绍，随着《中华人民共和国循环经济促进法》、《中华人民共和国食品安全法》、《食品容器、包装材料用添加剂使用卫生标准》等一系列新法规与新标准的出台，2009年食品用塑料袋、保鲜膜、密胺餐具、快餐盒、纸杯等食品包装产品的质量有了明显提高，但是劣质餐盒、有毒仿瓷餐具等危害消费者安全的食品包装依然是“野火烧不尽，春风吹又生”。由于政策、标准还不够完善，执法部门相互交叉，某些违法企业为了追求利润，仍在生产、销售、使用这些对消费者健康有危害的“隐忧产品”。

资料来源：http：//www.hb.QQ.com。

第二节　住宿安全

一、大学生宿舍安全

学生宿舍是学生日常生活学习的重要场所，学生宿舍管理事关学生人身和财产安全，事关学校正常的教学、生活秩序。良好的宿舍环境不仅能使学生感到安全、舒适，而且能带来平和愉悦的心情，会对大学生产生潜移默化的影响，培养良好的生活习惯、高尚的情操，这对于大学生素质的提高特别重要。因此，优化宿舍管理，创建一个文明健康、舒适整洁、安全有序的宿舍环境，将对大学生的健康发展起到积极的促进作用。

（一）大学生校园住宿应遵守的安全事项

（1）养成只要离开了寝室就随手关门、锁门的好习惯。防止外人随便进入自己的寝室，造成不必要的损失。

（2）睡觉前要检查好门窗是否关上。住在一楼的寝室，一定要检查防护栏是否完好，一旦发生破损要及时修复。不要将装有钱包等贵重物品的衣物挂在床头和离窗口过近的地方，以防止被人偷窃。不准将火源（如火柴、打火机）和易燃易爆、有毒有害以及其他危险物品带入寝室。

(3) 不要将宿舍钥匙借给别人。寝室的安全与否涉及寝室内所有人的利益，因此一定要保管好自己的钥匙，不能轻易将宿舍钥匙交给他人进入自己的寝室。如果发现自己的钥匙丢失，不要认为是一件无所谓的事情，一定要立即更换门锁。

(4) 不准在寝室内违章用电，如烧电炉、使用烤火器，不得使用劣质充电器具等。

(5) 住校学生要严格执行宿舍管理制度，服从寝室管理人员的指导，按时作息。因事因病夜晚不归，要向班主任和寝室管理人员请假，并征得许可。

(6) 住上铺的要慢慢上下，不剧烈摇晃床，不准跨越相邻床位，不准在上铺站立或坐在床沿穿脱衣服，不将身体伸出窗外，不准在床上做剧烈的体育活动，以避免造成伤亡事故。

(7) 把自己的手机和钱包等贵重物品随身携带，不要随手乱放。尤其是在外出的时候，应该将贵重物品锁到自己的柜子里面，以防止丢失。

(8) 不准在寝室内焚烧废纸杂物。不将衣服、洗脸巾晾晒在电线或日光灯上。

(9) 要保持室内清洁、干燥，不将剩菜汤、水等倒在室内，以免滑倒。

(10) 在寒暑假期间，学生们都已经离校，有些贵重物品无法带走，比如电视、电脑之类，学生应该根据学校的规定，将这些物品交给学校进行统一保管。

(11) 与同学和睦相处，避免发生纠纷。大学生心理的不成熟、不健全，易发生冲突等安全隐患。

(12) 不要把外校的学生带入到自己的寝室，尤其不能擅自留宿外校学生或者社会上的朋友。防止一些不法分子运用花言巧语，编造谎言，骗取学生的同情与信任。

(13) 积极参加逃生演练，熟悉消防通道，以便紧急时顺利逃生。

（二）高校宿舍主要安全隐患

1. 消防安全隐患

火灾是威胁校园安全的重要因素。高校中，未发生过火灾的寥寥无几。总结以往校园火灾的教训，90%都是发生在学生宿舍里，点蜡烛，使用酒精炉、煤油炉、汽油炉，吸烟，在宿舍里焚烧杂物等违章使用明火是造成火灾的主要原因，而且绝大部分都是由于学生缺乏消防安全意识或行为放纵、有章不循造成的。

2. 财产安全隐患

主要包括偷盗、诈骗、抢劫等。高校学生多数都是第一次离开家人在外独自生活，对自己的财产保护缺乏意识和技能，给作案人以可乘之机。高校校园多是面积较大，校园周边地区有许多外来人员，这为不法分子提供了便利。某些学生盲目攀比，导致手头拮据，萌生偷盗意识，也给学生的财产安全造成了危害。

3. 违章使用电器

同学们为了使用方便，在宿舍内私拉乱接电线、插座，使用劣质和超期使用的电器，留下安全隐患。劣质电器由于设计简单，电子元件老化，安全性能差，使用时极易漏电和短路，以致引起火灾，对使用者造成人身、财产的严重危害。

4. 人身安全

如打架斗殴、暴力伤害、坠楼、饮食不卫生、疾病、夜不归宿或晚归等，都是威胁人身安全的因素，会导致发生意外。

（三）学生宿舍里发现可疑人员的应对

（1）发现可疑人应主动上前询问，这时要态度和气，所问的问题应细致些。但注意不能随意进行搜查，因为这样做是违法的。

（2）若对方回答过于主动，所说的专业、班级、要找的人不对号或神色慌张左顾右盼，则可进一步盘问，必要时可要求看其身份证、工作证、学生证等身份证件。

（3）如来人经盘问疑点很多，不肯说出真实身份，或身边携带的可能是赃物、作案工具等物品，应由宿舍值班人员及学生治保会人员一面按宿舍管理规定与其谈话将其拖住，一面打电话给学校保卫部门，尽快来人审查弄清情况，同时，要防其突然行凶或逃跑。

二、酒店住宿安全事项

（1）入住酒店后，应了解酒店安全须知，熟悉酒店的安全门、安全出路、安全楼梯的位置和安全转移的路线。

（2）注意检查酒店为顾客所配备的用品是否齐全、有无损坏，如有不全或破损，请立即向酒店服务员说明。

（3）贵重物品应存放于酒店服务总台的保险柜，不要随身携带或放在房间内。

（4）不要将自己住宿的酒店、房号随便告诉陌生人；出入房间要锁好房门，睡觉前注意门窗是否关好、保险锁是否锁上；物品最好放于身边，不要放在靠窗的地方。

（5）如果有陌生人送东西到你的房间，应当打电话向前台证实后再打开房门；当接到骚扰电话时，应当立即投诉，以便酒店总台及时查找线索。到酒店的健身房和游泳池锻炼时，要注意自我保护。

（6）外出时要随身携带一张记有该酒店地理位置和联系电话的卡片，以确保迷路后能安全返回。

（7）遇紧急情况，千万不要慌张。发生火警时不要搭乘电梯或随意跳楼；要镇定地判断火情，主动地实行自救。若身上着火，可就地打滚，或用重衣物压火苗；必须穿过有浓烟的走廊、通道时，用浸湿的衣物披裹身体，捂着口鼻，贴地、顺墙爬走；大火封门无法逃出时，可采用浸湿的衣物披裹身体，用被褥堵住门缝或泼水降温的方法等待救援或摇动色彩鲜艳的衣物呼唤救援人员。

（8）每次退房前，要仔细检查所携带的行李物品，特别注意证件和重要文件及贵重物品的检查。

三、国外留学住宿注意事项

近几年来，到国外留学的大学生越来越多，由于大学生对异国文化了解欠缺或安全防范意识不强，不安全事故发生的比例逐年上升。大学生赴国外留学，一般有三种住宿方式可供选择：学校公寓、家庭寄宿、校外租房。一般来说，住在校园的学生公寓，大学生不会出现大的安全问题，如果选择住在家庭或在外租房居住，就必须要了解一些安全常识。

（一）选择家庭寄宿方式

1. 作息时间

要按照正常的作息时间活动，以免影响房东休息。不要发出大的声响，晚上9点以后最好不要再使用电话与人聊天，也不要长时间占用网线。问清楚自己洗澡的合适时间，以免时间发生冲突或没有热水。

2. 朋友交往

邀请朋友来访事前一定要征得家庭的同意，更不能未经允许擅自留宿朋友。

3. 融入家庭

主动帮忙参与家庭劳动是融入家庭的最好表现，应适当参与一些家务劳动和家庭聚会的准备活动。

4. 注意小节

要了解文化差异，使用电吹风等一些个人物品必须经过主人同意，使用卫生间必须将水珠擦净，掉落的头发要及时清理。

（二）选择校外租房方式

与房东签订正式住房合同，将住宿的一些细节问题提前跟房东谈好。拿到租房合同后，别忙着签字，最好先找有经验的老留学生或专业人士看一下，以防其中有疏漏，签字后要妥善保管押金条、租房合同等各种凭证，避免发生住宿纠纷。

若住在治安较差的区域，应随时提高警觉，小心应对，若非必要，夜间尽量少在外逗留，如有事外出，也最好成群结伴。平日在使用水电瓦斯时应多加小心，若有意外，不仅自身损失，还会引起官司。

四、校外租房注意事项

很多学生因为感觉在学校内居住约束多，相对没有自由，或是因为专业学习的需要，所以选择在校外租房居住。但是，相比于大学校园，校外租房的社会环境更为复杂，大学生在校外居住往往容易发生意想不到的安全问题，威胁大学生的身心健康发展。所以在校外租房的大学生必须做好校外的安全防护措施。

（一）租房注意事项

（1）租房要首先征得学校同意，并将租房的地址告诉老师和同学，以便联系。

（2）租房时，应多约上几人一同前往。看房最好不要在晚上，应选择在白天人多的时候。发布求租信息最好通过正规的中介。

（3）签订租房合同前，一定要让房主拿出产权证和身份证，核对其是否为房屋所有人。签下合同后，就要留下房东的联系方式，越详细越好。

（4）租房合同要明确租房日期、期限、租金变更方式等，避免使用模糊语言。出租房内原有的家具、家电等设施要在合同中详细列明，包括数量和价格等最好写清楚，然后对于这些附属设施设备的维修义务也应当明确约定。

（5）水费、电费、电话费、物业管理费等费用负担当然也要事先谈妥，是否包括在房租内，如果不包括，是否每个月定额，还是按照实际使用的费用由承租一方负担。

（6）违约责任要明确。比如，出租人逾期交付房屋，或者租期结束承租人逾期退租的，可以每日按高于租金标准收取违约金；若出租人擅自收回房屋，或者承租人擅自退租的，可约定一次性承担较高的违约金，也可以约定支付未使用租期的租金作为违约金。

（二）防盗

（1）租房后最好将门锁更换，要在平时养成随手关、锁门的习惯。

（2）注意保管好自己的钥匙，不要随便借给他人。

（3）检查租住房门、窗、锁完好及防护状况。

（4）对所租住的地区的环境、秩序、人员结构基本了解。

（5）对形迹可疑的陌生人应提高警惕。

五、女生住宿安全防范注意事项

（1）随时关门，不要让陌生人进入室内，休息的时候关好门窗，检查好室内防护装置。如有人敲门，要问清是谁再开门。如发现有人想撬门砸窗闯进来，一方面积极寻求救助，一方面准备可供搏斗的东西，做好反抗的准备。

（2）经常检查门窗，如发现门窗损坏，及时报告有关部门修理。就寝前，要关好门窗。住在一楼的女生，还要拉好窗帘，防止他人偷看。

（3）住集体宿舍的女生，夜间上厕所要格外小心。如厕所照明设备已坏，应带上电筒，上厕所前先仔细查看一下周围情况。有的犯罪嫌疑人会事先躲藏在厕所里，利用女同学上厕所时伺机偷窥，甚至猥亵或强奸。

（4）节假日期间，如果其他同学回家，最好不要独自一人住宿。回宿舍就寝时，要仔细查看门窗是否敞开，防止有犯罪分子已经潜伏待机作案。如遇异常情况，可请同学一起进去，以确保安全。

(5) 无论一人或多人在宿舍，当犯罪分子来侵害时，都要保持冷静，做到临危不惧，遇事不乱，求救的同时要与犯罪分子作坚决斗争。

(6) 女生宿舍内不要留宿异性，尽量避免单独和男子在宿舍会面。

(7) 在校外租房的女生尽量保证两人以上同住，租房的位置离学校越近越好，这样既便于往返，也便于在出现意外时及时得到学校的帮助。尽量不与互不熟悉的人合租，尤其是不与不熟悉的异性合租，最好是与同学合租。

[案例 4—1] 犯罪分子侵入大学生宿舍

某日，不法分子张某潜入某高校女生宿舍，在窗外见四名女生已经入睡，张某遂用手将窗户铁栏拉弯钻入室内，并登上临窗一女生床上，将该女生压在身下。女生惊醒，欲反抗，张某以语言相威胁，女生哭求“我给你钱，放过我吧”，张某仍不罢手。幸好此时该室另一女生发现异常，及时开灯呼救，张某才跳窗逃走，后被公安机关抓获。

上述案例中，犯罪分子就是利用宿舍防范措施不强、女生胆小的弱点，闯入宿舍进行性侵害行为。如果女生在平时注意晚上入睡前检查门窗，注意加强安全防范意识，勇于同坏人作斗争，那么肯定能避免遭受不法侵害。

第三节　交通安全

大学生交通安全，是指大学生在校园内外道路上遵守《中华人民共和国道路交通安全法》和其他道路交通法规、规章，骑自行车、驾驶汽车，没有危险，不受威胁，不出事故。大学生要做到交通安全，最重要的就是严格遵守国家的交通安全法规，掌握一定的交通安全知识，增强交通安全意识，避免交通违章，减少交通事故。

一、国家关于交通安全的规定

《中华人民共和国道路交通安全法》中有关交通安全的规定包括以下几个方面。

(一) 机动车驾驶

机动车驾驶人应当遵守道路交通安全法律、法规的规定，按照操作规范安全驾驶、文明驾驶。乘车人不得携带易燃易爆等危险物品，不得向车外抛洒物品，不得有影响驾驶人安全驾驶的行为。饮酒、服用国家管制的精神药品或者麻醉药品，或者患有妨碍安全驾驶机动车的疾病，或者过度疲劳影响安全驾驶的，不得驾驶机动车。任何人不得强迫、指使、纵容驾驶人违反道路交通安全法律、法规和机动车安全驾驶要求驾驶机动车。

（二）行人交通知识

行人应当在人行道内行走，没有人行道的靠路边行走。行人通过路口或者横过道路，应当走人行横道或者过街设施；通过有交通信号灯的人行横道，应当按照交通信号灯指示通行；通过没有交通信号灯、人行横道的路口，或者在没有过街设施的路段横过道路，应当在确认安全后通过。行人不得跨越、倚坐道路隔离设施，不得扒车、强行拦车或者实施妨碍道路交通安全的其他行为。行人通过铁路道口时，应当按照交通信号或者管理人员的指挥通行；没有交通信号和管理人员的，应当在确认无火车驶临后，迅速通过。

（三）高速公路的特别规定

行人、非机动车、拖拉机、轮式专用机械车、铰接式客车、全挂拖斗车以及其他设计最高时速低于70公里的机动车，不得进入高速公路。高速公路限速标志标明的最高时速不得超过120公里/小时。机动车在高速公路上发生故障时，应当依照本法第五十二条的有关规定办理；但是，警告标志应当设置在故障车来车方向150米以外，车上人员应当迅速转移到右侧路肩上或者应急车道内，并且迅速报警。机动车在高速公路上发生故障或者交通事故，无法正常行驶的，应当由救援车、清障车拖曳、牵引。

（四）交通事故处理

在道路上发生交通事故，车辆驾驶人应当立即停车，保护现场；造成人身伤亡的，车辆驾驶人应当立即抢救受伤人员，并迅速报告执勤的交通警察或者公安机关交通管理部门。因抢救受伤人员变动现场的，应当标明位置。乘车人、过往车辆驾驶人、过往行人应当予以协助。在道路上发生交通事故，仅造成轻微财产损失，并且基本事实清楚的，当事人应当先撤离现场再进行协商处理。

车辆发生交通事故后逃逸的，事故现场目击人员和其他知情人员应当向公安机关交通管理部门或者交通警察举报。交通警察应当对交通事故现场进行勘验、检查，收集证据；因收集证据的需要，可以扣留事故车辆，但是应当妥善保管，以备核查。

对交通事故损害赔偿的争议，当事人可以请求公安机关交通管理部门调解，也可以直接向人民法院提起民事诉讼。

机动车发生交通事故造成人身伤亡、财产损失的，由保险公司在机动车第三者责任强制保险责任限额范围内予以赔偿。超过责任限额的部分，按照下列方式承担赔偿责任：

(1) 机动车之间发生交通事故的，由有过错的一方承担责任；双方都有过错的，按照各自过错的比例分担责任。

(2) 机动车与非机动车驾驶人、行人之间发生交通事故的，由机动车一方承担责任；有证据证明非机动车驾驶人、行人有过错的，根据过错程度适当减轻机动车一方的赔偿责任；机动车一方没有过错的，承担不超过10%的赔偿责任。

(3) 交通事故的损失是由非机动车驾驶人、行人故意碰撞机动车造成的，机动车一方不承担赔偿责任。

（五）法律责任

对道路交通安全违法行为的处罚种类包括：警告、罚款、暂扣或者吊销机动车驾驶证、拘留。

行人、乘车人、非机动车驾驶人违反道路交通安全法律、法规关于道路通行规定的，处警告或者 5 元以上 50 元以下罚款；非机动车驾驶人拒绝接受罚款处罚的，可以扣留其非机动车。机动车驾驶人违反道路交通安全法律、法规关于道路通行规定的，处警告或者 20 元以上 200 元以下罚款。

饮酒后驾驶机动车的，处暂扣 1 个月以上 3 个月以下机动车驾驶证，并处 200 元以上 500 元以下罚款；醉酒后驾驶机动车的，由公安机关交通管理部门约束至酒醒，处 15 日以下拘留和暂扣 3 个月以上 6 个月以下机动车驾驶证，并处 500 元以上 2 000 元以下罚款。1 年内有前两款规定醉酒后驾驶机动车的行为，被处罚两次以上的，吊销机动车驾驶证，5 年内不得驾驶营运机动车。

机动车驾驶人不在现场或者虽在现场但拒绝立即驶离，妨碍其他车辆、行人通行的，处 20 元以上 200 元以下罚款，并可以将该机动车拖移至不妨碍交通的地点或者公安机关交通管理部门指定的地点停放。公安机关交通管理部门拖车不得向当事人收取费用，并应当及时告知当事人停放地点。

伪造、变造或者使用伪造、变造的机动车登记证书、号牌、行驶证、检验合格标志、保险标志、驾驶证或者使用其他车辆的机动车登记证书、号牌、行驶证、检验合格标志、保险标志的，由公安机关交通管理部门予以收缴，扣留该机动车，并处 200 元以上 2 000 元以下罚款；构成犯罪的，依法追究刑事责任。

二、大学生要熟悉交通标志

道路交通标志是用图形符号、颜色和文字向交通参与者传递特定信息，用于管理交通的设施。道路交通标志分为主标志和辅助标志两大类。主标志又分为警告标志、禁令标志、指示标志、指路标志、旅游区标志和道路施工安全标志。

（一）警告标志

警告标志是警告车辆和行人注意危险地点的标志。其形状为正等边三角形，颜色为黄底、黑边、黑图案，见图 4—5。

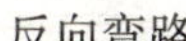
反向弯路

连续弯路

上陡坡

下陡坡

双向交通　注意行人　注意儿童　注意牲畜

注意信号灯　注意落石　注意落石　注意横风

易滑　傍山险路　傍山险路　堤坝路

驼峰桥　路面不平　过水路面　有人看守铁路道口

无人看守铁路道口　注意非机动车　事故易发路段　慢行

资料来源：http：//www. smag. gov. cn/。

图 4—5　警告标志示例

（二）禁令标志

禁令标志是禁止或限制车辆、行人交通行为的标志。其形状通常为圆形，个别为八角形或顶点向下的等边三角形。其颜色通常为白底、红圈、红斜杆和黑图案（见图 4—6），“禁止车辆停放标志”为蓝底、红圈、红斜杆。

禁止通行　禁止驶入　除公共汽车外　禁止机动车通行

禁止拖拉机通行　禁止农用车通行　禁止二轮摩托车通行　禁止某两种车通行

禁止非机动车通行　禁止畜力车通行　禁止人力货运三轮车通行　禁止人力客运三轮车通行

禁止向左转弯

禁止向右转弯

禁止直行

禁止向左向右转弯

图 4—6　禁令标志示例

（三）指示标志

指示标志是指示车辆、行人行进的标志。其形状为圆形、正方形或长方形，颜色为蓝底白图案（见图 4—7）。

直行

向左转弯

向右转弯

直行和向左转弯

直行和向右转弯

向左和向右转弯

靠右侧道路行驶

靠左侧道路行驶

立交直行和左转弯行驶

立交直行和右转弯行驶

环岛行驶

步行

鸣喇叭

最低限速

单行路向左或向右

单行路直行

干路先行

会车先行

人行横道

右转车道

资料来源：http：//www. smag. gov. cn/。

图 4—7　指示标志示例

（四）指路标志

指路标志是传递道路方向、地点和距离信息的标志。其形状，除地点识别标志、里程碑、分合流标志外，为长方形或正方形。其颜色，一般道路为蓝底白图案，高速公路为绿底白图案。

（五）辅助标志

辅助标志是指紧靠主标志下缘，起辅助说明作用的标志。其形状为长方形，颜色为白底、黑字、黑边框。用于表示时间、车辆类型、警告和禁令的理由、区域或距离等主标志无法完整表达的信息。

三、交通常识

（一）指挥灯信号

(1) 绿灯亮时，准许车辆、行人通过，但拐弯的车辆要避让直行的车辆和被放行的行人通过。

(2) 黄灯亮时，禁止车辆、行人通行，但已超过停车线的车辆和已进入人行横道的行人可以继续通行，但要服从警察的手势，确保安全。

(3) 红灯亮时，不准车辆、行人通行。

(4) 绿灯亮时，准许车辆按箭头所示方向通行。

(5) 黄灯闪烁时，车辆、行人须在确保安全的原则下通行。

（二）人行横道信号灯

(1) 绿灯亮时，准许行人通过人行横道。

(2) 绿灯闪烁时，不准行人进入人行横道，但已进入人行横道的，可以继续通行。

(3) 红灯亮时，不准行人进入人行横道。

四、大学生交通事故发生的主要原因

(1) 缺乏交通安全责任感。

(2) 缺乏交通安全知识。

(3) 存在麻痹思想。

(4) 缺乏交通安全意识。

(5) 存在侥幸心理。

五、不良的交通习惯

(1) 不走人行横道，不靠路右边走。

(2) 不走人行横道、天桥，随意横穿马路。

(3) 不注意道路和车辆信号，不服从交通管理。

(4) 在车行道、桥梁、隧道上追逐、玩耍、打闹。

(5) 穿越、攀登、跨越道路隔离栏。

(6) 在铁路道轨上行走、玩耍。

(7) 横穿铁路和钻火车。

(8) 不听从铁道口管理和信号管理。

(9) 在人行道、机动车道骑车，逆行骑车。

(10) 骑车横冲直闯、争道强行，与机动车抢道。

(11) 转弯不减速，不打手势，在路口闯信号。

(12) 骑车双手离把。

(13) 追逐打闹，三五并行。

(14) 手攀机动车行驶，紧跟机动车行驶。

六、交通事故预防

大学生要预防交通事故，保证交通安全，最重要的就是大学生本身要做好防范工作。

(一) 步行须注意的问题

(1) 步行应当在人行道内行走，没有人行道的靠路边行走。

(2) 步行通过路口或者横过道路，应走人行横道或者过街设施。通过有交通信号灯的人行横道，应按交通信号灯指示通行。通过没有交通信号灯、人行横道的路口，或者在没有过街设施的路段横过道路时，应在确认安全后通过。

(3) 通过铁路道口时，应按交通信号或者管理人员的指挥通行。没有交通信号和管理人员的，应在确认无火车驶近后迅速通过。

(4) 不得跨越、倚坐道路隔离设施，不得有扒车、强行挡车等妨碍交通安全的行为。

(二) 乘车须注意的问题

(1) 不得携带易燃易爆等危险物品。携带的其他物品，按规定稳放在行李架上，防止坠落将人砸伤；上下车要排队，不要拥挤，不要抢占座位。

(2) 不得向车外抛撒物品。

(3) 不要在车上嬉戏，不得影响驾驶人员安全驾驶和将头、手臂伸出车外。

(4) 需系安全带时，应按要求将安全带系好等。

(三) 骑非机动车须注意的问题

(1) 骑非机动车时，应当在非机动车道内行驶，在没有非机动车道的道路上，应当靠车行道的右侧行驶。

(2) 如骑（坐）电动自行车等，在非机动车道内行驶时，最高时速不得超过15公里。

(3) 不得猛拐，不得双手离把，不得扶肩并行等。

(4) 非机动车必须按规定停放。

(四) 驾驶机动车应注意的问题

(1) 驾驶机动车行驶，车速、超车、载人过交叉路口等都必须严格遵守交通法规定。

（2）不得酒后驾车，不得无执照驾车，不得驾驶有故障的车等。

（3）路过人行横道时应减速或避让。

（4）车辆运载不准超重，不得超过规定的宽、长、高尺寸，不准运载易燃易爆等物品。

（5）机动车辆不准乱停乱放等。

（五）预防校园内交通事故

校园内路面窄、拐弯多、人员流量大，不论是步行、骑车、驾驶机动车，都要注意观察，缓速慢行，遇人避让，认真遵守学校交通安全管理规定。大学生尤其注意不要在路上特别是拐弯处嬉戏打闹、踢球、滑滑板等。

（六）横穿马路须特别注意的问题

（1）穿越马路，要听从交通民警的指挥。要遵守交通规则。

（2）穿越马路，要走人行横道线。在有过街天桥和过街地道的路段，应自觉走过街天桥和地下通道。不要翻越道路中央的安全护栏和隔离墩。

（3）穿越马路时，要走直线，不可迂回穿行。在没有人行横道的路段，应先看左边，再看右边，在确认没有机动车通过时才可以穿越马路。

（4）不要突然横穿马路，特别是马路对面有熟人、朋友呼唤，或者自己要乘坐的公共汽车已经进站时，千万不能贸然行事，以免发生意外。

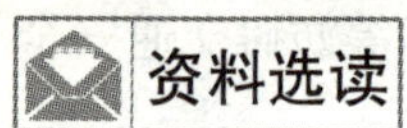
资料选读

2007年、2008年全国道路交通事故统计

2007年，全国共发生道路交通事故327 209起，造成81 649人死亡、380 442人受伤，直接财产损失12亿元。与2006年相比，事故起数减少51 572起，下降13.6%；死亡人数减少7 806人，下降8.7%；受伤人数减少50 697人，下降11.8%；直接财产损失减少3.0亿元，下降19.5%。其中，发生一次死亡10人以上特大交通事故26起，造成389人死亡。与2006年相比，事故起数减少12起，下降31.6%；死亡人数减少169人，下降30.2%。道路交通事故万车死亡率为5.1，同比减少1.1。

2008年，全国共发生道路交通事故265 204起，造成73 484人死亡、304 919人受伤，直接财产损失10.1亿元。与2007年相比，事故起数减少62 005起，下降19%；死亡人数减少8 165人，下降10%；受伤人数减少75 523人，下降20%；直接财产损失减少1.9亿元，下降15.8%。其中，发生一次死亡3人以上道路交通事故1 290起，同比减少190起，下降12.9%；发生一次死亡5人以上道路交通事故250起，同比减少17起，下降6.4%；发生一次死亡10人以上特大道路交通事故29起，同比增加3起。道路交通事故万车死亡率为4.3，同比减少 0.8。

资料来源：http：//www.mps.gov.cn/。

信息链接

1. 中国交通事故律师网（http：//www.china122.com.cn/）。
2. 中华人民共和国交通运输部（http：//www.moc.gov.cn/）。
3. 化妆品网址之家（http：//www.hzp100.com/）。
4. 国家食品安全网（http：//www.cfs.gov.cn/）。
5. 国家食品质量安全网（http：//www.nfqs.com.cn/）。

思考与练习

1. 谈谈大学生如何预防食物中毒。
2. 通过本章的学习，同学们掌握了哪些住宿安全方面的知识？
3. 开展小组讨论，谈谈如何更好地遵守交通法规，避免发生交通事故。

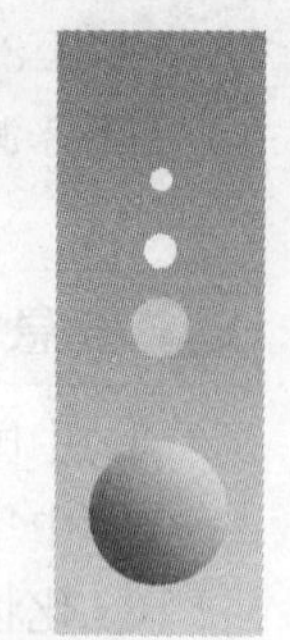

第五章 交际安全

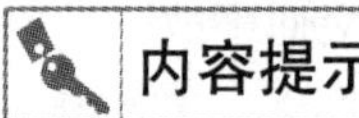

内容提示

社会的飞速发展，人与人之间竞争的加剧，社会价值观的多元化，以及独生子女的逐渐增多等因素，使得这一代大学生具备了一定的特殊性。本章通过分析大学生的特点，重点帮助大学生培养一定的交际能力，引导在校大学生客观、冷静、正确地审视自己的心理状况，培养大学生在人际交往中应对各类危险的能力。

第一节 交往能力

大学生的综合素质已成为众多企业和用人单位关注的焦点，而在综合素质里面，最重要的当属大学生的交际能力了。人际交往能力是形成和塑造自身健康个性品质的基础。因此，大学生在生活、学习中，要正视和解决不愿交往、不懂交往、不善交往的问题，以积极的态度和行为对待人际交往，建立自身和谐的人际关系，培养自身的交往能力。

一、大学生人际交往的心理障碍

大学生在人际交往中，首先要克服不利于人际交往的心理障碍。这些心理障碍可概括为以下几点。

（一）期待太高和过分要求

有的同学对友谊期望过高，他们总是对朋友要求过高，希望朋友对自己绝对的忠诚，期望周围的人都对自己热情、满意，都关照自己。但实际情况却是，我们面对一个多元的社会，人的性格、兴趣爱好也千差万别。

（二）被动消极，自我封闭

有的同学性格较内向，不会主动去接近别的同学，只能被动地等待友情的到来；有的同学由于过去的交友失败，从此就把自己封闭起来，拒绝与他人交往；有的因为过于忙碌，始终处于疲倦状态，自然也就很少有高涨的热情，只要紧张气氛松弛了，他们的热情一般能很快调动起来；有的则是因为心灵上受过创伤而自我封闭。

（三）处处设防，无端猜疑

有的同学从小生活在充满怀疑的环境中，总是抱着"防人之心不可无"的心态与人交往，难以敞开心扉积极接纳朋友，与同学朋友缺乏了解沟通，不相信社会上还是好人好事多。

（四）好胜易妒，难容别人

有些大学生好胜心强，在别人取得成绩的时候不能与别人一起分享喜悦，常常嫉妒他人，使得人无所适从，同时也使自己的心理严重扭曲，并使双方交流受到阻碍，感情甚至人身受到严重伤害。

（五）自尊心过强，死要面子

大学生的许多人际冲突，都是发生在不涉及原则问题的小事情上，往往是一次无意的碰撞、不经意的言语伤害或为了区区小利等，本来只要打个招呼、说声道歉，也就没事了，但双方都"赌气"，不肯放低姿态，结果争吵起来。

（六）头脑发热，极易冲动

大学生处于特定的生理发育期，自制能力较弱，遇事容易冲动。很多时候很多事情很难断定谁是谁非，双方谦让一下就相安无事了，即使自己有理，也可以忍让一点，好言相对。然而有的大学生往往凭一时冲动行事，把事情搞糟。

二、交往能力的培养

人际交往的核心部分，一是合作，二是沟通。培养交往能力首先要有积极的心态，理解他人，关心他人，不要消极回避，要敢于接触，只要学会一些技巧，把握一定的原则，积少成多，消除社交恐惧，以诚交友，以诚办事，就一定会获得良好的人际关系。

（一）人际交往的技巧

人际交往中的技巧就是人际交往的润滑油。掌握了人际交往中的技巧，就可在交往中如鱼得水，有助于建立良好的人际关系。

（1）多站在别人的角度去考虑问题，体会别人的感受，就会知道该如何行事而不会把事情搞砸，这就是换角度思考的好处。将心比心，并且用温暖、尊重、了解的方式去沟通，多为集体、同学服务，宽容、大度。当出现矛盾时，要先在自己身上找问题，不要先抱怨人，把问题推到别人身上。

(2) 了解沟通的障碍并且尽可能去突破。要有与人沟通的意愿并和朋友敞开心扉，以一颗开放的心灵去倾听，千万不要立即下价值判断，而最好以对方的立场和观点去设想。

(3) 善解人意、乐于助人，伸出热情的手，主动帮助别人。每个人都希望能够得到别人的理解、关心和爱护。那如何得到呢？先付出你的理解、关心和爱护，你就会得到相应的更好的回报。

(4) 当一位好听众。用我们的心灵去听听对方的想法与感受，而不只是字面上的意思。常和同学在一起聊聊天，然后要坦诚地告诉对方，我们听到了什么，有什么样的感受和想法。

(5) 善解人意。我们不一定要赞同他人与我们不同的意见，但是如果我们能了解他人，我们自己也会快乐无比。

(6) 正确认识自己是交往的前提与良好的开端。要正确认识自己，就要做到客观公正地评价自我，做到既不清高，亦不妄自菲薄，又要充分发挥自己的长处。加强对自己的了解，知道自己会说出什么样的话，也是能与他人维系良好人际关系的技巧之一。

(7) 要善于处理自己的情绪，不要让坏情绪影响了与周围的人的关系。做到心平气和、不乱发牢骚，这样不仅自己快乐，别人也会心情愉悦。

(8) 对人真诚，不要不守信用，让大家相信自己。

(9) 记住别人的姓名，主动与人打招呼，称呼要得当，让别人觉得受到礼貌对待，给人以平易近人的印象。

(10) 要注意语言的魅力。安慰受创伤的人，鼓励失败的人，恭维真正取得成就的人，帮助有困难的人。培养幽默风趣的言行，幽默而不失分寸，风趣而不显轻浮，给人以美的享受。与人交往要谦虚，待人要和气，尊重他人，否则事与愿违。

(11) 举止大方、坦然自若，使别人感到轻松、自在，激发交往动机。培养开朗、活泼的个性，让对方觉得和你在一起是愉快的。

(12) 处事果断、富有主见、精神饱满、充满自信的人容易激发别人的交往动机，博得别人的信任，产生使人乐意交往的魅力。

(二) 人际交往的原则

在人际交往中，冲突与矛盾无处不在，但解决的方式却有多种，冲突与和谐皆在一念间。一事当前，当今的大学生一定要设法化干戈为玉帛。其实，以积极的心态对待周围的人与事，即便很糟糕的事情也会逐渐好起来，这其中也有一些普适性的原则。

1. 平等的原则

人际交往，保持交往平等是首要的原则，无论是公务来往还是私交，都没有高低贵贱之分。切不可自己看不起自己，产生自卑心理，更不能因为自己是大学生、年轻或美貌、家庭富裕而趾高气扬。这些心态都影响人际关系的顺利发展。

2. 互利的原则

人际交往是一种双向行为，“来而不往非礼也”，不管是物质的，还是精神的，交往双方要互惠互利，只有单方获得好处的人际交往是不能长久的。所以要双方都受益，交往双方都要讲付出和奉献。

3. 诚信的原则

交往离不开诚信。诚信指一个人诚实、信守诺言。“一言既出、驷马难追”，交往时不要轻易许诺，一旦许诺就要设法实现，以免失信于人。言必信、行必果，取得别人的信赖。

4. 宽容的原则

人际交往中往往会产生误解和矛盾。大学生个性较强，同时交友的热情高，交际范围开始扩大，这就要求大学生在交往中不要斤斤计较，而要谦让大度、克制忍让，不过分计较对方的态度，并勇于承担自己的行为责任。宽容克制并不是软弱、怯懦的表现，相反，它是有度量的表现，是建立良好人际关系的润滑剂，有利于赢得更多的朋友。广交朋友，不但与自己相似的人交朋友，还要与自己性格相反的人交朋友，只有互学互补、处理好竞争与相容的关系，才能更好地完善自己。

三、大学生如何交友

人的一生中朋友必不可少，特别是大学生，与什么样的朋友交往将会影响一生。人生离不开友谊，事业离不开友谊。常言道：一个篱笆三个桩，一个好汉三个帮。一个人要想成就一番事业，离不开朋友的帮助。与朋友建立真挚的友谊，就会使人奋发向上，充满活力，更加幸福！作为大学生，更应该如此。古人云：与善人交，如入芝兰之室，久而不闻其香；与恶人交，如入鲍鱼之肆，久而不闻其臭。对大学生来说，人际交往不能小视，交友必须慎之又慎，一定要培养自己的人际交往能力，谨慎交友，恰当地处理人际关系，避免发生争执和矛盾，导致意外伤害。

（一）多交能够帮助自己上进的朋友

这里所说的帮助，并不是指要交往的朋友必须很慷慨、很富有，而是指他的品行、学习知识的态度等方面能够给自己以良好影响。子曰：“益者三友，损者三友。”“择其善者而从之，其不善者而远之”。不盲目崇拜，不臭味相投。在生活中，大学生要结交益友，让友谊的力量来为自己的进步助一臂之力。我们每个人交朋友就要学习别人的长处，改去恶习，同时完善自我，争取成为他人心目中的益友。

（二）多交能够批评帮助自己的朋友

真挚的友谊，不仅表现在能与朋友共享欢乐、能为朋友排解烦恼、能替朋友分担不幸上，还表现在对朋友的缺点和错误能坦率地批评与诚恳地劝告上。大学生要交直言不讳指出自己缺点的朋友，也要具备听取逆耳忠言的度量和知错必改的勇气。因此，面对朋友直言不讳的批评，我们一定不要生气，甚至记恨朋友，而应该欣然接受，也正因为朋友间敢于互相批评，友谊才倍显纯洁和珍贵。

（三）真诚对待自己的朋友

对待朋友首先要真诚，将心比心。真诚就是要说真话，好的要称赞，不好的要指出，还要帮助改进。然后就是互相鼓励，达到共同进步。此外，在朋友遇险时要挺身而出，不能因名因利出卖朋友。

（四）分享朋友的成功和欢乐

要分享朋友的成功和收获，决不能因为朋友比自己做得好而产生嫉妒心理，更不能与朋友争夺利益，横刀夺爱是对朋友最大的伤害。

（五）与朋友交往要有底线

与其他情感一样，友谊也有一个品质问题，也有品质的高低、优劣之分。“害人之心不可有，防人之心不可无”。如果对方提出违反国家法律法规、违背社会道德的要求，要坚决予以抵制，切不可同流合污。

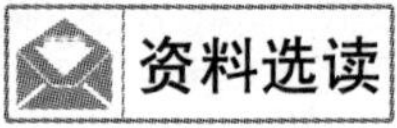

交友不慎误入毒网　女大学生身陷囹圄

纪兰（化名），23岁，一名如花似玉的女大学生，能歌善舞，琴棋书画样样皆通，艺术才能特别突出。2009年，刚大学毕业于西安某名牌院校的她，认识了男友李某后，两人关系迅速升温，很快发展成为恋人关系。谁料李某竟是瘾君子，纪兰见男友每天毒瘾发作时痛苦万分的样子，恨不能以身相代，多次劝说无效后，决心以真爱来挽救对方，不惜自己以身试毒，意图通过自己对毒品的抵制来影响男朋友戒毒。而当她自己吸上毒时才明白这是一条不归路，根本无力自拔。就这样，双方在罪恶的深渊里越陷越深。转眼到了2010年1月13日，二人正在宾馆吸毒时被榆林市榆阳公安分局上郡路派出所当场查获，同时还查明李某在2008年7月伙同他人在内蒙某旗故意伤害致死人命，负案潜逃，被内蒙警方上网追捕。

纪兰在被民警送往戒毒所的路上，喃喃地说：“怎么会这样……”悔恨的泪水从她美丽而稚嫩的脸上无声地流了出来。

资料来源：http：//www.xyl.gov.cn/。

第二节　恋爱安全

爱情是个古老而又永恒的话题。大学生正处在性生理已经成熟，但性心理尚未成熟的时期，恋爱和性的问题是几乎每个大学生都面临和思考的问题。大学生由于特定的年龄阶段，产生爱的需要并尝试与异性建立恋爱关系原本是正常的，然而目前大部分高校对恋爱和性的教育都非常匮乏，由此导致的管理问题和心理障碍也越来越突出。对大学生来说，适当的爱情可以促进双方的学业，但不要过度沉溺在爱情的河流中，不要在热恋中迷失自己的前进方向，毕竟大学时期是我们学习专业技能的黄金时期，是决定我们未来方向的关键阶段，不能为了一时的快乐而把一生的幸福都抛弃了。对于爱情我们要始终保持一种平稳心态，不能为了一时的不快，而做出令自身、对方、家人和社会伤心欲绝的行为。

一、大学生恋爱的特点及其相关原因

大学生恋爱现象由来已久，有一些青年由此结合，组建了幸福的家庭。但与此同时，我们发现它带来的消极影响也十分明显和严重。不管怎样，我们都应认识到，大学生恋爱现象是正常的，不容回避，也无须视之为洪水猛兽，而应以一颗平常心看待，客观地分析它。

（一）追求浪漫，爱情至上

有些同学把爱情放在认识的第一位，把爱和被爱视为人生的极点，认为“没有爱情，活着就没有啥意思”。有的学生一进校就开始谈恋爱，但他们在就学期间经济上尚未独立，恋爱过程中感情和思想易变，缺乏妥善处理恋爱中情感纠葛的能力，毕业后的生活还会动荡，就业还是个未知数，即使获得了真爱，毕业后也有可能天各一方。在恋爱过程中往往产生很多的消极影响，有的分散精力、浪费时间、成绩下降，有的只有“两人”世界，整天沉溺于卿卿我我之中，对周围的一切事物都漠然处之，脱离集体，影响了正常的同学交往。一旦失恋以后就悲观厌世，精神萎靡，认为从此生活没有了意义，学习没有了动力。

（二）盲目随意，成功率低

大学生在恋爱问题上，个性突出，自主性强，重感情、易冲动，不受传统习俗的局限，在确定恋爱关系前，甚至在确定恋爱关系后，一般都不征求双方父母的意见。许多大学生在恋爱中没有考虑到将来的结婚，不是清楚地、自觉地意识到恋爱是为了选择一个终身伴侣，他们恋爱，只是因为需要爱和被爱。有些同学谈恋爱，纯粹是从众的结果，看到别人成双成对，自己心理难以平衡，于是随大流也追求异性，对待爱情缺乏严肃认真的态度。由于社会阅历浅，思想单纯，很多学生对自己的人生目标还没有一个很清楚的概念，造成在对待恋爱的问题上简

单、幼稚和不成熟；在择偶标准上，往往重外表，轻内在；在恋爱方式上，往往重形式，轻内容；在恋爱行为中，往往重过程、轻结果；重享乐、轻责任。这种恋爱问题上的不成熟性，极易造成恋爱的周期性中断，对恋爱对象的选择漂泊不定。

（三）道德缺失，缺乏责任

中国传统文化及伦理道德观对大学生影响力逐渐减弱，恋爱动机呈多样化趋势。据调查统计，以“建立家庭”为恋爱目的的大学生少之又少，更多的是以“摆脱孤独寂寞”为目的，也有为追求金钱、名誉和地位的。这种缺乏责任感与严肃感的“寂寞期恋爱”是十分危险、不可取的。大学生的恋爱，通常是属于体验性的，既有出发点不正确的原因，也有不具备独立生活能力的客观条件限制，导致不能对对方负责。当代大学生谈恋爱往往只注重恋爱过程本身，至于恋爱的结果已经不太在意；对婚前性行为有较大的宽容度，对传统的贞操观则不予接受。一些同学恋爱举止不文明，在公共场所竟旁若无人，做出过分亲密的动作；一些大学生是为了充实课余生活，解除寂寞，填补空虚，把恋爱当作一种消遣文化；更有甚者对爱情不专一，朝秦暮楚，见异思迁，甚至搞多角恋爱，恋爱态度极不严肃，超越正常的恋爱关系，常常导致意外伤害事故。所以只重恋爱过程，轻视恋爱结果，实质上是只强调爱的权利，而否认了爱的责任。

（四）自控力差，耐挫力弱

大学生一旦陷入热恋之中，往往不善于控制自己的情感，随意放纵，缺乏理智的驾驭能力，对恋爱对象过分依赖，稍有波折就痛苦万分，一旦恋爱受挫，即会情绪失控，无法自拔，对学习造成严重影响。大学生中“有情人”虽多，但“终成眷属”者少，这样就产生了一批失恋大军。感情受挫后出现一个时期的心理阴暗期是正常的，绝大多数大学生能够通过向朋友诉说或理性思考，对自己和对方采取宽容的态度，尊重对方的选择。但仍有一部分学生摆脱不了，有的失去信心，放弃对爱情的追求；有的一蹶不振，沉沦自弃，认为一切都失去了意义，以至于悲观厌世；有的视对方如仇人，肆意诽谤，甚至做出极端行为伤害对方。

二、对大学生自身树立正确恋爱观的建议

正确的恋爱观，能够以理性引导爱情，正确处理恋爱与学习、感情与爱情、情爱与性爱的关系。鉴于大学生恋爱的各项特点，大学生恋爱应该采取正确的方式，更要正确地处理好恋爱与学业的关系，分清主导地位和次要地位。而且在日常生活中也要正确认识友情与爱情，两者不可混为一谈。

（一）正确的恋爱动机

恋爱动机的好坏直接关系到恋爱成功与否。恋爱对象的选择是一个复杂的过程，不能忽视了经济、政治、文化、个性等因素，恋爱是寻找志同道合、白头偕老的终身伴侣，而不是为了一时解闷，寻找刺激，更不是单纯为了满足性的需

要。共同的理想和志向、共同的品德和情操才是最根本的。

（二）正确对待恋爱和学业的关系

正确处理好恋爱、学业、事业三者之间的关系。恋爱是人生的一件大事，但并不是人生的全部。大学生应该以学业为重，完成学业是大学生在校期间的主要目的。但如果自己能够处理得好，与相爱的人能够互相促进，那么爱情也能对学业和事业起到催化作用。

（三）培养正确对待爱的能力

大学生要培养承受求爱被拒绝或拒绝他人求爱的心理承受能力。一方面，如果一个人心中有了爱，就要敢于用正确的方式表达；另一方面，当面对别人的示爱时要能够取舍，并及时做出接受或拒绝的选择，对于自己不愿意接受或认为不值得接受的求爱应有勇气拒绝。但拒绝别人的求爱时大学生要注意：如果不希望爱情提前到来，那么拒绝的语气要果断坚决，否则对对方造成的将是更大的伤害；要掌握恰当的方式，要做到对别人起码的尊重。

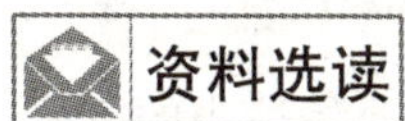

大学生婚恋观调查

长江日报消息（记者邓年武　通讯员房玉娇）“谈朋友了没?”寒假了，遇到亲友，回家的大学生常常被问起这一问题。对于绝大多数的大学生来说，爱情与婚姻，可能还是一个没有想成熟的问题。

大学生对大学期间谈恋爱持什么看法？他们恋爱的动机是什么？面对失恋，他们会如何处理？日前，本报民调新闻工作室联合湖北大学“大学生婚恋观调查小组”，通过校内走访、网上调查等形式，在武汉地区高校中展开一次武汉大学生婚恋观调查——

日前，780名武汉高校大学生参与此项调查，结果显示：67.2%受访学生表示，是“为寻找人生伴侣”而恋爱，且不想玩弄对方的感情；65.8%受访学生称，可以接受婚前性行为，前提是“如果两人恋情成熟了”。

大学生恋爱的动机是什么？除了“为寻找人生伴侣”，“因寂寞寻找感情寄托”占25.8%，大学生张明坦言，“大学课余时间很多，离家又远，谈恋爱可以排遣寂寞，可以彼此照顾。”

19.5%的受访学生认为，自己是“受同学和社会影响”，看到同学恋人间的甜蜜，想到自己孤单，就会萌生谈个朋友的想法。13.3%的受访学生只为“满足好奇心”。对于没有恋爱过的人而言，恋爱具有很强的诱惑力。

“为了满足自己生理需要”的占11.8%。“证明自己有魅力”的占5%。“经济需要”仅占1.7%。

对婚前性行为，大学生态度较为开放。在“你能否接受婚前性行为?”这一选项上，41.2%的受访学生表示“可以接受”，认为“感情成熟了，自己可以做到”。24.6%的受访学生坦言，“接受可以，但自己做不到”。不接受的仅占18.7%。

其中，“如果感情成熟，自己愿意与恋人发生婚前性行为”，女生占比26.8%，男生占比56%。

资料来源：http：//www.huaxia.com/。

（四）正确应对恋爱挫折

恋爱是生活的重要组成部分，但不是生活的全部，要正确地看待爱情，摆正爱情的位置，处理好爱情与学习、爱情与人生、爱情与婚姻的关系。

1. 正视现实

爱情是双向的、相互的。恋爱双方以爱情为基础，失去任何一方，爱情就会失去了平衡，恋爱即告终止。这时失恋的一方无论对另一方爱得有多深，都是不现实的，大学生应该理智地面对这一现实。

2. 感情宣泄

大学生失恋的时候不要过分地隐藏或压抑失恋带来的痛苦，要找适当的方式进行宣泄。如在悲痛欲绝时大哭一场，参加一场剧烈的体育运动或比赛，或者做些自己感兴趣的事。当然也可以向信任的师长、同学、朋友、亲人等诉说自己心中的烦恼，以及通过写日记或写信，排解压力。如果感觉心中的积郁实在太深，无法排解时，必须找心理咨询师进行心理咨询，避免造成心理障碍。

3. 改变环境

要摆脱失恋的痛苦，就要换一个崭新的环境，暂时离开曾经熟悉的环境。把自己置身于一个欢乐的环境中去。如多交一些朋友，多参加一些娱乐活动，或者逛逛街，去旅游散散心等，这样有助于心情的好转。还可以用工作或其他什么方法来填补自己失恋后的空虚，不在空余的时间胡思乱想。

4. 换位思考

要设身处地地为对方着想，换个角度思考问题会得出不同的答案。这样做有助于自己理解对方终止爱情的原因，有助于接受失恋这一痛苦的现实并及早走出失恋的阴影。要通过换位思考，尽快摆脱失恋的痛苦，把失恋升华为一种奋发向上的动力，尽快投入到学习或者工作中去，切不可因为失恋而一蹶不振，认为生活、人生都失去了意义。

三、大学生恋爱带来的不安全因素

（一）婚前性行为

有的大学生由于缺少性卫生常识，在性发生过程中，往往会给女方带来阴道损伤和泌尿生殖系统感染。遇到意外怀孕或堕胎等情况，会对双方造成不同程度的压力，进而影响其正常的学习生活和工作。尤其是未婚先孕的女性，在进行人工流产时，由于青春期女性生殖器官未完全发育成熟，手术时容易发生子宫损伤，还可能为以后留下习惯性流产或早产的隐患，有的会造成终身不育的恶果。由于大学生的心理发育还没有成熟到非常自如地处理性事务的程度，而且婚前性行为不受法律保护，男女双方彼此并不承担责任，因此对待婚前性行为一定要谨慎。

（二）恋爱暴力

人们常说，“打是亲、骂是爱”，然而暴力升级却使原本甜蜜的爱情变得令人窒息。天津师范大学性别与社会发展研究中心王向贤博士对天津市1 035名大学生抽样调查发现，暴力比例高且持续发生。超过半数大学生在恋爱一年间曾发生心理暴力，近1/3会发生肢体暴力。严重暴力的发生率超过10%，有近10%的大学生会在恋爱暴力中身体受伤，性强迫也达到3%以上。

（二）感情纠葛导致意外

恋爱中的感情纠葛同样会给大学生的学习和生活带来影响，使人陷入痛苦，处于空虚和烦恼甚至绝望的状态，处理不好会对以后的恋爱和婚姻生活造成消极影响。由于大学生恋爱的不成熟，成功率往往很低，持续的时间也较短，失恋带来的悲伤、痛苦、抑郁等不良情绪会使当事者的心理受到很大伤害，一旦形成阴影容易引发更严重的心理甚至生理疾病，如果不能及时化解，甚至会造成轻生、伤害他人等严重后果。

大学生为情所困深夜欲跳楼轻生

12月3日晚，某大学一在校男生因为感情受挫，饮酒过度，一时产生了轻生的想法。武汉消防官兵接到报警后迅速成功处置，避免了惨剧的发生。

22时30分，武汉阳逻中队接到报警，消防官兵迅速出动一辆抢险救援车7名官兵赶往救援。为避免惊动轻生学生，救援人员在大学门口就关掉了警报、警灯。消防官兵在学校保安的带领下，“偷偷”地来到事发地点，借着手电筒望去，只见男生宿舍楼三楼有一人坐在阳台边缘上大喊大叫，嚷着要跳楼。

经仔细侦察后，消防官兵决定兵分两路，一路人马在楼下用话筒喊话，安慰轻生者，吸引其注意力；一路人马到楼上实施救援。中队官兵与在场民警商定了一套救援方案：首先让轻生者的同学趁着夜色，一边安慰轻生者，一边将保险绳系于其腰间。然后中队官兵和学生合力将轻生者拉回宿舍内。

10分钟后，救援取得圆满成功，消防官兵将现场移交给公安部门后返回。

资料来源：http：//www. cntv. com. cn/。

四、防止性侵害

性侵害是大学生群体易发生的安全问题，特别是对女大学生的人身和心理造成重大伤害，严重影响大学生的大学生活，所以必须对性侵犯加以预防和防范。

（一）女大学生如何防范性侵害

（1）安全外出，正确交往。尽量不要单独外出，最好结伴而行。如果需要单独外出，要尽量避开隐蔽、狭窄、灯光昏暗的道路和场所。避免夜晚单独外出。尽量不要穿过于暴露的衣服，不出入各种娱乐性场所；尽量少与陌生人说话、交往。遇到陌生人纠缠，要想办法尽快摆脱；若陌生人问路，尽量不要带路；向陌生人问路，不让他带路；不搭陌生人的车。

（2）品行端正，谨慎待人处事。与异性交往要注意尺度。不要轻易结识陌生朋友，不要与不认识的陌生人去陌生的场所，要控制住感情，不要在交往中表现得轻浮。对于不相识的异性，不要随便说出自己的真实情况，对自己特别热情的异性，不管是否相识都要倍加注意。不贪图虚荣，不接受一定程度的惠赠，以免自己受制于人。一旦发现某异性对自己不怀好意，甚至动手动脚或有越轨行为，一定要严厉拒绝、大胆反抗。

（3）学会防身，正当防卫。一般女性的体力均弱于男性，防身时要把握时机，出奇制胜，狠、准、快地出击其要害部位，即使不能制服对方，也可制造逃离险境的机会。无力反抗时也要记清犯罪分子的体貌特征，或在犯罪分子身上留下抓痕，保护好现场和物证，便于破案。

（4）及时报警，相信法律。在发现对方有不轨行为时，要及时地向老师、家长汇报，依靠组织妥善处理，防止发生意外事件；在发生意外事件后，要及时向公安部门报案，请求对嫌疑人进行法律制裁，要善于保留物证、掌握证据，如沾有精液的裙子、内裤，女方反抗时留在指甲缝里的男方的皮肤组织、血迹，被强暴时的床单、被罩，被撕烂的衣物等，以便协助公安机关惩治犯罪分子。

（二）防范性欺诈

性诈骗是以虚构事实、隐瞒真相为手段，使女性上当受骗而奸污女性的行为。对于性诈骗，可采取如下对策：如果发现不怀好意者，要主动及时地断绝往来，防止意外发生；如果对方纠缠不止，要千方百计弄清其真实身份，并向老师或领导报告，争取获得帮助和保护；对于那种特别热情，但身份来历不清者，更要保持高度的警惕；发现对方有越轨行为，要严词责斥，敢于反抗。

第三节　网络安全

随着网络和计算机的普及，网络和信息安全越来越重要。近几年来，国家在加强信息安全法制建设、建立和完善信息安全法制制度、推进信息安全立法方面做了大量工作，如先后制定实施了《电子签名法》、《计算机信息系统安全保护条例》、《互联网信息服务管理办法》等一系列网络信息安全相关法律法规。大学生要认真学习相关知识，养成良好的网络使用习惯，避免发生不安全事故。

一、相关法律知识

在国家大力倡导和积极推动下，我国的互联网在经济建设和各项事业中得到日益广泛的应用，使人们的生产、工作、学习和生活方式已经开始并将继续发生深刻的变化，同时，如何保障互联网的运行安全和信息安全问题已经引起全社会的普遍关注。国家先后制定了相关法律法规，以保证网络安全，打击违法犯罪。

（一）《中华人民共和国计算机信息系统安全保护条例》的相关内容

（1）故意输入计算机病毒以及其他有害数据危害计算机信息系统系统安全的，或未经许可出售计算机信息系统安全专用产品的，由公安机关处以警告或者对个人处以 5 000 元以下的罚款、对单位处以 15 000 元以下的罚款；有违法所得的除予以没收外，可以处以违法所得 1 至 3 倍的罚款。

（2）违反本条例的规定，依照《中华人民共和国治安管理处罚条例》的有关规定处罚；构成犯罪的，依法追究刑事责任。

（3）任何组织或个人违反本条例的规定，给国家、集体或者他人财产造成损失的，应当依法承担民事责任。

（二）《全国人民代表大会常务委员会关于维护互联网安全的决定》的相关内容

1. 对互联网的运行安全构成的犯罪

（1）侵入国家事务、国防建设、尖端科学技术领域的计算机信息系统。

（2）故意制作、传播计算机病毒等破坏性程序，攻击计算机系统及通信网络，致使计算机系统及通信网络遭受损害。

（3）违反国家规定，擅自中断计算机网络或者通信服务，造成计算机网络或者通信系统不能正常运行。

2. 危害国家安全的犯罪行为

（1）利用互联网造谣、诽谤或者发表、传播有害信息，煽动颠覆国家政权、推翻社会主义制度，或者煽动分裂国家、破坏国家统一。

（2）通过互联网窃取、泄露国家秘密、情报或者军事秘密。

（3）利用互联网煽动民族仇恨、民族歧视，破坏民族团结。

（4）利用互联网组织邪教组织、联络邪教组织成员，破坏国家法律、行政法规实施。

3. 危害社会主义市场经济秩序和社会管理秩序方面的犯罪

（1）利用互联网销售伪劣产品或者对商品、服务作虚假宣传。

（2）利用互联网损害他人商业信誉和商品声誉。

(3) 利用互联网侵犯他人知识产权。

(4) 利用互联网编造并传播影响证券、期货交易或者其他扰乱金融秩序的虚假信息。

(5) 在互联网上建立淫秽网站、网页，提供淫秽站点链接服务，或者传播淫秽书刊、影片、音像、图片。

4. 侵犯人身、财产等合法权利的犯罪行为

(1) 利用互联网侮辱他人或者捏造事实诽谤他人。

(2) 非法截获、篡改、删除他人电子邮件或者其他数据资料，侵犯公民通信自由和通信秘密。

(3) 利用互联网进行盗窃、诈骗、敲诈勒索。

(4) 利用互联网实施本决定第一条、第二条、第三条、第四条所列行为以外的其他行为，构成犯罪的，依照刑法有关规定追究刑事责任。

二、常见网络危害

网络作为一种重要的交流与传播工具，在丰富大学生生活的同时，也给大学生带来许多不安全因素。大学生作为网络的应用人群之一，必须知道常见的网络不安全因素，加强防范，保护自身安全。常见的网络问题及危害主要有以下几个方面。

(一) 大学生沉迷网络

1. 对学习的消极影响

许多沉迷网络的学生对网络有着强烈的依赖感和需求感，对其他活动则缺乏兴趣或难以集中精力，缺乏时间感，记忆力减退，甚至丧失自尊和自信，学习效率自然下降。由于沉迷网络，大量的时间都浪费在网络上，严重影响了自身的学业，不断逃课、熬通宵、无法及时完成作业，导致成绩一路下滑，并因此对学习失去兴趣和信心，成绩进一步下降，然后再通过网络来逃避这种不愿看到的学习现状，由此不断恶性循环。

2. 对身体健康的消极影响

长时间坐在电脑跟前，极其影响身体健康，包括视力下降、整体体质下降。大学生还处在身体成长发育的关键时期，应该多参加体育锻炼，而长时间沉迷于网络，且不说电脑辐射的伤害，光是大脑神经持续处于高度兴奋状态，就会导致体内激素水平失衡、免疫功能降低、视力下降，引发心血管、胃肠功能等方面的疾病，给身体健康带来严重危害。

3. 对心理健康的消极影响

沉迷网络给大学生心理带来的消极影响要远大于对身体的影响。恶性循环诱发的心理病症不断攀升，让大学生面对现实时产生更多的无力感和挫败感及暴力倾向，奋斗目标的缺失和人际关系的淡漠，必然会影响到大学生将来对社会责任

的承担。并且一旦停止网络活动便出现心理的不良反应，如情绪低落、志趣丧失、烦躁不安、精神委靡，以及严重的压抑现象，甚至产生自杀意念或行为。

（二）网上诈骗

现在高科技的发展促进了社会的进步，但同时也给不法分子带来了更加先进的诈骗手段，近些年来网络的发展使得网络也在渐渐成为被犯罪分子利用的重要手段。

（1）散布虚假中奖消息。不法分子申请大量免费空间或独立域名，仿造腾讯公司、中央电视台“非常6+1”、移动公司飞信等网站的页面，并借助聊天工具群发虚假中奖信息，除“游戏中奖”外，还以“暑期”、“周年庆”等名义诱导网民上当。“您可以获得电脑、摄像机、手机等贵重物品”等，诈骗分子就是利用某些人贪小便宜的心理来实施诈骗。

（2）提供彩票、股票预测服务。此类网站声称提供彩票、股票的预测服务，以收取入会费、账号开通费、资料费、保证金、专家费等各种名义不断向网民索取钱财。

（3）利用QQ等视频聊天诈骗。犯罪嫌疑人冒充受害人的领导、亲人、朋友或熟人等与其聊天，并播放受害人的领导、亲人、朋友或熟人的视频录像取得受害人信任后诈骗钱财。

（4）低价销售商品。此类网站以低于市场一半以上的价格销售各类贵重商品，但通常是网民交纳了预付款、保证金，甚至全部货款后，就再也无法与网站取得联系。

除上述主要的诈骗类型外，其他形式还包括传销诈骗、网络钓鱼网站、虚假医疗网站销售药品等。

（三）网上购物中的陷阱

网上购物作为一种新兴的购物方式，正在被大规模地推广，网上购物理念已经渐渐深入人心，也受到大学生的欢迎。但是网上购物消费模式并非尽善尽美，网络诚信问题时刻都在威胁网上购物模式的发展。所以大学生在选择网络购物时一定要比较各个商家的信用度和产品质量，避免造成损失。

（1）网上购物存在的安全问题：1）交货延迟；2）网上欺诈与虚假广告；3）交易对象认定的模糊性；4）售后服务的欠缺；5）个人信息的泄露。

（2）应对措施：提交任何有关私人信息时要加强个人信息保护，确保通过安全链接传输；检查销售条款，因为比较著名的零售商都会提供有关的销售条款，包括商品的质量保证以及有关退货和退款的规定；使用安全的支付方法，使用信用卡和借记卡在线购物的时候不但方便，而且很安全，通过它们进行的交易都受有关法律的保护。

（四）网络聊天中的危险

大学生在互联网上聊天交友时，轻易相信他人，就会遇到危险。常见的错误做法有如下几个：

(1) 网聊使用真实的姓名，轻易告诉对方自己的电话号码、住址等有关个人真实的信息。

(2) 轻易与网友见面。许多大学生与网友沟通一段时间后，感情迅速升温，不但交换真实姓名、电话号码，而且还有一种想见面的强烈欲望。

(3) 与网友见面时，约会的地点没有选择在公共场所，没有同学或朋友陪伴。

(4) 轻易点击来历不明的网址链接或来历不明的文件，往往这些链接或文件会携带聊天室炸弹、逻辑炸弹，或带有攻击性质的黑客软件，造成强行关闭聊天室、系统崩溃或被植入木马程式。

(5) 陷入色情聊天、反动宣传陷阱。聊天室里会聚了各类人群，有的可能会在聊天室散布色情网站的链接，换取高频点击率，也有一些组织或个人利用聊天室进行反动宣传、拉拢、腐蚀。

（五）网上银行存在的安全隐患

1. 信息泄露隐患

信息泄露是指个人信息安全的问题，包含网上银行账户、密码、身份证号等重要信息被盗取。

2. 黑客木马隐患

在利益的诱惑下，“黑客”盯上了网上银行。一些黑客通过远程控制和网络钓鱼来实施网络盗窃。

3. 技术漏洞隐患

网银“软证书”存在安全隐患。它不强制用户设置证书使用口令，私钥可以导出，给木马程序可乘之机。

4. 个人大意隐患

急性子、“马大哈”容易丢失网银账号和密码，留下安全隐患。

（六）网络不良信息

分析显示，不良信息将给整个社会带来极大的危害，包括危害网民身心健康、网民的财产安全、市场经济秩序、社会安定团结。这类信息荼毒网民积极向上的品行情操，违反相应的法律法规，不利于整个社会的可持续发展。

1. “色情类”信息

主要指网站开始增加低俗内容的制作、推荐，以增加自身流量，吸引广告投入。部分网民对于低俗信息的阅读需求与网站因经营需要产生的流量需求产生共鸣，就导致了情色类低俗信息的发展壮大。迷恋网络色情对大学生最直接、最明显的影响是使他们荒废正常的学业或工作，扭曲身心健康甚至走向性犯罪。网络色情提供大量的色情图片与文字，而其中的很多图片与文字宣扬的是各种畸形的性行为，如性变态、恋童癖、乱伦等。这对大学生形成正确的性观念、性行为都会产生冲击。有些色情信息诱骗青少年提供各种有偿的性服务，对大学生的人身安全构成了直接的威胁。

2.“计算机陷阱类”信息

主要是指以控制感染者的计算机为手段，以获得网民的个人资料及公司情报为目标，借此获利，对个人及企业的信息安全造成很大威胁。

3.“违反道德类”信息

参与的双方多出于经济利益考虑，如代写论文、代发论文等，也有人希望借助黑客技术去谋取利益，如盗取账号、窃取机密。

4.“破坏国家安全类”信息

主要是指发布的反动、威胁社会稳定和国家安全的信息，如散布谣言、聚众骚乱、制造恐怖信息，发布毒品、枪械等管制品买卖的信息等。

女大学生玩网游遭遇中奖陷阱

本报烟台3月9日讯　玩网络游戏弹出中奖信息，以为天上掉馅饼，女大学生被骗600元。今天上午，山东工商学院大四学生小朱向记者讲述了她的遭遇。

3月5日下午，小朱来到烟台市区文化宫附近的一家网吧，玩起网络游戏《跑跑卡丁车》。没多久，屏幕右下角就不断弹出一个加好友的对话框，小朱点击“确定”后网上出现一条“幸运”提示：“恭喜您被系统抽中为跑跑无限惊喜活动幸运玩家，您将获得世纪天成科技有限公司送出的惊喜奖金32 000元以及三星公司赞助的Q40笔记本电脑一台。”小朱非常兴奋，就打开所谓的“官方网站”，网站上清楚地写着“需要预先支付600元手续费”，为了能尽快得到奖金和奖品，小朱匆匆到网吧附近的银行，给对方提供的银行账号汇去了600元钱。按照网页上的要求，小朱拨打区号为0898的客服电话确认时，一个操南方口音的男子接电话称需再汇6 400元的个人所得税，此时小朱才觉得不对劲儿。

资料来源：http：//www. tech. QQ. com。

三、保护信息安全

（一）保护自己的电脑系统

1. 选择稳定的操作系统

现在大学生常用的操作系统是Windows XP，操作系统安装后，应立刻给电脑安装补丁程序，确保不会因为系统的漏洞给病毒和黑客可乘之机。

2. 关闭系统默认共享资源

尽管Windows XP是大家使用最广泛的操作系统，但是它也有一些鲜为人知的缺点，尤其是系统默认的共享资源，给了病毒可乘之机。所以安装完成操作系统以后，一定要关闭默认的共享资源。

3. 及时备份操作系统

一般推荐大家在安装完驱动和必备软件之后，第一件应做的事情就是备份系统，只要你备份了系统，哪怕真的哪一天系统坏掉无法使用，也可马上拿出备份来恢复，省却重装系统的时间和资料丢失的烦恼。

4. 防范病毒入侵

有些直接危害我们正常使用的病毒，它们轻则删除文件，更改系统文件，重则盗取账号密码，或者无法启动电脑，因此防范病毒尤其重要。一般来说，只要是较为知名的杀毒软件都可以应对，一些免费的杀毒软件也可以纳入考虑范畴，不过重要的还是要及时升级病毒特征码。此外，还要慎用来路不明的光盘、软盘、网络上的程序和文件。

5. 防范网络攻击和入侵

大学生经常上网，要防止各种黑客入侵、窃取资料，尤其是防止一些木马程序入侵。

（二）保护自己的账号安全

1. 绝不告诉别人自己的账号与密码

无论是管理员还是网站工作人员都不会在游戏中以任何形式向任何玩家索取账号、密码和相关资料。不要相信中奖骗术。

2. 不要随意接收网上不明身份的人在聊天工具中传输的文件

有些文件带有病毒与木马程序，点击后便陷入了圈套，随之而来的便是账号被盗的灾难，所以不要轻易相信花言巧语而接收不明来源的文件。

3. 谨慎查看网页，经常查杀电脑病毒

有许许多多不良网站，当你打开它的网页，你便开始接收恶意代码；你若点击链接则会接收病毒；你若点击下载，则木马被植入你的系统中，而你的电脑没有任何保护措施，这样会给个人带来巨大的损失。

4. 正确输入密码

可以采用另类方式输入密码，比如你的密码是1234，先输入134，然后把鼠标的光标移到1后面再按2，这样你的键盘输入就变成了1342（密码依然是1234），当黑客收到这样的密码时，就无法鉴别了。或者你可以在你的桌面记事本上写上你的密码，然后用复制粘贴的办法，把密码粘贴到你的密码栏。

5. 填写密码保护信息，绑定手机、安全邮箱

账号申请后请立即前往网站账号服务里填写密码保护信息并绑定手机或安全邮箱，你可以通过密码保护信息、手机、安全邮箱取回账号登录密码。

四、预防网络犯罪和利用网络犯罪

（1）正确使用互联网技术，不要随意攻击各类网站，一则这样会触犯相关的

法律，二则可能会引火上身，被他人反跟踪、恶意破坏或报复，得不偿失。

(2) 不要存在侥幸心理，自以为自己的技术手段如何高明。互联网技术博大精深，没有掌握全部技术的完人，作为一名大学生更要时刻保持谦虚的态度，不在互联网上炫耀自己或利用互联网实施犯罪活动。

在校大学生都有获取新知识、新技术、新信息的渴望，然而，掌握这些新的东西，应当是更好地武装自己，将来更多地服务社会，而不能用来搞歪门邪道，甚至用来实施犯罪。

(3) 大学生在网络聊天时，一定要保持头脑清醒，尽量避免约见陌生人，如果一定要见网友，必须采取一定的措施，如通知同学，留下约见人的身份信息，一旦发生意外，可随时报警。

[案例 5—1] 约会网友被迫失身

在烟台警方破获的一起利用网上交友轮奸女大学生的案件中，烟台某高校 4 名女大学生被 6 个在网上聊天认识的男青年骗至饭店，声称度过一个浪漫的平安夜。谁料，就在酒桌上，一直在网上甜言蜜语的 6 个男青年凶相毕露，掏出匕首，采用殴打、威胁等手段，强迫 4 名女大学生每人喝下 500 克左右白酒，然后将其中两名被灌醉的女大学生拉至附近的一家录像厅内轮奸。

信息链接

1. 交际艺术论坛（http：//www. anule. cn/）。
2. 中国口才网（http：//www. koucai. cn/）。
3. 中国计算机安全（http：//www. infosec. org. cn/）。
4. 网络违法犯罪举报网站（http：//www. cyberpolice. cn/）。
5. 中国打非扫黄网（http：//www. shdf. gov. cn/）。
6. 中华人民共和国工业和信息化部（http：//www. miit. gov. cn/）。

思考与练习

1. 通过本章的学习，同学们掌握了哪些交际方面的知识?
2. 开展小组讨论，谈谈如何树立正确的爱情观。
3. 谈谈大学生在实际生活中如何保证自己的信息安全。

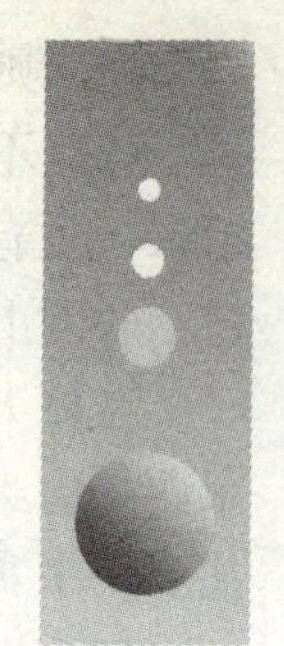

第六章　身心安全

内容提示

高校校园开放程度越来越高，大学生的外出活动也逐渐增多，给学校的安全管理带来了新问题。同时，大学生面临的就业、学习、经济等各方面的压力增大，大学生的心理健康问题也急需重视。本章主要分析影响大学生人身安全和心理健康的安全隐患和成因，提出应对措施和改进方法，旨在增强大学生应对人身安全事故和心理问题的能力。

第一节　人身安全

人身安全是人类最重要、最基本的安全。人的生命只有一次，生命是顽强的也是脆弱的。如果大学生缺乏自我保护意识，遇到事情缺乏警惕性或法律意识不强，可能就会遭遇不法侵害或意外伤害。在这方面，沉痛的案例和教训不胜枚举。

一、常见大学生人身伤害事故

（一）溺水事故

灌溉农田的水库、挖沙留下的水坑、深深浅浅的河流，处处都可能成为吞噬大学生生命的“杀手”。溺水事故主要是指学生私自到海水浴场、水库、江河湖泊游泳或玩耍遭遇意外，或是在救人过程中溺水造成人身伤亡事故。如青岛某大一男生不顾安全人员劝阻在海边踢足球后，在浅水区冲洗脚上的沙子时，被海浪卷入海中，溺水身亡。

（二）暴力冲突

学生之间由于感情纠葛、利益纠纷、意见不合等原因引发冲突或发生群体斗殴事件，造成意外伤害。某视频网站的视频显示了校园暴力的一面：两名女学生在学校宿舍走廊揪扯着对方头发，厮打作一团。不久，约四五名女学生似乎试图劝架，但很快她们也加入其中，帮着其中一名戴眼镜的女生殴打另外一名女生。殴打过程中，五六名女生对被打者拳打脚踢，甚至操起了搓衣板、扫帚等“工具”，对该女生头部、脸部、背部等身体部位进行疯狂殴打，最后导致被打女学生昏倒在地。

（三）高处坠落出现意外

高处坠落出现意外指意外坠楼、睡觉时从上铺坠落、外出爬山跌落深谷等原因造成的人身伤亡事故。2007 年 9 月 6 日晚，河南某大学一名大二女生在宿舍上铺叠被子时，不慎摔到床下，经抢救无效死亡。

（四）交通事故

常见学生外出途中遭遇车祸或自己驾驶车辆遇险、骑车摔伤等原因造成的伤害事故。例如，某市曾发生一起特大交通事故，车内 5 名大学生和 1 名出租车司机当场死亡，另有 1 名货车司机受重伤。在该起车祸中死亡的 5 名大学生相约到某名山一游，晚上 6 时许，在一名同学家吃过晚饭后，5 人包了一辆出租车，想赶在第二天清晨在山上观日出。晚上 8 时 50 分许，当出租车行至某地段时，与一辆迎面而来的货车相撞，导致出租车内的 5 名大学生及司机当场死亡，货车司机受重伤。

（五）喝酒闹事

大学生饮酒过多时，往往难以控制情绪，与他人发生争执，导致互相伤害事件。某学院大二学生小亮（化名）、小超（化名）和几名同学来到校外一家小餐馆吃饭。吃饭间，几人推杯换盏喝起了酒，至 21 时左右，小亮和同学们都有了几分醉意。这时，小亮的一位同学和邻桌的客人发生了口角，继而借着酒劲动起手来。看到这一情况，小亮、小超急忙上前劝架。混乱中对方拿出了一把刀子乱捅，小亮、小超立刻倒在了血泊之中。

（六）外出旅游遇险

大学生喜欢冒险，愿意挑战极限，有的选择深山密林自助游，易遇到危险，造成人身伤害。某高校 7 名大学生登山爱好者进入秦岭腹地探险，其间遭遇山洪暴发，女研究生祁某被激流冲走。2001 年 7 月 21 日，天津某大学学生张某等人，从未向游人开放的南坡攀登太白山，结果迷路后张某坠崖身亡。

（七）追逐打闹出现意外

大学生常在校园追逐打闹，很容易被绊倒或撞上玻璃受伤。某高校学生小李晚自习期间和同学追逐，由于跑得太快，视线不好，撞到门上的玻璃，造成大腿严重割伤。

（八）食物中毒

有些大学生不注意饮食卫生，随便到校外就餐，极易发生食物中毒；或发泄情绪，过度饮酒，造成酒精中毒。

（九）自杀

目前大学生患心理疾病的增多，特别是抑郁症，很容易导致自杀；因感情问题自杀的也不在少数。2010年1月12日，上海警方从松江大学城文汇路学生河内打捞起一男一女两具尸体。经初步调查，两名死者均为大学生，为溺水死亡，可能是由于感情问题导致两人跳河自杀。

（十）遭遇火灾

有些大学生防火意识不强，违规使用电器，发生火灾不知如何处理和逃生，常发生人身伤害事故。例如，上海某学院女生宿舍楼一宿舍发生火灾，4名女学生从6楼跳下逃生，当场身亡。经初步调查，火灾原因可能与使用热得快不当有关。

（十一）猝死

有些大学生有先天疾病或生理缺陷，却常常隐瞒，导致猝死事件发生。据报道，2008年，上海有15名大学生因突发心脏病、哮喘等疾病猝死。

（十二）暴力滋事、犯罪对大学生造成的人身伤害

现在诸如抢劫、绑架、杀人、勒索等社会性侵害或校园内暴力威胁着大学生的人身安全。很多大学生安全意识不强，往往选择无人的地方幽会、深夜外出晚归或面见网友而遭遇抢劫；个别学生在联系实习单位和求职过程中上当受骗，一些人被骗去搞传销，受到控制，人身安全受到威胁。

（十三）传染病

从2003年至今，“非典”、甲型H1N1流感等致死率较高的传染病给大学生的健康构成了一定的威胁。有的学生经常外出，又不太注意个人卫生，容易染上传染病。

（十四）体育运动伤害

大学生，特别是男生喜欢激烈对抗的球类比赛，在赛场上发生的人身伤害事故越来越多，还有的学生在进行体育活动时不注意自我保护，发生标枪扎人等事件。体育运动由剧烈运动、器械运动、非正常体位运动、角力运动、野外运动、极限探险运动等构成，是与危险同在的运动。如何提高体育安全防护意识，掌握安全防护技巧，是每一位大学生必须面对的问题。

（十五）实习操作安全事故

学生在实习、实践期间发生的人身伤害事故，不仅涉及受伤学生、学校，还涉及提供实习场所的企业和单位。如果处理不当，不仅学生、学校的权益得不到正当维护，还会影响学校与实习单位的长期合作，影响到整个实习环节的顺利实

施。实习期间的人身伤害事故很多，包括机械损伤、中毒、触电等，例如2000年9月的一天，浙江信息工程学校学生金某在湖州大厦点心房实习时，因操作不慎，右前臂被机器轧伤，法医鉴定为5级伤残。

（十六）不可抗的自然因素引起的意外伤害

地震、雷击、洪水、泥石流、山体塌方、台风、海啸、冰雹等不可抗的自然因素造成的意外伤害。

二、大学生人身伤害事故频发的原因

从表面上看，大学生人身伤害事故有很大的偶然性，然而，如果认真分析，我们就会发现，每一次偶发事件的背后，总是有一些必然的因素在起作用。虽然这类事故发生的几率较低，但其后果严重，会产生非常大的危害性。导致大学生人身伤害事故发生的原因主要有下述几个方面。

（一）日常生活安全知识匮乏

学校在日常的安全检查中，经常就大学生如何注意安全用火、用电，注意饮食卫生等向学生进行宣传教育，但有些学生将其视为“老生常谈”，缺少安全意识这根“弦”，发生事故时往往不知如何处理。例如，有些大学生不具备灭火常识，遇到教室或宿舍起火，不会使用灭火器材；当坏人入室时不敢与其周旋或设法报警；外出遭遇抢夺、抢劫时，不敢抵抗或因恐惧而记不清对方的体貌特征；遇到不法者敲诈勒索时，不知如何应对等。

（二）学生对安全教育问题认识不足、重视不够

一些大学生不重视安全教育，总认为学校是最安全的地方，而且自己也没什么可损失的，存在侥幸心理。据调查，高校中有60％的大学生不会使用灭火器，90％的大学生不知道火灾逃生的基本要求；在造成大学生伤亡的交通事故中，近一半的事故是由于大学生缺乏交通安全意识导致的。

（三）大学生安全意识薄弱

由于从小学到大学未受过系统的安全教育，加之缺乏社会经验，大学生普遍缺乏必要的安全防范常识，在遇到紧急情况或不法伤害时不知所措。大多数大学生往往意识不到侵害或事故随时都会发生在自己身上，抱有侥幸心理，从不采取任何预防措施。在学生宿舍，一些学生习以为常的行为其实存在巨大的安全隐患。例如，有的学生习惯在床上为手机充电、在床上听音乐、在床上玩电脑等，不知不觉就睡着了，忘记了关掉电脑、拔掉插头等，由于电器使用时间长了之后会发烫，而床又是可燃物，容易引起火灾。最让人担心的是，有些学生一遇到学校组织的安全检查，马上将有安全隐患的物品藏到被窝里，诸如“热得快”等，这都是十分危险的。

（四）隐瞒病情，缺乏急救知识

很多学生入学时隐瞒家族疾病史、个人疾病史，大学生平时也缺少规范的体格

检查，而知晓学生病情的家长又不愿告诉学校，影响了高校的监控效果。这样就使得对突发疾病的预防存在隐患。一些学生有某类病史，但在新生体检时没有被检查出来。学生和家长为“保护隐私”，没有向学校说明相关情况。当季节变化或剧烈运动后，一些特殊体质的学生会突发疾病。此外，大学生普遍缺乏急救知识，遇到危险时往往错过了最佳的抢救时间，这也是可能导致事故发生的重要因素。

（五）部分大学生心理不健全，缺少自我认同感和耐挫折能力差

大学生在校园自由气氛的熏陶下，逐渐培养起了强烈的独立意识和冒险精神。大学生总是认为自己已经有能力独立处理自己的事情，总是渴望证明自己的价值。但事实上，未经过社会压力洗礼的大学生，并不具有成年人的心理承受能力，只要稍遭受学习、人际交往、求职上的压力，他们就会手足无措，焦虑不安，出现负面心理情绪。如果心理问题长期得不到缓解，日积月累，往往会造成意想不到的严重后果。

（六）学校安全教育和应对不够

大部分高校开展安全教育大多以讲座的形式进行集中教育，这种灌输式的教育，不仅枯燥乏味，而且无法使教育者和受教育者面对面地交流，很难引起学生对安全教育的重视。有些学校校园内部交通管理无序，进出车辆管理不规范，消防设施设备陈旧老化。学校应对突发事件和自然灾害的应急处置能力不够，部分学校制定的应急预案不具操作性，一旦发生突发事件，应急预案只是一纸空文，无法进行应对。

三、人身伤害事故的应对

大学生只要在平时加以注意，养成良好的生活、学习习惯，绝大多数人身伤害事故是可以避免的。

第一，用电安全。

尽管大学生宿舍用电管理比较严格，但是也不应忽视用电安全问题。因电引起的事故一般有两种：一是火灾，二是触电。现在大多数学生都有手机，需要经常充电，因此学校会允许学生使用电源连接插座。学生在使用电器时，要购买质量可靠、符合国家标准的电器产品，并在辅导员或者学校电工的指导下使用，以避免发生安全事故。

第二，用水安全。

学生千万不要私自到禁游水域游泳，到宽阔的浴场游泳，一定要有几个伙伴，大家相互照应。此外，现在大学里都为学生提供开水，提开水的途中要注意脚下，特别是住高层楼房的同学，在楼梯拐弯、上下台阶处一定要格外注意，一旦发生意外情况要先扔暖瓶，保护好自己。

第三，安全睡眠。

学校要为同学们提供安全的卧具，上铺的护栏要高于 25 厘米，有条件的学

校尽量不要安排学生住双层床。学生们不要在上铺做游戏、打闹，住上铺的学生在收拾床铺时，要站在上床的梯子上进行，并且要请其他同学在下面给予关照、观察，以防发生意外。

第四，体育安全。

上体育课时，要按照教师的要求，先做预备运动，以防身体的拉伤、扭伤；了解体育活动中可能存在的危险性，以及在活动中避免受伤的方法，养成使用体育器械（如单、双杠，联合器械）时检查其安全可靠性的习惯；要经常检查教室内各种设施、设备的安全性，一旦发现存在有安全隐患，要及时找专人修理；在游泳时不要在水中玩花样、打闹，了解游泳池的水深、救生器械的位置，一旦发生意外情况，迅速采取应对措施。

第五，遵守交通规则。

大学生出行要遵守交通规则，要乘坐有资质的交通工具。现在越来越多的大学生开始选择集体包车返乡，这种方式对于大学生来说比较实惠、方便。但按照国家有关规定，只有车站、学校和企业才具有组织包车的资格，提供车辆的公司必须是专业的运输公司，而且双方必须签署包车协议，为乘客办理包车车票和营运保险，而学生个人是不能组织包车的。

第六，参加心理辅导。

提倡学生参加心理类社团，开展心理互助活动。学校应开设心理健康教育选修课，及时化解学生心理危机。大学生遇到心理问题时，应及时向老师和心理专家求助，要在平时加强沟通，避免心理死结的产生。大学生很多心理疾病的发生是由于不能及时找到倾诉的对象，以致各种烦恼在自己的心里发了芽，产生了难以避免的心理死结。

第七，防范传染病。

加强体质监测，实施有针对性的健康干预。学校应做好新生入学健康体检和传染病的预防；通过对学生健康的全过程管理，努力控制和减少学生猝死病例等。高校在目前新生体检的基础上，最好每学年为学生进行一次体检，体检项目应更加细化。在此基础上，高校应建立完善的学生健康档案，制定某些疾病的预防措施，提高急救能力。不少疾病受气候变化的影响比较大，因此在季节更替时，高校最好能给予学生“健康提醒”。患有某些疾病的学生也需增强自我保护，住校期间坚持相应的防治措施。

第八，规范和约束课内外活动的行为。

杜绝学生在危险的地方（如楼道里、楼梯口、窗台和课桌椅上）或使用有危险性的器具（如棍棒、刀具）追逐打闹；课间活动时避免因开玩笑、恶作剧而造成伤害事故；若遇闪电、打雷、刮台风，要尽量避开大树和危险建筑物，平时不到建筑工地的脚手架下或危墙、广告牌下玩耍；独自参加社会活动，要注意安全，防止被人挤伤踩伤；不在楼梯上、栏杆旁、阳台上拥挤、打闹、捉迷藏或探出头来捡东西；不从楼梯栏杆上往下滑。

第九，实习安全保障。

学生要自觉接受实习安全教育，严格按照操作规程操作机械和生产线。学校和实习单位在安排学生实习时，应共同制订详尽的实习计划，开展专业教学和职业技能训练；学校要定期检查实习情况，及时处理实习中出现的问题，确保学生实习工作的正常秩序；接收学生实习的单位，应指定专门人员负责学生实习工作，并根据需要推荐安排有经验的技术或管理人员担任实习指导教师，为学生实习提供必要的条件和安全的劳动环境；对学生加强实习劳动安全教育，增强学生的安全意识，提高其自我防护能力。此外，还应为实习学生购买意外伤害保险和工伤保险。

第十，加强自我修养。

大学生要处理好人际关系，避免发生矛盾，严以律己，宽以待人，营造良好的人际关系环境。大学生以严以律己、宽以待人的原则来处理与周围人的关系，就可以在与他人发生纠纷的时候，认真听取他人的意见，开展自我批评，从自身找原因，主动宽容他人的过失，处理好与他人的关系。事实证明，争论会引起双方极度的不快，有时甚至会演化成直接的人身攻击，对于人际关系是非常有害的。文明修身可以帮助大学生树立正确的人生观、世界观，帮助大学生与他人和谐相处，减少与他人的矛盾。此外，大学生要正确对待爱情，正确处理友谊与爱情的关系。任何有悖社会规范和社会道德的行为都是对自己和他人的不负责任，极易导致伤害。

第十一，加强自我约束，树立法律意识。

大学生要做到遵章守纪，加强与他人沟通，减少摩擦，加强自我约束，不做违章违纪之事。这样就降低了与他人发生纠纷的概率。此外，大学生要有法制观念，能够用法律武器来维护自己的合法权益，不做违法违纪的事，不侵害他人利益，不影响他人正常学习和休息；交友要慎重，男女之间交朋友更应该慎重。

第十二，积极参加演练，增强应对自然灾害和地质灾害的能力。

四、大学生自杀问题

自杀最终的发生是在瞬间，但它的基础是长期的积累而形成的，所以学校应该加强学生心理健康方面的教育和辅导，及时化解学生的心理问题。社会、学校、家庭应积极关注学生的心理状态，尤其是学校和家庭，它们是大学生最主要的社会支持系统，是大学生主要的成长环境。

（一）大学生自杀的原因分析

大学生自杀的原因很多，这些原因大致可以归结为外部原因和内部原因。单一的外部原因或者内部原因还不足以促使大学生选择自杀的道路，一般均是多种因素的共同作用导致了大学生自杀惨剧的发生。

1. 社会方面

在知识爆炸的时代，紧张的生活节奏，激烈的竞争，社会对人才要求的提高，这都大大地加重了大学生的心理负担，使很多人失去了安全感和稳定感。在我国，改革开放以来发生了翻天覆地的变化。随着市场经济的发展，社会发生着重要变化，文化的转型、价值观念的转变、社会失范现象的加剧都大大冲击着大学生的心灵，引发了不同程度的心理问题，严重的就会导致选择自杀。

2. 家庭方面

父母和生活环境会对一个人的一生产生作用和影响。家庭的不完美，父母的离异或者早亡，父母关系的紧张，孩子受父母的关注太少或者受到父母或他人的虐待等，对一个人的心理都会造成一定的创伤，形成不健康或畸形的心态，对以后的心理发展带来不利的影响。现在的大学生大多是独生子女，以自我为中心，即使是在走向生命的边缘也不考虑家人的感受，仍然只想要自己解脱。由于很多家长长期关注大学生的学习成绩和就业情况，忽略了大学生的心理健康，因此很多大学生存在严重程度不一的心理疾病、心理障碍。这些心理疾病和精神障碍的存在影响了大学生的正常生活，甚至会导致悲剧的发生。

3. 学校方面

学校方面的影响主要体现在两点：一是学校学生之间的竞争加剧；二是学校在进行教育的时候，对学生心理的重视不够。生命教育对于培养大学生健全的人格是很有必要的，但是这种教育不但为我国中小学教育所忽视，也被我国的大学所忽视。大学生的生活环境主要是校园，因此，大学校园的环境对大学生的心理状态和行为有着明显的影响。例如，学习、交往、恋爱、就业等方面的压力和挫折都可能会导致大学生产生自杀的心理倾向。大学生没有经济收入，在生活上比较拮据，特别是一些来自山区和农村的大学生，生活和心理压力都很大。学校要关心学生的生活，主动了解学生的情况，帮助学生想办法解决问题。

4. 个体方面

大学生自杀还有着其自身的一些因素，这些因素和大学生自身的特质有关，属于大学生自杀现象的内因，主要有如下几点：

（1）心理承受能力低下。大学生社会经验有限，心理发育还不成熟，这就造成心理承受能力低下，容易产生焦虑、烦躁等不良情绪，甚至会产生厌世轻生的念头，严重者可能会选择自杀的方式来结束生命。

（2）心理疾病和精神障碍。心理疾病、精神障碍等也会导致患者自杀。最典型的如抑郁症，患上该心理疾病的人表面上和普通人没有任何区别，但是其心理极其压抑、抑郁，严重者会产生轻生的念头。

（3）人际关系受挫。大学生求知欲强，在人际关系方面也迫切需要与他人交往，希望能够得到他人的肯定。人际交往中的障碍很容易使大学生产生严重的挫折感，并且感到懊恼和沮丧。

(4) 大学生的人生观、恋爱观还不是很成熟，大学生之间的感情关系变数太多，不稳定。有一些大学生因恋爱带来情感纠葛而选择自杀。

(二) 大学生在自杀前出现的典型征兆

(1) 人际关系上出现问题，如逃避集体，总是一个人行动等。

(2) 自卑，往往表现为怕受到伤害，对小事和玩笑也很敏感，甚至耿耿于怀。

(3) 出现神经症状，经常性的失眠、头疼，静不下心来。

(4) 因恋爱问题或学习成绩大幅波动而苦恼、痛苦。

(5) 遇到小事放不下，经常哭哭啼啼。

以上都是一些不健康的心理状态，也是一个信号，若发现有同学存在类似问题，应加以观察并报告老师，用集体的力量去帮助有心理问题的同学。

(三) 预防大学生自杀的方法

"冰冻三尺，非一日之寒。"长期存在的应激压力是导致大学生自杀的重要原因。应激压力来源主要有恋爱问题（失恋或被抛弃）、上网成瘾、学习困难、经济困难、疾病和生理缺陷、就业和前途的困扰等。此外，家庭也是一个很重要的因素，家庭不正确的教养方式也是导致大学生产生心理问题的一个方面。来自单亲或直系亲属中有自杀和自杀未遂情况家庭的学生，自杀率也较高。另外，大学生自杀与个性、突发事件也是分不开的，同时还可能受到自杀意念、压力、抑郁、消极意念的影响。因此，有效地防止大学生自杀可以从以下几个方面着手：

(1) 加强对大学生的心理教育。学校在传授科学文化知识的同时，切不可忽略了大学生心理教育，要培养大学生良好的心理素质和较强的心理承受能力以及面对挫折和困难时的良好心态。在这个方面学校有着重要的作用，心理老师的辅导和心理健康讲座的开办对大学生的心理教育都有着积极的作用。大学生心理教育应当成为大学教育的必要组成部分。高校对大学生的心理教育绝不能流于形式，要真正为大学生提供必要的心理辅导。

(2) 学校和家庭应在平时较多地关注大学生的心理状态，一旦发现有异常情况，或者某个同学遭到意外打击的时候应给予多一点的关心，积极地开导，让其有一个宣泄的机会。

(3) 培养大学生树立正确的人生观、世界观、价值观，开展信仰教育、人生意义教育和宗教观教育，树立正确的人生信仰，正确认识各种社会不合理现象，追求积极的人生意义。这不仅对于防止自杀行为的发生有积极的作用，同时，对大学生正常的、积极的、向上的发展也有着重要的作用和意义。

(4) 发展友谊，融入集体。同学之间要建立互相帮助、共同进步的良好友谊关系。大学生要多参加社会实践活动，学习如何与人相处并建立良好的人际关系；要保持良好的、愉悦的、健康的心态，用积极的人生态度面对一切挫折和困难。

(5) 加强大学生生命教育。大学生生命教育是指学校采取相关措施，向学生传播有关生命的知识，如生命的价值、生命的宝贵等，并且要求学生珍爱生命的一种教育。这种教育方式和教育内容与心理辅导有别，这种教育以生命为核心，围绕生命展开，其目的是让学生珍爱自己的生命，同时也珍爱他人的生命。

(6) 积极改善大学校园的氛围。乐观、积极、向上的大学氛围对于培养学生的鉴别能力，使其能够积极、健康地学习、生活，防止大学生自杀也有着重要的意义。任何颓废的、消极的、不健康的信息都会影响到大学生的人生观、价值观，进而产生不良的影响。

(7) 增强学校对大学生的心理干预能力。大学生在自杀之前往往会做出一些不正常的举动，如突然设宴请客，对好友说道别的话，给他人赠送纪念品，收拾整理好自己的个人物品，或者突然卧床不起，精神状态颓靡等。学校应该加强对学生心理进行干预，如经常派辅导员和学生座谈、聊天，了解学生的生活、学习情况，解决大学生生活和学习中的实际困难等。

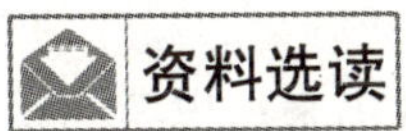

上海公布大学生安全情况

2008年，上海市在校的全日制本专科生、研究生共计59.84万人，共发生各类安全事故63起，涉及在校大学生73人，造成55人死亡、18人受伤。

高校安全事故分为两类：一类是事故灾难类事件，2008年发生18起，占总数的28.57%，包括交通事故、溺水、火灾、在体育活动或做实验过程中意外受伤等。2008年发生的10起交通事故，均为学生外出旅游、寒暑假返乡等途中遭遇车祸。另一类是社会安全类事件，2008年发生了45起。其中，自杀23起；突发疾病猝死15起；故意伤害事件7起，其中5起为3人以上斗殴事件。

“近60万人的上海大学生群体中，2008年未发生3人以上的突发公共卫生事件，未发生一起高校校内交通事故。”市教委有关人士表示。2008年，市教委会同市、区两级食品药品监督管理部门，对高校开展了食堂安全与食品卫生专项整治行动。

自杀和突发疾病猝死在大学生安全事故中占了相当大的比例，不能不引起注意。2008年的23起大学生自杀事件中，半数以上是由于不同程度的抑郁症所致。市教委心理健康教育专家委员会成员、华东政法大学教授张海燕指出，大学生有心理障碍甚至发生自杀事件，其深层原因是缺乏自我认同感和耐挫折能力差。一些大学生承受着来自社会、家庭的厚重期望，但他们在现实环境中又难以达到理想目标，于是对自我的存在产生怀疑。

资料来源：http：//www.chinanews.com.cn/。

第二节　心理安全

随着教育改革的深化和社会竞争的加剧，大学生心理问题变得越来越多，并引发一系列的安全问题，严重影响学生的正常学习和生活。大学生应从安全的角度认识心理健康，接受正面心理健康教育，接受专业心理咨询和危机干预，提高心理健康水平，达到预防目的。

一、大学生心理健康的标准

尽管不同的专家学者对大学生心理健康的标准有不同的观点，但是，心理健康标准也具有较大的一致性，都主要从大学生的认知、情感、意志、适应能力等方面加以考察。根据大学生这一特殊社会群体的生理、心理和社会角色特征，大学生心理健康标准主要应包括以下内容。

（一）人格完整

人格作为人的整体的精神面貌能够完整、协调、和谐地表现出来；思考问题的方式是适中和合理的，待人接物常常采取恰当灵活的态度，对外界刺激不会有偏颇的情绪和行为反应；能够与社会的步调合拍，也能和集体融为一体。

（二）正常的认知能力

正常的认知能力要求具有敏锐的感知能力、较强的记忆力、良好的思维能力、丰富的想象力，并且语言表达清楚，理解力强。

（三）情绪健康

情绪健康的主要标志是，情绪稳定和心情愉快。主要表现为：乐观开朗，充满热情，富有朝气，满怀自信，对生活充满希望，善于控制和调节自己的情绪，既能克制约束，又能适度宣泄，不过分压抑，情绪反应正常。

（四）意志健全

意志健全者为实现预定目标，在行动中能表现出较多的自觉性、果断性、顽强性、自制力，能够机智灵活地克服困难，坚忍不拔，持之以恒，不受外界诱惑。

（五）自我评价恰当

一个心理健康的人会作出恰当的自我评价，能体验到自己存在的价值，对自己的能力、性格、优缺点能客观评价，能接受自己，对自己抱有正确的态度，既不骄傲也不自卑。

（六）人际关系良好

人际关系良好既是心理健康的标准之一，也是维护心理健康发展的重要条件。心理健康的人乐于与人交往，能充分认识到与人交往的重要作用，在人际交往中富有同情心，对人友善，能够理解他人，能够采取恰当的形式与他人沟通，不卑不亢，人际关系比较和谐。

（七）社会适应能力良好

社会适应指对社会环境中的一切刺激能作出恰当的正常反应。心理健康的大学生能适应生活环境的变化，与现实保持良好的接触，不回避现实，主动面对各种挑战，妥善处理环境与自身的关系，创造条件使自己始终处于有利环境中。心理不健康的大学生则相反。

大学生心理健康的标准，只是一种相对的衡量尺度和一般要求。心理健康状态并非是固定不变的，而是不断变化的，也就是说心理健康的标准是动态的，而不是静态的。心理健康与否只能反映某一段时间内的特定状态，而不是永恒不变的。因此，判断一个人的心理健康状况，不能简单地根据一时一事下结论，而要全面地看待一个人。

二、引起大学生心理障碍的主要原因

大学生是风华正茂的一代，其生理、心理均趋向成熟。但由于受人际关系不良、经济困难、失恋、学业受挫等因素的影响，常造成心理障碍。大学生中有严重心理障碍的学生极少，多数学生遇到的都是一般心理问题。但是，即使一般心理问题也会在较大程度上影响学生的发展，而且对一般心理问题若不及时调节和疏导，持续发展下去就可能导致严重的心理障碍。

（一）难以适应生活环境的转变

大学新生来自全国各地，大家的家庭环境、教育环境、成长经历、学习生活基础等相差很大，进入大学后，在自我认知、同学交往、自然环境等方面都面临着全面的调整适应。由于目前大学生的自理能力、适应能力和调整能力普遍较弱，所以，在大学生中生活适应问题广泛存在。现在的大学生多是独生子女，很多事都是由家长代办，大学生入学后急需适应生活环境，包括语言、饮食、生活习惯等，培养自己独立生活、独立工作的能力，这对部分大学生而言是很大的压力。

（二）学习紧张与竞争压力造成心理负担过重

学习成绩差是引起大学生焦虑的主要原因之一。进入大学，本想放松一下，但新的竞争又宣告开始，大家又站到了新的起跑线上，并且各个地区的高中教学质量不一样，学生对基础知识掌握的程度也不同，因此入校后短暂松懈和自我加压对比明显。由于大学学习与中学学习存在很大不同，所以，很多学生存在学习方法、学习态度、学习兴趣、考试焦虑等问题。还有的学生对所学专业不感兴趣，硬着头皮学，但总是效果不好，成绩不理想。

（三）人际关系失调造成社交障碍

有的大学生对自己的神态和举止特别敏感，害怕在别人面前出丑、失态，在与人交往时感到异常紧张。有的大学生交际能力不是很强，面对新环境、新对象，恐惧愈演愈烈，最后严重影响正常的学习和生活。

（四）理想、目标落空造成内心困惑

进入大学后，很多大学生失去了中小学时的学习动力，在现实面前感觉很困惑。

（五）情感受挫促成心灵苦闷

部分大学生由于对爱或被爱缺乏正确的理解，往往饱受失恋之苦，但又难以自我调适，轻者陷入情感的旋涡难以自拔，重者则会痛不欲生，甚至导致精神失常、自杀等严重后果。

（六）经济压力导致自卑

经济上的压力使部分贫困生自尊受创，造成性格孤僻、心情忧郁、烦躁不安，导致学习成绩下降，人际关系冷漠，记忆力下降，严重地影响了他们的学习、生活和身心健康发展。

（七）择业压力

每位大学生都希望找到一份满意的工作，而如今社会竞争激烈，用人单位的要求也越来越高，导致部分大学生在找工作时觉得与自己想象中的差距太大，从而产生失落、不安、彷徨和焦虑情绪，严重者导致心灰意冷。

三、大学生常见的心理问题

当代大学生的心理健康状况总体来说是好的，基本符合心理健康的标准。但是还有部分学生自身心理发展不成熟，认识问题和自我调节的能力不强，在面临环境变化和处理人际关系时，会感到烦躁焦虑，忧郁苦闷，导致压抑、紧张、痛苦等不良心理，产生心理问题。心理问题是指所有各种心理异常情形，通常根据其严重程度，将心理问题分为心理困扰、心理障碍和精神病。心理困扰主要是指各种适应问题、应激问题、人际关系问题等；心理障碍主要是指神经症、人格障碍等轻度失调；精神病是大脑机能活动发生紊乱，导致认识、情感、行为和意志等精神活动不同程度障碍的疾病的总称。这里主要针对心理障碍和精神病进行分析。

（一）心理障碍

1. 神经症

神经症主要有以下几种：

(1) 焦虑症。患有焦虑症的大学生常感到无明显原因的紧张不安，经常提心吊胆，却又说不出具体原因；过分关心周围事物，注意力难以集中，工作和学习效率明显下降。如果对自己期望过高，压力过大，凡事患得患失，时间长了，就会产生持续性的焦虑、不安、担心、恐慌，对新事物、新环境适应能力差。

(2) 抑郁症。抑郁症主要表现为悲伤、绝望、孤独、自卑、自责等，把外界的一切都看成“灰暗色”的。对枯燥的专业学习不感兴趣或对刻板的生活方式感到厌烦，为自己学习或社交的不成功而灰心丧气，陷入抑郁、悲观状态。长期的忧郁状态会导致思维迟钝、失眠、体力衰退等，对个体危害是很大的。

（3）强迫症。患强迫症的大学生多与其性格缺陷有关，如缺乏自信，遇事过分谨慎，生活习惯呆板，墨守成规，常怕遭遇不幸，活动能力差，主动性不足等；明知某种行为或观念不合理，但却无法摆脱，因而非常痛苦。这种症状多是由强烈而持久的精神因素及情绪体验诱发而来的，与患者以往的生活经历、精神创伤或幼年时期的遭遇有一定的联系。

（4）神经衰弱。大学生神经衰弱的发生，主要是由于缺乏面对现实的勇气和良好的适应能力造成的，如学习负担过重、个体自我调节失灵，对社会、对人生思虑过多，在家庭问题上、恋爱问题上犹豫徘徊等。所有这些问题在患者头脑中产生强烈的思想冲突，使得神经活动过程强烈而持久地处于紧张状态，超过了神经系统本身的张力所能忍受的限度，从而导致崩溃和失调。

2. 人格障碍

一般说来，所谓人格障碍，是指人格系统发展的不协调，主要表现为情感和意志行为方面的障碍。有人格障碍的大学生一般能处理自己的日常生活和学习，智能是正常的，意识是清醒的，但由于缺乏对自身人格的认知，常与周围人发生冲突，而且很难从错误中吸取教训并加以纠正。人格障碍种类很多，大学生中较为常见的有以下三种：

（1）偏执型人格障碍。这类人格障碍的特点是主观、固执、敏感多疑、心胸狭隘、报复心强；或是骄傲自大，自命不凡，自我评价甚高；或是遭遇挫折时过分敏感，责怪他人，不从客观方面找原因。这种人易与他人发生冲突与争执，多见于男大学生。

（2）情感型人格障碍。主要分为抑郁型、狂躁型、郁躁型三种形式。抑郁型表现为情绪抑郁，多愁善感，精神不振，少言寡语。狂躁型表现为情绪高涨，急躁，热情，雄心勃勃，过于乐观，有很多设想但却有始无终。郁躁型人格则介于上述两者之间。

（3）分裂型人格障碍。主要表现为孤僻，言语怪异，不爱与人交往，不关心别人对自己的评价，常常沉溺于钻研某些纯理论性问题，对他人漠不关心，独来独往；在带有合作性质的任务中，与其他人完全不能相容。

（二）精神病

常见的精神病有：精神分裂症、躁狂抑郁性精神病、偏执性精神病及各种器质性病变伴发的精神病等。精神病致病因素有多方面：先天遗传、个性特征及体质因素、气质因素、社会环境因素等。其症状有妄想、幻觉、错觉、情感障碍、哭笑无常、自言自语、行为怪异、意志减退等，绝大多数病人缺乏自知力，不承认自己有病，不主动寻求医生的帮助。大学生出现上述症状时应和精神科医生积极配合，及早到医院治疗。

四、如何应对心理问题

近些年来，人们对心理健康的认识逐渐加深，心理健康教育也越来越普及，但对于自己的心理问题，有不少大学生还是觉得难以启齿，常常不知所措。那么，正确的做法是什么呢？一般而言，要把握好以下几点。

（一）保持健康的情绪

要学会合理宣泄，找到充分表达自己情绪的方法，既不要压抑自己，也不要放纵自己。在生活中，人们难免会遇到不良刺激。然而，剧烈的情绪会降低人的理智水平，一旦失去了控制，会带来许多不良后果。

（二）别急于“诊断”

心理问题本身多种多样，成因往往很复杂，切忌盲目从一些书籍上断章取义，或者道听途说，急于“对号入座”，认定自己患了什么病。弄清问题当然是必要的，但一般而言，大学生的问题还是发展性的居多，很多都是成长中的烦恼。对心理障碍，尤其是神经症和人格障碍的诊断，是一项专业性很强的工作。最好不要盲目进行自我诊断，自我定论。看见书上写的一些症状，就往自己身上套，这种做法是极为有害的。

（三）坦然面对

出现心理问题虽不是好事，但也完全不必如临大敌。一些大学生可能在情绪上出现一些困扰，或者在身体上出现某些不适，就担心焦虑，甚至害怕长此以往会得精神病。其实，心理健康也跟身体健康一样，在人的一生中难免会出现这样那样的问题，不应大惊小怪、怨天尤人。

（四）转移注意，调整自己

心理问题往往有这么一个特点，就是越注意它，它似乎越严重。所以，不要总是盯着自己的问题不放，不要过分关注自我，而把注意力转移到学习、生活、工作的方方面面。做自己感兴趣的事情并全力投入是很有利于心理健康的。不要总去注意一件令人沮丧的事，而应将注意力转移到别的事物上去，暂时离开这件不愉快的事，去看看电影、听听音乐，使郁闷排遣出来。很多时候，只要将自己习惯了的生活规律稍加调整，就会给自己的精神面貌带来焕然一新的感觉，结果不少所谓的心理问题也就随之轻松化解了。

（五）学习交往技巧，融入集体

人是社会的动物，人际交往是我们每个人的一种需要。大学生作为社会成员，具有强烈的合群心理需求，人际交往易使大学生在心理上产生归属感和安全感，有助于形成良好的心态，保持身心健康。大学生在学校期间，不仅应学习科学文化知识，而且还应学会与他人交往的技能，逐步形成与他人和谐相处的心态，从而在与他人交往中更为客观、全面地认识自我。

（六）掌握知识，及时就医

大学生要增强心理卫生意识，学习一点心理卫生知识。掌握一定的心理卫生知识，在必要时就可以用来进行自我调节。这可以说是掌握了心理健康的主动权。现在，多数高校都开设了心理咨询中心，在遇到心理问题的时候，也不妨向心理老师寻求援助。对于严重的、难以排解的心理问题应到医院向专业医生求助。

五、排解心理郁闷的主要方式

大学生在日常的学习生活中可以采取一定的方式来调整自己的情绪，但最重要的是有良好的心态和自我保护的意识。

(1) 广交朋友，广泛接触不同层次的人。多与人交流，把自己的想法告诉朋友，有助于郁闷心情的缓解。很多时候抑郁的心情就是在和朋友的聊天中烟消云散的。

(2) 形成良好的生活作息规律。只有保持良好的生活规律才能形成良好的心态。

(3) 学会关注自己、保护自己，了解自己的精神状态。判断自己心理的健康状况有一个常用标准，即情绪是否稳定而愉快，一旦觉得自己有一段时间情绪很不稳定，则应考虑求助于心理咨询机构。

(4) 确定一个努力的目标，化解压力。大学生可以确定一个相对容易实现的目标，转移自己的注意力，目标实现后会带给自己喜悦。

[案例 6—1] 打架引发心理障碍

小王是某高校数学系的一名学生，平时性格内向，与同学交往不多。一次，因为小事和同宿舍的小朱发生冲突，小朱打了小王。从此，小王总觉得同宿舍的人在背后害自己，多次怀疑同学往自己的水杯里吐口水。小王随后展开了报复，多次将菜汤、口水洒在几个同学的被子里，老师多次批评小王，小王始终坚持自己是无辜的。后来，学校通知小王的家长，小王被带去医院检查并被诊断为患有强迫症。小王不得不休学治疗。

小王由于和同学发生冲突而引发心理疾病，同宿舍的同学应该及时向老师报告，并主动和小王交流，说明情况，以免刺激小王做出极端行为。

第三节　运动安全

体育运动可以锻炼身体、增强胆识，培养大学生的耐力和毅力。但是如果在体育锻炼中不注意保护自己，忽视事故预防工作，就容易出现运动伤害，如擦伤、拉伤、扭伤、骨折、溺水等，严重的还可能会造成终身残疾以至死亡。

一、运动安全常识

任何运动都会对身体增加压力，开始一项新运动前，要确定自己能否适应此项运动的极限，并确定合适的运动量。患有各种疾病并处于急性期的学生不宜参加剧烈运动，如患有先天性心脏病、肝炎、肾炎、肺结核等。为了保证运动安全，大学生要注意以下几个方面：

（1）正确穿着。这包括运动中使用合适、安全的装备，包括合适的鞋和衣服，必要时更换跑步鞋和排汗性好的衣服。

（2）运动前做热身。合适的热身运动能很有效地预防受伤。热身运动包括步行、慢跑等。

（3）逐步增加运动时间和强度。大多数人在开始锻炼时都热情特别高，往往在短时间内运动强度太大，会对身体造成损害。应从每次 20 分钟、每周 3 次的频次开始运动，然后逐步增加强度。

（4）不空腹运动。运动前两小时吃点东西，但不要在一顿大餐后立即运动。

（5）运动前饮水。在运动前两小时喝点水，并带上水以在运动中随时补充流失的水分。

（6）体育活动后应注意，不宜立即吸烟，不宜马上洗澡，不宜贪吃冷饮，不宜蹲坐休息，不宜立即吃饭，也不宜吃大量的糖。

（7）休息、恢复，听从身体的信号。如果在运动中感觉到剧烈的疼痛、虚弱或轻微头疼，这是身体在警告运动者必须停止运动。忍着疼痛进行运动会发展成重伤或者慢性伤痛的。休息除了足够的睡眠，很重要的一点是不能天天运动，运动频次过于密集、运动时间过长会降低身体的免疫力，更有可能造成各种各样的运动创伤。

二、体育课和竞技比赛注意事项

（一）上体育课应注意安全防范

体育课是大学生锻炼身体、增强体质的重要课程。体育课上的训练内容是多种多样的，因此在安全上要注意的事项也因训练的内容、使用的器械不同而有所区别。

（1）做好准备活动。各个运动项目均有自身的特点，故准备活动也应体现出该项目的特点，使准备活动具有高效性。

（2）课前穿戴注意事项。衣服上不要别胸针、徽章等；手腕、手指、耳朵、脚腕上不要戴金属的或者玻璃的、塑料的装饰物；衣服的兜内不要装小刀、钩针等锋利的物品；头发盘好，尽量不要戴发卡。戴眼镜的同学应该佩戴专用运动眼镜，如果摘下眼镜不影响上体育课，就不要戴，如果实在需要，做动作时要加倍小心。但是，做垫上运动时，必须摘下眼镜。必须穿球鞋或一般胶底布鞋，不要穿皮鞋或塑料底鞋。

（3）短跑等项目要在规定的跑道进行，不能串跑道。这不仅仅是竞赛的要求，也是安全的保障。特别是快到终点冲刺时，更要遵守规则，因为这时身体的冲力很大，精力又集中在竞技之中，思想上毫无戒备，一旦相互绊倒，就可能导致严重受伤。

（4）在进行单、双杠和跳高训练时，器械下面必须准备好厚度符合要求的垫子，如果直接跳到坚硬的地面上，会伤及腿部关节或后脑。做单、双杠动作时，要采取各种有效的方法，使双手握杠时不打滑，避免从杠上摔下来，使身体受伤。

（5）在做跳马、跳箱等跨越式项目训练时，器械前要有跳板，器械后要有保护垫，同时老师和同学要在器械旁站立保护。在进行投掷训练时，如投铅球、铁饼、标枪等，一定要按老师的口令进行，令行禁止，不能有丝毫的马虎。这些体育器材有的坚硬沉重，有的前端装有尖利的金属头，如果擅自行事，就有可能击中他人或者自己被击中，导致受伤，甚至有可能危及生命。

（6）前后滚翻、俯卧撑、仰卧起坐等垫上运动的项目，做动作时要严肃认真，不能打闹，以免发生扭伤。人的颈部血脉、神经连着人的神经中枢、脊椎和大脑，即使是小的伤害也可能酿成严重后果。做俯卧撑和仰卧起坐时，如果打闹，轻者会出现“岔气儿”，重者会伤及胸膈膜等内脏器官。

（7）参加篮球、足球等项目的训练时，要学会保护自己，同时也不要因动作野蛮而伤及他人。在这些争抢激烈的运动中，自觉遵守竞赛规则对于安全是很重要的。

（二）参加竞技体育运动要注意安全

学校运动会的竞赛项目多、持续时间长、运动强度大、参加人数多，安全问题十分重要。

（1）参加比赛的学生要遵守赛场纪律，服从调度指挥。没有比赛项目的学生不要在赛场中穿行、玩耍，要在指定的地点观看比赛，以免被投掷的铅球、标枪等击伤，也避免与参加比赛的同学相撞，这是确保安全的基本要求。

（2）参加比赛前应做好准备活动，以使身体适应比赛。

（3）在临赛的等待时间里，要注意身体保暖。春秋季节应当在轻便的运动服外再穿上防寒外衣。

（4）临赛前不可吃得过饱或者过多饮水。临赛前半小时内，可以吃些巧克力以增加热量；剧烈运动以后，不要马上大量饮水、吃冷饮，也不要立即洗冷水澡。

（5）刚刚比赛完，一定要做好整理活动，如慢步走一走。切不可立即坐下来，哪怕是极度疲劳，也要强迫自己走一走，使激烈跳动的心脏逐渐恢复平静。

三、常见的运动不适症状及损伤等处理方法

(一) 肌肉酸痛

刚开始跑步的人，通常都会感到大腿和小腿的肌肉酸痛僵硬，这属于运动中的正常生理现象。肌肉收缩产生能量的同时，肌肉内也发生着一系列变化，三磷酸腺苷、磷酸肌酸、糖原分解放能。若强度过大，血液循环跟不上，氧气供应不足，乳酸堆积，将刺激神经系统，引起肌肉疼痛。处理方法有：热水烫脚、按摩、洗腿或在洗澡后涂抹缓解药膏按摩，就可以很快恢复。渐渐习惯跑步之后，肌肉的疼痛也自然不会再出现。另外，训练过度也会引起肌肉疼痛，这时应该缩短跑步的距离，或考虑先暂停这项运动。

(二) 运动中腹痛

一般运动过程中腹痛时，可适当减速，调整呼吸，并以手按压。如果用上述方法疼痛仍不减轻并有所加重时，应立即停止运动，进行检查，找出原因，酌情处理。在运动中发生腹部疼痛时，不单是运动性疾病，还有可能是内脏器质性病变及其他内科疾病发生，尤其是首先要考虑到急腹症发生的可能性，要迅速准确地做出鉴别，如果是急腹症，应立即停止运动并去医院救治。

(三) 小腿痉挛

小腿痉挛时，可平躺地上，用异侧手抓住前脚掌，伸直膝关节用力拉；或者平坐或仰卧，伸直膝关节，同伴双手握其足部抵于腹，痉挛者躯干前倾适度用力，同伴用手促其脚背缓慢地背伸，同时推、揉、捏小腿肌肉，就可以使痉挛缓解。

(四) 鼻出血

鼻出血，指鼻部受外力撞击而出血。处理方法为：应使受伤者坐下，头后仰，暂时用口呼吸，鼻孔用纱布塞住，用冷毛巾敷在其前额和鼻梁上，一般即可止血。

(五) 脑震荡

脑震荡，指头部受外力打击或碰撞到坚硬物体，使脑神经细胞、纤维受到过度震动，可分为轻度、中度和重度脑震荡。对轻度脑震荡的病人，安静卧床休息一两天后，可在一星期后参加适当的活动。对中、重度的脑震荡，要先让伤者平静地仰卧在平坦的地方，头部冷敷，注意保暖，及时送医院治疗。

(六) 脱臼

脱臼，指由于直接或间接的暴力作用，使关节面脱离了正常的解剖位置。处理动作要轻巧，不可乱伸乱扭。可以先冷敷，扎上绷带，保持关节固定不动，再请医生矫治。

(七) 皮肤损伤

最常见的皮肤损伤莫过于皮肤表面的擦伤了，多发生于身体四肢部位。在运动中器械使用不当时，非常容易造成擦伤。如果擦伤部位较浅，涂上红药水即

可；如果擦伤部位较脏或有渗血，应该先用生理盐水清洗创口，然后再涂红药水。手、脚皮肤磨出水泡时可以涂点润滑膏或凡士林。如果水泡已经破了，有液体渗出，应该及时把水泡内的水挤干，然后抹上一些抗菌药膏。

（八）肌肉及软组织损伤

肌肉急剧收缩或被过度牵拉，就容易造成肌肉拉伤。这时要立即停止运动，并进行冷处理。即用冷水冲洗或毛巾冷敷，使小血管收缩，减少局部充血和水肿。肌肉拉伤之初，切忌揉搓和热敷。此外，身体局部与钝器发生碰撞，会造成软组织挫伤，轻度损伤不需要特殊处理；比较严重的损伤，可以外用活血化淤的药物，如止痛喷雾剂、云南白药等。

（九）韧带及关节损伤

韧带及关节损伤是由关节部位突然过度扭转、超出正常生理范围造成的，轻者造成韧带拉伤，重者造成韧带断裂或关节脱臼。最易发生韧带及关节损伤的部位有膝关节、踝关节、腰椎以及腕掌部。损伤发生后，应立即停止活动，然后局部冷敷，一两天后，可以使用温热毛巾热敷，并按摩受伤部位以促进血液循环、帮助身体恢复。如果损伤较重，发生韧带撕裂或关节脱臼，应保持安静，尽量不要活动，及时到医院就诊。

（十）出血

一旦出现出血，在对受伤部位进行紧急处理后，应立即送医院救治。如果肢体被割伤、戳伤后导致出血，要抬高肢体，使出血部位高于心脏；简单清洗伤口，然后用绷带挤压包扎；手脚、小臂或小腿发生出血时，可弯曲肘关节或膝关节并加棉垫，然后用绷带作“8”字形包扎。

（十一）骨折

常见的骨折分为两种，闭合性骨折和开放性骨折。发生骨折后，应首先用纱巾对伤口做初步固定，再用担架或平木板固定伤者并送医院处理。注意运送伤者过程中尽量不挪动骨折部位。

四、游泳注意事项

游泳是磨炼人的意志、锻炼身体的良好方法，但如果不掌握一些注意事项，游泳很容易发生危险。

（1）游泳要提前做好准备活动。水温通常比体温低，因此，下水前必须做准备活动，否则易导致身体产生不适感。

（2）要在饭后一小时再游泳，饱食后和饥饿时都不宜游泳。剧烈运动和长途跋涉之后也不宜游泳。

（3）要在熟悉的水域游泳。在天然水域游泳时，切忌贸然下水。凡水域周围和水下情况复杂的都不宜下水游泳，以免发生意外。游泳时遇到水草，不要继续往前游，也不要惊慌，不要乱踹乱蹬，否则会使水草越缠越紧；可以仰躺在水面上，一手划水，一手拨开缠在身上的水草，或请别人帮忙解开水草，然后以仰泳从原路游回。

(4) 不要长时间游泳。游泳持续时间一般不应超过 2 小时。皮肤出现鸡皮疙瘩和寒战现象，应及时出水。游泳过程中，体力不支、过度疲劳时，应该停止游动，仰浮在水面上以保存体力，并伸出一只手臂挥动求救。如没有获得救援，千万不要惊慌，待体力恢复后再游回岸。

(5) 某些疾病患者要禁止游泳，如高血压、先天性心脏病、严重冠心病、风湿性瓣膜病、较严重心律失常、中耳炎、急性眼结膜炎、过敏性的皮肤病等患者。

(6) 选择正确的游泳时间。饮酒后不宜游泳，酒后游泳，体内储备的葡萄糖大量消耗会出现低血糖。女性月经期也不要游泳，月经期间游泳，病菌易进入子宫、输卵管等处，引起感染。

(7) 游泳时防止抽筋。一旦在水下发生抽筋，要镇静，不要紧张，一面呼救，一面设法自救。如果离岸很近，最好立即出水，按摩抽筋部位的肌肉。如果离岸较远，不能立即上岸，可以仰面浮在水面上并临时采用牵引、按摩等方法，试着自行救治。如自行救治无效，又无他人帮助，可利用未抽筋的肢体划动上岸。

(8) 正确救助溺水者。若发现有人溺水，可以大声呼救，但不要急于下水营救。因为溺水的人多数会挣扎、乱动，只有水性好、体力强的人营救方可成功。贸然下水营救，不但救不出溺水之人，反而会伤及自身。

(9) 游泳后不要暴晒。长时间曝晒会产生晒斑，或引起急性皮炎，亦称日光灼伤。为防止晒斑的发生，上岸后最好用伞遮阳，或将浴巾围在身上保护皮肤，或在身体裸露处涂防晒霜。

(10) 游泳后不要马上进食。游泳后宜休息片刻再进食，否则会突然增加胃肠的负担，久之容易引起胃肠道疾病。

(11) 注意游泳后的卫生。游泳后，最好马上擦去身上的水垢，滴几滴眼药水，擤出鼻腔分泌物。若耳部进水，要将水排出。然后进行肢体按摩或在日光下小憩 20 分钟，以避免肌群疲劳。

五、户外运动安全知识

(一) 做好准备工作

每次开展户外运动之前，应做好充分的准备，了解线路情况，关注出行的天气，在高原地带，更要时刻关注天气变化，细心考虑各种可能性，并将这些信息告知每一位队员。检查身体、器械、装备，器材的安全事关重大，尤其是从事登山、攀岩、探洞及极限运动时。驾车出行前，要检查车况。平时运动较少的队员，在野外一旦身体不适，易发生危险，也会给团队造成影响。

（二）拒绝冒险行为

户外运动一定要把风险降到最低，不鼓励冒险行为，不做无把握的冒进。地形复杂时要探明路况后行动，迷路时要原路返回。领队必须要有安全意识，新队员要听从指挥，勿盲目轻率行动。行动中不得超越领头队员，不落后于守尾队员，不得擅自脱队离队，小组活动必须三人以上行动。

（三）个体要约束自己的行为

要相互协作、相互配合、相互理解、相互忍让，要克制不良的嗜好，要服从领队的指挥，不从事有损集体的活动；要入乡随俗，尊重他人，遵从法律，要避免与当地居民发生冲突。

（四）一切量力而行

不做能力与知识不及之事。体力透支容易产生危险，故做任何活动，都必须留有余地，不能硬撑。如有队员感到身体不适或体力不支，应当及时放弃，不能勉强。对有风险的活动，事先要进行适当的培训。要做好活动前的练习与学习，队员要不断提高自己户外运动、应急避险、野外生存的技能。如果碰到难以克服的困难，或者出现较大的意外情况，要及时调整计划乃至放弃。

（五）注意食品与水的安全

要随身携带必要的食物和充足的水，尤其是后者，在无补给水源的地区断水是致命的危险。要注意食物和水的卫生，避免引起身体不适。

（六）要避免发生性侵害的可能性

户外运动中保护女性权利要受到高度重视。宿营时，必须由女性自主优先决定住房和帐篷的安排。提倡异性之间分住，不宜安排女队员与不熟悉的异性队员合用帐篷或房间。

（七）购买保险

户外运动中，风险无处不在，出行之前队员要自行购买好保险。如系俱乐部组织的长途远征，组织者要提醒队员购买保险，并为队员代为办理保险相关事务。

（八）注意营地安全

领队和向导要根据扎营的要求安排营地，特别注意防水、防风、防坠石等。队员要服从领队的安排，顾全大局。领队要提醒队员保管好财物，如果在不太安全的地区露营，应安排值班人员。如果在野兽出没的地区，还应看守篝火，注意用火安全。

（九）发生意外要及时救助

户外运动中一旦出现意外，导致受伤等情况发生，队员有道义上的义务尽一切努力救助，组织户外运动俱乐部也应千方百计尽救助之力。

信息链接

1. 中国安全网（http：//www.safety.com.cn/）。

2. 中国大学生在线（http：//www. univs. cn/）。

3. 大学生心理健康教育协会（http：//xinxie. szu. edu. cn/）。

4. 中国心理网（http：//www. psych. gov. cn/）。

5. 精神健康网（http：//www. chinajs120. com/）。

6. 春风网（http：//www. 858. org. cn/）。

7. 中国户外运动网（http：//www. iouter. com/）。

思考与练习

1. 通过本章的学习，同学们掌握了哪些应对人身伤害事故的知识？

2. 开展小组讨论，谈谈如何更好地处理学习、友谊、爱情之间的关系。

3. 大学生常见的心理问题有哪些？应如何应对？

4. 在体育运动和竞赛中，大学生如何保护自己？

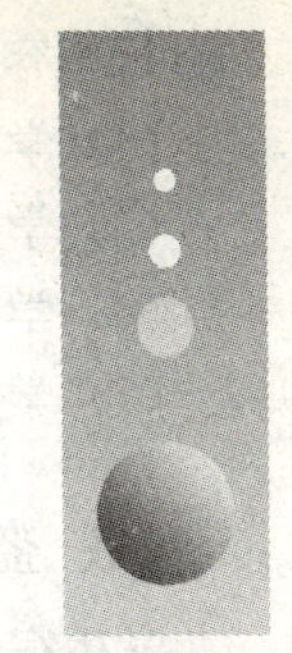

第七章 财产安全

内容提示

财物损失是大学生在校期间最常见的安全问题之一。本章主要介绍犯罪分子惯用的盗窃、诈骗、抢劫的手段，同时，介绍相关的防盗、防骗、防抢劫知识，分析典型案例，增强大学生的防范意识，提高应对能力，防止自己的财物受损。

第一节 防止被盗

众所周知，盗窃一般都是由于不法分子以秘密手段把他人财物据为己有而引发的行为。但是，是谁给犯罪分子创造了“条件”，使其有了可乘之机？仔细想来，答案正是我们日常养成的疏忽大意的行为：居住混杂，搬动频繁；管理松懈，制度不严；同学之间互不关心，缺乏警惕；钥匙乱放乱借；门窗缺乏安全设施等。

一、学生容易被盗的场所

学生在校内外的哪些地方容易被盗呢？归纳而言，主要包括以下几个方面：

（1）学生宿舍最容易被盗。

（2）在食堂、教室、图书馆里，乱丢乱放的书包和装有现金的衣物容易被盗。

（3）在宿舍单元楼门口、教学楼门口、图书馆门口等地，乱停乱放的电动车和自行车容易被盗。

(4) 学生私自租住的房屋容易被盗。

(5) 学生乘坐火车、长途客车返乡途中容易被盗。

(6) 学生外出乘坐公交车容易被盗。

(7) 学生外出聚会就餐容易被盗。

二、盗窃学生宿舍常见的手段

学生宿舍是大学生们存放财物的主要地方，也是人员集中且流动性大的地方。大学生一定要养成随手关门的良好习惯，离开宿舍和睡前都要检查门窗，避免犯罪分子乘虚而入，溜门盗窃。盗窃学生宿舍常见的手段有如下几种：

(1) 顺手牵羊。盗贼趁宿舍学生不备或外出如厕、洗衣之时，将放在走廊的物品或晾晒在走道、阳台等处的衣物盗走。若房门大开，宿舍无人或无人注意到盗贼，则盗贼极有可能光顾室内，将窃物范围扩大到笔记本电脑、MP4、电子词典、手表和现金等。

(2)“金钩”钓鱼。盗贼会用竹竿或铁钩将晾在窗外的衣服或离窗较近的物品盗走。

(3) 溜门爬窗。学生宿舍门窗没有关闭，或没有安装结实的护栏，或安装了易于翻越攀登的门头气窗，窃贼都有可能翻入，其中，最常见的是从门头气窗翻入。

(4) 撬门扭锁。盗窃分子用大剪钳或电钻，剪断锁扣或钻透锁芯，入室以后将值钱的且容易携带的物品都盗走。

(5) 内部偷盗。内盗是大学宿舍最常发生的盗窃事件，盗窃分子极易脱身。被同学发现时，他们会采用一些伎俩，如谎称自己是外系的，来宿舍找人，若同学们信以为真，不认真盘问，就可蒙混过关。

(6) 配有钥匙。盗贼开门入室盗窃的钥匙来源很多，一是原来住过此房，本来就有钥匙；二是为实施作案，偷配钥匙；三是使用万能钥匙。

三、学生宿舍容易被盗的时段

学生宿舍被盗的时间是有规律的，每年都有几个高发期，大学生在这一时期如果加强防范，就会大大减少盗窃事件。

(1) 新生入学报到期间，宿舍混乱，家长等外来人员多，新生互相不熟悉，易被盗；军训期间，宿舍通常无人，容易被盗。

(2) 学生都去上课时（一般是 9 点～11 点，14 点～16 点）易被盗。特别是上体育课时，大家习惯将钱包和手表放在宿舍里，容易发生盗窃事件；上晚自习时宿舍常常无人，也可能被盗。

(3) 周末易失窃。周末同学来访多；周末学生打扫卫生、洗衣服，离开宿舍到盥洗室时间多。

(4) 放假前，到学生宿舍找人、串门的人多，容易发生盗窃事件。

(5) 寒暑假期间易发生盗窃。一是学生宿舍易被撬门扭锁；二是学生留宿外人；三是学校放松管理；四是有的学生返校作案。

(6) 夏天天气闷热，大多开窗睡觉，易被盗窃。

(7) 期末考试期间，宿舍经常没有人，容易发生盗窃案件。

四、学生防盗应注意的事项

大学生常常忽视对自己物品的保管，怕麻烦而不使用收藏柜的现象比较普遍。在宿舍将笔记本电脑、手机随便放在床上；在食堂、图书馆用包占座位；在体育馆、篮球场，书包随意放置。这些做法恰恰为犯罪分子提供了作案条件。大学生应该了解一些防盗的注意事项，养成良好的习惯，不给犯罪分子可乘之机。

(一) 宿舍防盗

在宿舍内，同学们要注意以下几点防盗措施：

(1) 长时间离开宿舍应将宿舍门窗关闭好。如果宿舍门锁仅为挂锁，最好更换。最后离开宿舍的同学要特别注意关窗锁门，平时养成随手关窗锁门的习惯。

(2) 短时间离开宿舍，如上厕所、去洗手间洗漱或者到其他寝室串门，也要随手锁门。

(3) 不要随手将手机、钱包、MP4、数码相机等容易拿走的贵重物品放在桌面或床上，尽量锁好。有笔记本电脑的同学，最好安装储物柜。

(4) 大额现金不要放在寝室，应及时存入银行，随用随取。

(5) 陌生人来访要特别注意，不要将视线离开其行动范围；见到形迹可疑的、在宿舍楼里四处走动、窥探张望的陌生人，要主动多问问，即使不能当场抓住盗贼，也能使盗窃分子感到无机可乘，客观上起到了预防作用。

(6) 不要将钥匙和证件等乱放，并且不能将钥匙借给他人。

[案例 7—1] 大学生韩某引狼入室

某高校学生韩某在学校认识了老乡王某，王某课余时间常到韩某宿舍聊天，时间久了，王某便成了韩某寝室的常客。有一天，王某趁韩某去水房洗衣服将钥匙放在桌子上之机，迅速偷配了一把该寝室的钥匙。此后，韩某寝室便经常出现丢东西的现象。王某在该寝室人缘很好，经常帮助寻找，同时大骂盗贼可恶，因此该寝室的人并没有人怀疑王某。有一天，韩某寝室的同学到校外实习，王某趁机又进入该寝室行窃，在该寝室翻箱倒柜之时，被保卫处的巡逻人员抓获。经审查，该寝室被盗的十余起案件皆是王某一人所为。后来王某被学校开除学籍，司法机关追究了他的刑事责任。

大学生在对其他人还没有真正了解的时候，一定不要过于信任他人，尤其是在宿舍这一集体场所，大学生有义务保护其他同学的财物安全，一定要做到“防人之心不可无”，时刻警惕，不要将钥匙和贵重物品托付他人。

（二）在食堂、教室、操场防盗

在教室学习和食堂就餐，很多同学习惯用书包占位置，从而给小偷以可乘之机。防范方法如下：

（1）不要用书包占座位，在就餐时，书包尽量放在双腿上，或者将书包或挎包的包带挎在肩上、手上。

（2）如果需要用书包占座位，包中的贵重物品如手机、钱包、相机等一定要拿出来；如果是几个同学一起用餐，可以轮流打饭。

（3）食堂用餐排队打饭时，不要将手机或者钱包放于上衣的外口袋中以及长裤后口袋中，随身背包、挎包都要移到身前。

（4）在教室午睡或去厕所、外出打手机时，应该携带自己的贵重物品或找同学帮忙看管，以防一觉醒来或外出归来书包或者书包内的贵重物品丢失。

（5）在操场上运动，最好把手机和钱包集中放在一起，找专人帮忙看管，或到相对封闭的场馆运动。

（三）外出时防盗

（1）外出采购、游玩尽量不要携带大量现金和贵重物品，如必须带的钱款较多，最好分散放置在内衣口袋里，外衣只放少量现金以便购买车票或零星物品时使用。

（2）外出时，不要把钱夹放在身后的裤袋里，乘公共汽车时不要把钱或贵重物品置于包的底部或边缘，以免盗贼将包割开而盗走钱物。在挤车时，包应放在身前，不管是吃饭、购物还是拍照，包都不能离身，至少不能脱离视线。

（4）在人多杂乱的地方不要数现金，以免被扒手盯上。同时也不要因不放心而经常摸放钱的地方，这同样会引起狡猾扒手的注意。

（5）乘出租车下车时，要注意清点自己随身携带的物品，以免因与同学聊天或急于办事而把物品丢在车上。另外，乘出租车应索要小票，万一遗失物品也便于查找。

（四）乘车防盗

1. 乘公交车、地铁防盗注意事项

（1）等车时注意身边的人，特别是那些公交车一靠站就去挤而最后却又不上车的人。对手拿报纸、雨伞、塑料袋等物品，且多次重复上下车、行动反常的人也要特别注意。在上下车时，一定要自觉维护站台、车厢秩序，按顺序上下车。不要为争抢座位、急于下车而使劲挤，造成站台、车厢秩序混乱，给犯罪分子可乘之机。

（2）乘车前准备好零钱，使用完手机后要立即放回随身携带的包内，钱物及贵重物品应尽量放在贴身口袋内。上车前检查手提包的拉锁，系好衣扣，不给扒手作案的机会。不要在站台上清点财物，不要在车上翻钱包。

(3) 防止划包扒窃。上车后，尽量往车厢中间走，在乘车过程中把背包和其他物品置于自己的视线范围内。特别是在拥挤的车辆上，不要把包背在左、右两侧和背上，最佳的办法是将包放在自己胸前，并尽可能用双手护着，保护好随身的财物。如遇有乘客故意触碰紧贴你，尤其要加倍小心。

(4) 防止犯罪团伙设计情节在乘客面前表演，吸引乘客的注意力，配合团伙成员作案。如有的盗窃团伙会由两名成员装作为某事争吵，甚至大打出手，在公交车厢里推来推去，并压倒在被害人身上，此时团伙另外的成员便乘乱对乘客下手。

(5) 注意司机善意的提醒。当司机说："车厢里人多拥挤，请大家保管好自己的随身物品"，"请大家往里走，不要挤在门口"等类似的话时，要领会到这些话可能是防盗暗语，应提高警惕，保护好自己的物品。

(6) 发现窃贼要立即呼喊，让车内人员共同抓贼。

2. 乘坐火车防盗注意事项

(1) 进站上车时要有序排队，严防"挤车门"的扒手浑水摸鱼，上车后及时将自己的行李物品放好，避免随手乱放而导致丢失。

(2) 列车到站前至停车时，要特别注意看管好自己的行李物品，以防扒手假扮旅客，在列车快到达前方停靠站时，趁乱伺机行窃，得手后迅速下车逃跑。

(3) 列车在中途站停靠时，要尽量避免下车，如确需下车，应尽量少带现金和物品，购物时加强警惕，同时要注意看管好车上的财物，以防由于专心挑选食品而疏于防范。

(4) 不要吃陌生人的食品、饮料，一旦发现可疑人、可疑事要注意观察并及时向列车乘警报告。

(5) 多人一起旅行时，应轮换睡觉，轮流看护行李。如一人旅行，尽量避免睡得太沉，加强警惕，看管好自己的行李物品。扒手常常后半夜趁旅客熟睡疏于防范而伺机实施扒窃。

五、现金、储蓄卡保管和ATM机取款安全事项

(1) 大学生要提高防范意识，不给犯罪分子作案提供方便，在生活中应该注意保护自己的密码，同时也要尊重他人的隐私。另外，现金和贵重物品不要放在明处，大量现金要立即存入银行，少量现金和贵重物品要锁在柜子里或随身携带，这样可以避免不法侵害的发生。

(2) 存折和储蓄卡的密码及卡号要保密。储蓄卡要随身携带，但不能与自己的身份证和密码放在一起保管。

(3) 存折和储蓄卡的密码最好不设为自己的出生年月或电话号码，防止被破解密码盗取。

(4) 在取款机上取款以后，要随便输入一个临时设定的"密码"，并按"确

认”键，这样就可以把自己刚输入的正式密码取消，避免泄露密码。

(5) 在取款机上取款时，要检查取款机是否安装了其他电子设备，同时警惕他人站在背后偷记你的卡号和密码。

(6) 若存折或储蓄卡被盗或丢失，应立即带有效证件（身份证、户口簿等）到银行挂失，然后再到学校保卫部门报案。

(7) 网上银行有一定风险，如使用，一定要使用安全的网络，防止他人利用木马程序盗取账号和密码。

六、如何处理宿舍被盗

(1) 发现寝室门被撬，抽屉、箱子、柜子锁被撬，或者寝室有被翻动的痕迹，不要进入寝室内，应立即向学校保卫部门报告，并告知学校有关领导。

(2) 保护好现场。如果案件发生在寝室内，可在寝室门前（一楼还包括窗外）设岗看守，阻止同学围观，不能让他人进屋，更不能翻动室内的任何物品，封闭现场。对盗窃分子可能留下痕迹的门柄、锁头、窗户、门框等也不能触摸，以免无关人员的指纹留在上面，给勘察现场、认定犯罪分子带来不必要的麻烦。

(3) 如果发现存折、信用卡、汇款单被盗，应尽快到银行和邮局挂失。

(4) 积极向负责侦察破案的公安、保卫干部反映情况，提供线索，协助破案。如实回答前来勘验和调查的公安、保卫干部提出的各种问题。回答要实事求是，不可凭想象、推测；要认真回忆，力求全面、准确。不能因为一些个人问题而隐瞒情况。实事求是地配合公安、保卫人员作笔录。

第二节 防止受骗

诈骗，是指以非法占有为目的、用虚构事实或隐瞒真相的方法骗取款额较大的公私财物的行为。由于它一般不使用暴力，而是在平静的气氛下进行的，受害者往往会上当。提防和惩治诈骗分子，除需要依靠社会的力量和法律武器以外，更主要的还是大学生自身应提高防范意识，认清诈骗分子的惯用伎俩，以防止上当受骗。

一、大学生容易受骗的原因

在当今的大学校园里，大学生上当受骗的事时有发生，究其原因，主要有以下几个方面：

(1) 交友不慎。大学生大多是从学校走进学校，进入大学后吃住在学校，每天过着宿舍—食堂—教室三点一线的生活。大多数学生喜欢结交朋友，但一些学生防范意识差，警惕性不高，容易听信陌生人的话，从而上当受骗。遇到一些来访的老乡、熟人、同学，或同学的同学、老乡的老乡、朋友的朋友之类的人，难辨真伪。

(2) 疏于防范。据相关资料显示，在校大学生被骗取钱物，绝大多数是疏于防范。事实上，很多大学生过于热情奔放，性格直率，经历的事情很少，没有处事经验，不能时刻保持警惕。

(3) 利欲熏心。当前许多大学生爱慕虚荣而又无戒备之心，妄想不经过劳动而摇身一变成为富翁，面对金钱诱惑的时候，丧生了理性思考的能力。

(4) 法律意识淡薄。有些大学生明知一些事情是违法的，却因经受不住别人的诱惑，上当受骗，从事一些非法活动，害人害己；有的学生受骗以后又去欺骗别人。

(5) 女性较为容易受骗。女性大多珍视感情，且富于同情心，易对别人产生信任感和依赖感；女性大多爱面子，容易迁就对方，常常碍于情面，对违背自己意愿的事不忍拒绝，导致骗子得寸进尺；有的女性急于求成，喜欢搞短期行为，容易被一时之利诱惑；有些女性仅仅因为对方的一两句“我爱你”、“说话算数”，便很快对其产生了“讲信用，靠得住”的“良好”印象，一旦对方再施以小恩小惠，就很容易放松警惕，让骗子牵着鼻子走。

二、诈骗作案的主要手段

(一) 校园内诈骗

(1) 犯罪嫌疑人利用学生警惕性不高、入学时间短不熟悉情况、没有社会经验等弱点或利用学生急于就业和出国等心理，投其所好、应其所急施展诡计而骗取财物，轻易诈骗得手。尤其是新入学的同学们不要轻易相信任何陌生人采用收费方式帮助联系入党和推荐做学生干部等事情，防止坏人冒充学校工作人员进行诈骗。

(2) 利用高校学生经验少、法律意识差、急于赚钱补贴生活的心理，常以公司名义或其他身份让学生为其推销产品，事后却不兑现诺言和酬金。对于类似的案件，由于事先没有完备的合同手续，处理起来比较困难，往往时间拖得很长，花费了许多精力却得不到应有的回报。

(3) 利用学生购物经验少又贪便宜的特点，上门推销各种产品而使其上当受骗。更有一些到学生宿舍推销产品的人，一旦发现室内无人，就会顺手牵羊。

(4) 用招工或勤工助学的名义设置骗局，骗取介绍费、押金、报名费等。

(5) 利用一切机会与大学生拉关系、套近乎或通过上网聊天交友，骗取信任后寻机作案。

(6) 谎称学生在学校受到意外伤害，急需汇款治疗，对学生家长及亲属进行诈骗。

(7) 谎称自己是富家子弟，因发生意外急需用钱，并承诺加倍返还；或对同学谎称自己发生意外，利用同学的同情心理寻机诈骗。

(二) 校园外诈骗

近年来，在诸多诈骗案中，马路骗子屡屡得手，在受骗的人中年轻人占大多数，其中不乏在校大学生。因此，在校大学生要特别注意提防马路骗子。

1. 不要贪图小便宜

诈骗活动得逞的一个先决条件是利用了受骗者爱占小便宜的心理。不要在马路上向无证摊贩购买自己不了解合理价格和质量标准的商品；不要相信货摊周围有人叫好、喊便宜，甚至争先恐后去抢着买的行为，说不定他们就是所谓的"托"。

2. 不要轻易参与骗子的游戏

骗子的意图有时候很容易被人看破，但是他们往往利用人们的好奇心理或参与心理引你上钩。如一些马路骗子在街头巷尾摆设的游戏，他们总是先引诱你参与，设法使你在参与中享受到乐趣，然后伺机诈骗钱物。

3. 警惕骗子利用封建迷信诈骗

一些骗子利用看病、算命来骗钱，利用病人想尽快看好病的心理，诱使病人心甘情愿地拿钱去"看病"；或者以"血光之灾"等说法吓唬人，攻破某些人的心理防线，而后他们就会以祈福消灾的迷信手段，骗人拿钱消灾解难。

4. 提防魔术行骗

许多魔术行骗看似公平，实则暗藏机关，一般人看不出行骗者做的手脚。如果稍有不慎，行骗者就有可乘之机，让你尝点甜头之后，把你宰得头破血流。因此，遇到街边摆摊的人表演魔术，一定莫入圈套。

[案例 7—2] 贪便宜买来假货

某高校学生刘某寒假乘公共汽车回家，遇车上两男子叫卖皮衣，称原价 1 800元，现价 680 元。车上随即便有两人每人付 680 元各买了一件。刘某看其所买的皮衣油黑发亮，手感也挺细腻，便欲购买一件赠与哥哥。刘某经过与卖衣人一番讨价还价后，以两件 800 元的价格成交。刘某到家后，经家人仔细检查才知道自己所买的两件皮衣是假的。

刘某之所以上当受骗，是因为其不识货，不掌握行情而只图便宜。这种图小便宜的心理往往是骗子行骗成功的先决条件，那两个花 680 元买皮衣的人其实就是所谓的"托"。刘某在不辨真假、不明真相的情况下，只能是贪小便宜吃了大亏。

(三) 短信和电话诈骗

近年来，短信息和电话诈骗新花样层出不穷，且不少骗局借助高科技软件，环环相扣，让人防不胜防。诈骗分子甚至还紧跟抗震救灾、高考录取等"社会热点"，实施信息诈骗。现在的大学生几乎每人一部手机，并且大多能够通过手机上网，这就给不法分子提供了很好的行骗机会。大学生要了解相关的骗术，绝不能给犯罪分子可乘之机。

(1) 中奖信息设陷阱。如果你接到“我是××省公证处的公证员或××节目主持人，您的手机或电话号码在××抽奖活动中中了特等奖，奖品是小轿车一部”的短信，请先思考几秒钟，想想自己是否将手机号投入摇奖或参与过什么活动。

(2) 冒充银行提醒刷卡消费。如果你收到类似手机短信，再拨打短信里所留电话号码进行询问，就进入不法之徒的圈套。例如，“尊敬的客户：我行3月26日成功从您账户支出8 700元，如有疑问请与客服中心联系。”

(3) 谎称家人发生意外。若有人打电话称：“您的家人在某地患急病或发生意外，急需用钱，请把钱打到××银行××账号。”一定要核实清楚，不要轻易相信。

(4) 冒充电台骗取话费。“您好，您的朋友为您点播了一首歌曲，以此表达他的思念和祝福，请您拨打×××收听。”当你拨打收听时，你的话费余额一定会直线下降。

(5) 冒充朋友要求充值。“我在外地出差，我的手机很快就没有话费了，麻烦你帮我买张充值卡，再用短信告知卡号与密码。”接到这样的电话或信息，一定要核对对方真实身份。

(6) 冒充手机服务商。“您好，这里是中国移动（或联通）客户服务热线，由于我们工作失误，您的电话费这几个月累计多收了××元，如确认退费请按……”或是“现联合推出移动、联通手机卡充值，100元面值的30元低价促销，诚招各地代理经销商。”

(7) 如果收到未知电话号码拨打的电话，或响了两声就挂断的电话，不要随随便便回复。部分号码是加值付费电话，接到这类陌生来电，一定要小心核对再行回复。

(8) 不法分子利用手机改号软件，克隆了受骗人亲友的手机号码实施诈骗活动。通过这种软件，拨打者可以把主叫号码显示成其设定的任何号码，例如接听者的朋友或亲人的手机号码、家庭电话等。

（四）车站诈骗

(1) 以查验车票等名义，骗取、调换旅客的车票。

(2) 谎称自己有熟人在铁路内部能买到车票，骗取旅客的票款；谎称有办法帮忙退票而行骗。

(3) 有的票贩子将已到站还未过有效期的中转签字票重新中转签字后卖给旅客，此种车票多数票面较旧，且已被剪口。

(4) 对车票上的日期、票价、到站、座别进行更改，使短途变长途，废票变成有效票，票价低的变成票价高的车票。

(5) 以帮忙订购车票为诱饵，强行拉旅客住宿旅店，收取所谓的订票费。

(6) 有的人装扮成购票者，和旅客套近乎，称“老乡”，取得旅客的信任后，以帮忙买车票、照看行李等手段，骗取旅客的票款和其他财物。冒充热心人，通过聊天套出旅客家庭地址或者电话，向其家人行骗。

(7) 利用旅客怕惹事的心理和身单力薄的情况，合伙行动，强行向旅客兜售车票或骗至站外实施诈骗，甚至抢夺钱物。

三、大学生诈骗案件的预防

社会环境千变万化，大学生必须尽快适应环境，学会自我保护。要积极参加学校组织的法制和安全防范教育活动，多了解、多掌握一些防范知识，对于自己有百利而无一害。在日常生活中，要做到不贪图便宜、不非法谋取私利；在提倡助人为乐、奉献爱心的同时，要提高警惕性，不能轻信花言巧语；不要把自己的家庭地址等情况随便告诉陌生人，以免上当受骗。一般来说，诈骗分子行骗的过程可分为两个阶段：一是博得信任，二是骗取对方财物。对于行骗者和受害者来说，第一阶段都是最重要的，也是行骗者行为表现得最为突出的阶段。虽然行骗手段多种多样，但只要我们树立较强的反诈骗意识，克服内心的一些不良心理，保持应有的清醒，做到“三思而后行，三查而后行”，在绝大多数情况下是可以避免上当受骗的。

（一）要有反诈骗意识

俗话说：“害人之心不可有，防人之心不可无。”当然，“防人”并不是要搞得人心惶惶，关键是要有这种意识，对任何人，尤其是陌生人，不可轻信和盲目随从，遇人遇事，应有清醒的认识，不要因为对方说了什么好话、许诺了什么好处，就轻信、盲从。

[案例 7—3] 谎称学生出了事故，诱骗学生家长汇款

某高校 2002 级学生郑某，寒假结束后从广州乘火车回学校。乘火车途中与邻座闲聊，两人聊至高兴处，该陌生人向郑某索取其通信方式以示友好，以备今后联系，郑某便将其家中弟弟电话告知。该陌生人在途中下车后，随即给郑某弟弟打电话，谎称郑某途中被劫，并遭毒打导致后脑部重伤，现在正在××医院治疗，需要做紧急手术，他是该院院长。该陌生人要求郑某家人电汇 2 万元到他给的账号，郑某家人心急如焚，立即向该人指定的账号电汇近万元，随后向学校询问情况，学校老师随即和××医院联系，该医院工作人员告知并无此事，并说这种情况已经发生了几次，肯定是骗局。郑某家人事后发现电汇给陌生人的钱很快被提走了。等到郑某安然无恙地回校后，方知被热情的陌生人诈骗。

另有某校一男学生，一天下午接到一个陌生人打来的电话，对方自称是公安局的警察，正在查案，请他配合工作，将手机关机 2 小时。该学生很配合，马上把手机关了。可 2 小时后等他再开机时，全是家人打来的未接电话及焦急、关切的短信，并问 2 万元钱是否到账。原来诈骗嫌疑人趁他关机之际，谎称自己是该生的班主任，并说该生因交通事故受重伤正在医院急救，让他家人速汇2万元过来，家人救子心切，毫不犹豫就汇了2万元。

注意保护好自己的私人信息，特别是家里的电话号码，不能轻易泄露给陌生人。

（二）交友要谨慎，避免以感情代替理智

与人交往要区别对待，保持应有的理智。对于熟人或朋友介绍的人，要学会“听其言，察其色，辨其行”。对于“初相识的朋友”，不要轻易掏心窝子，更不能言听计从、受其摆布。对于那些心怀鬼胎、居心不良的人，态度要热情、交往要小心，尽量不为他们提供单独行动的时间和空间，以避免给犯罪嫌疑人创造作案条件。

（三）服从校园管理，自觉遵守校纪校规

为了加强校园管理，学校都制定了一系列管理制度。制度是用来约束人们行为的，在执行过程中可能会给同学们带来一些不便，但是制度却是必不可缺的，同学们一定要认真执行有关规定，自觉遵守校纪校规，积极支持有关部门履行管理职能，并努力发挥出自己的应有作用，以防止闲杂人员和犯罪嫌疑人混入校园作案。

（四）防范手机诈骗

目前手机在大学生中的使用相当普遍，大学生手机用户要加强防范意识，特别是涉及对方要求存入钱款、提供现金、提供财物的，应确认通话人是否为手机机主，不宜简单地以来电号码判断对方身份。一些不法之徒经常大量群发代办文凭、证照及通知中奖之类的短信息，有些社会经验不足的同学便轻易相信，一步一步地走进犯罪嫌疑人事先设置好的陷阱。

（五）小心传销

用人单位以招聘直销人员的名义登载招聘信息，让求职者交纳一定的产品费用并介绍更多的人从事此工作，此举多为传销，其骗人的“一夜暴富”论害人害己。

（六）切忌贪小便宜

特别是对一些不熟悉的人所许诺的利益，要经过深思和调查。要知道，天上是不会掉馅饼的。克服贪小便宜的心理，行骗者就不会有可乘之机。

（七）同学之间相互沟通、相互帮助

在大学里，无论哪个学院、哪个专业，班集体都是一个最基本的组织形式。在这个集体中，大家有着共同的学习目标，同学间、师生间的友谊比什么都珍贵，因此相互间应该加强沟通、互相帮助，分享自己的经验。特别是在自己觉得可能会吃亏上当时，与同学沟通或许就会得到一些帮助并避免受害。

（八）一旦发现受骗要迅速报案

发出自己受骗后，必须镇静，千万别慌神，赶快想办法及时掌握对方有罪的证据，迅速报案，要防止打草惊蛇。有的同学认为把钱追回来是关键，所以，在发现上当后便想私了，于是主动找上门去恳求骗子返还财产。这是很愚蠢的做法，这等于告诉对方骗局已经暴露，提醒骗子赶快逃匿。聪明的做法是，一面装作仍蒙蔽在鼓里，随时掌握对方行踪；一面查明对方所骗财产的流向，及时报告公安机关。

四、女大学生如何防止受骗

(1) 在与人交往中，对陌生人特别是陌生男性要时刻保持警惕，对其提出的条件或允诺不要轻易相信，不能把自己的身份、联系方式等轻易告诉他人，更不能随人独往。

(2) 切忌爱慕虚荣。面对诱惑时，千万不要急功近利，而要想一想：人家凭什么给我这么多好处？这样做是否符合常理？认真分析后才能得出比较客观和是否可行的结论。

(3) 有很多不法之徒专以“交友”、“恋爱”、“求助”为名，利用女性的爱心和情感来行骗。女大学生要当心甜言蜜语和情感行骗，要当心甜言蜜语或“慷慨义举”背后隐藏的欺诈。

五、信用卡诈骗及其应对

信用卡诈骗骗术不外乎三大类。一是高科技作案，如在 ATM 机上安装微型摄像头，利用盗卡器等高科技作案。二是利用人们麻痹、轻信的心理作案，如用假卡或空卡掉包、贴“通知”等。犯罪分子在 ATM 机上贴一张所谓的“紧急通知”，声称接到总行计算机病毒监控中心紧急通知，ATM 机系统受到病毒侵害，为保证用户资金安全，用户必须把资金转移到指定账户上，才能升级抗病毒程序。但只要用户把资金转入该账户，立即会被犯罪分子提走。三是用别人的身份证等有效证件作担保、申请账户进行诈骗。

针对这些骗术，持卡人应在以下八个方面多加小心：第一，领卡时，应当场检查密码信封，如信封被打开过则立即要求银行调换。第二，马上修改密码，不可用自己的电话号码、生日等易于破译的号码作密码。第三，密码和卡号不要轻易示人，一旦犯罪分子掌握密码和卡号，即可利用高科技手段提走现金。ATM 机上的回单不可随意丢掉，因为回单上有卡号信息。第四，身份证与信用卡分开存放，以防同时丢失，因有身份证无密码也可以取款，身份证不可轻易借人。第五，卡不能与磁性物体放在一起，以防消磁。第六，操作时注意 ATM 机上是否有摄像头等多余“装置”，“吃卡”及卡丢失后要及时挂失、更改密码。第七，不要轻信“紧急通知”和“公告”，以防受骗。第八，在公共场所消费时，收银员还卡后要仔细验收，以防掉包。

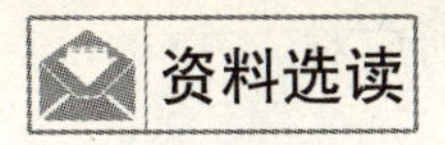

假期乘车外出旅游防盗防骗技巧

元旦、五一、国庆、春节等假期是小偷、骗子在车上及车站出没的高峰期，大学生们要提高警惕，掌握防盗、防骗技巧，预防被盗、被骗事件的发生。

1. 要到售票厅或铁路指定的代售点买票，不要从陌生人手中购买车票，以免购得假票、废票。购买车票后，不要将车票给陌生人看，以免有人冒充铁路工作人员，以查验车票等名义，骗取、调换车票。

2. 要从指定的进站口进站，不要轻信他人，防止违法人员以买票、进站为诱饵，强行拉进旅店住宿，收取所谓的订票费、好处费。尤其是夜深人静之际，不要单独从非进站口进站，以免发生被抢、被盗案件。

3. 要注意保管行李。行李要集中保管，记好件数，防止丢失或遗漏。贵重物品应随身携带，大额钱物不要当众点数或外露，更不要轻信陌生人的甜言蜜语，委托陌生人看管。

4. 出门在外，少与陌生人闲谈。遇到乘车路线、到站时间等疑问和困难时，要到车站问讯处或向民警咨询，不要轻信陌生人。如果车票丢失或被盗，旅客可以立即到退票窗口办理挂失手续。

5. 要注意防备麻醉抢劫。部分不法分子会和身边的旅客套近乎，递出香烟、食品或饮料，没有防备的旅客往往中计，醒来后身边财物早已不翼而飞。

6. 赌局设套莫钻入。一些不法分子会在列车上用猜扑克、猜大小、套铅笔等游戏来设赌局和骗局。

7. 电话号码不能透露给陌生人。有些旅客在乘车时觉得与对方聊得很投机，互通姓名后甚至会交换电话号码。殊不知不法分子常利用旅客的此种心理骗取电话号码，然后把电话打到旅客家中，以旅客受伤、生病为由，骗其家人“马上寄钱过来”。

8. 报警讲究策略。旅客在遇到偷、扒、抢等事件时，应积极向列车员或乘警报告。如果对方是三五人结伙作案，在报警时还应讲究策略，如假意拿起热水瓶到车厢外打开水等，借机报警，以保护自身安全。

资料来源：http：//www.qutu.com/。

第三节　防止抢劫

大学生由于打工、找工作需要经常早出晚归，有时可能会遇到坏人抢劫，如果没有一定的应对措施，就有可能造成较大的损失，并且生命都会受到严重威胁。大学生要加强防范意识，了解一些防抢知识，关键时刻有所应对。

一、防抢知识

(1) 宿舍防抢。一层的窗户要安装防护栏和质量好的防盗门，晚上睡觉关好门窗。单独一人在宿舍时，不要让陌生人进屋。

(2) 遇到上门推销商品者，不要与其纠缠，更不要开门让其进来。有陌生人替别人代送物品，先要打个电话问明情况再开门，千万不要轻信，在无法确定其真假时，不妨婉言谢绝，等问明情况后再说，不要轻易开门。

(3) 出行防抢。不要随身携带贵重物品，做到财不外露。手机、现金及贵重物品放在包里，买车票、打电话时要注意身边的可疑人员。骑自行车、摩托车的人在停车时一定要将车锁好，提包随身携带，不能放在车筐内或挂在把手上。

(4) 背包防抢。背包的人走路或骑自行车时，要尽量靠在道路的内侧，将包背在靠里侧的肩上。背包里尽量不要放贵重物品，如要挂在车把上，最好多绕几圈；改变挎包姿势，变直挎为斜挎。提高警惕，注意可疑人。

(5) 防尾随抢劫。在街角、偏僻小路或家门口，发现有陌生人尾随时，要沉着冷静，利用通信工具与家人取得联系，必要时拨打“110”报警求助。尤其注意在进家门口时，一定要与陌生人保持一定距离，防止对方突然袭击。

(6) 夜间独行防抢。夜间行走要选择有灯光的路段，发现有人跟踪时，可直接向小卖部、保安室等灯亮处走，借问路、买东西等方式支走可疑人。如可疑人跟到楼下，不要急于打开自家房门，以免可疑人员尾随入室抢劫。应向灯亮的窗户呼喊熟人或邻居的名字，待可疑人走后再开门进入自己的房间。

(7) 防麻醉抢劫。对试图与自己表示亲近的陌生人，在无法确定其真实意图的情况下，不能随意接受其提供的饮料、茶水、香烟及食物等。

(8) 提款防抢。到银行取款时，要注意观察四周是否有异常情况，提取现金数量较多时，最好两人同行。

(9) 女大学生晚上最好不要独自一人在路偏人稀的道路上行走，在万不得已的情况下，可以考虑在包中装一瓶防身辣椒水，关键时用以自卫。

(10) 校园内的抢劫案件多发生在夜晚，地点大多是僻静处。尤其是正在恋爱的同学，不要在光线不好的僻静处行走和逗留。即使是在光线好的地方，如路上已无其他行人，也不要逗留。如果必经偏僻路段，要结伴同行。

二、面对抢劫如何应对

(1) 进行吓唬。若已处于作案人的控制下，可巧妙地采用语言激将法，使作案人在心理上产生恐慌；或与作案人说笑，表明自己并无反抗之意，使作案人放松警惕，然后寻机逃走。也可利用有利地形和身边的砖头、木棒等足以自卫的武器与作案人形成僵持局面，使作案人短时间内无法近身，造成心理上的压力，同时引来援助者。

(2) 走为上策。趁入室抢劫的歹徒进来之后还没来得及关门时，当事人应赶紧冲出门外，或者赶紧进入一间能反锁的房间（里面最好有电话可供求救和报警），把门反锁起来，打电话报警或打开窗户大声呼喊等待救援。

(3) 叫喊呼救。如果遭遇抢劫时周围有人，有可能得到救援，应及时高声呼救。但如果在偏僻处，周围没有人，就不一定要呼救，以免刺激歹徒伤害自己。

(4) 机智报信。当被歹徒限制自由时，要想方设法把信息传递出去。举个例子，有个人在小区停车，突然半空中掉下一个水杯砸中了他的车，他很生气，上楼找事主，结果发现这家女主人正被歹徒威胁，于是马上去报了警。

(5) 麻痹对方。当自己处于作案人的控制之下而无法反抗时，可按作案人的要求交出部分财物，并理直气壮地对作案人进行说服教育、晓以利害，从而造成作案人心理上的恐慌。

(6) 记住特征。注意观察作案人，尽量准确记下其特征，如身高、年龄、体态、发型、衣着、胡须、语言、行为等特征。趁作案人不注意时在其身上留下记号，如在其衣服上擦点泥土、血迹，在其口袋中装点有标记的小物件，在作案人得逞后悄悄尾随其后，注意其逃跑方向等。

(7) 放弃财物。生命安全比财物更重要，如果歹徒要钱，就给他一些。平时存放财物，要养成分存几个地方的习惯。通常歹徒会在获得财物后，尽早溜之大吉。将财物分存几个地方，可减少损失。

(8) 及时报案。作案人得逞后，有可能继续寻找下一个抢劫目标，更有甚者在附近的商店、餐厅挥霍。各高校一般都有比较严密的防范机制，如能及时报案，准确描述作案人特征，有利于有关部门及时组织力量布控，抓获作案人。在校外被抢者，要及时到就近派出所报案。

[案例 7—4] 舍弃财物，减少损失

陈某在回学校的路上，走到一偏僻小路时突然被一男子拦住，让其将钱拿出来，陈某意识到遇到了抢劫的，主动将钱包给了该男子，同时记下了该男子的体貌特征。男子得手后迅速逃走，陈某立即拿出手机报警，并观察作案人逃跑的方向，结果实施抢劫的犯罪嫌疑人张某在逃跑的途中被迅速赶来的警察抓获。

陈某被抢的现场是一偏僻的地方，他的处置方法是得当的。陈某马上将少量的钱物交出，避免人身受到伤害；及时报警并提供线索，使警察能够快速抓获犯罪嫌疑人，及时破案。

信息链接

1. 中华人民共和国公安部网站（http：//www.mps.gov.cn/）。

2. 中国警察网（http：//www.cpd.com.cn/）。

思考与练习

1. 通过本章的学习，同学们掌握了哪些防盗知识？
2. 开展小组讨论，谈谈如何更好地做好宿舍安全工作。
3. 谈谈遇到抢劫时的防范措施。

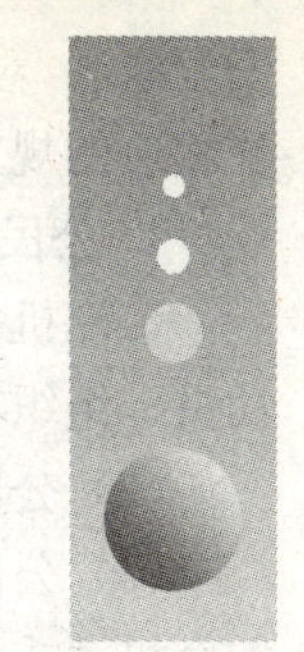

第八章 公共安全

内容提示

中国的公共安全问题受到了政府、学者以及普通公众的广泛关注。公共安全是指社会公众享有安全和谐的生活和工作环境以及良好的社会秩序，公众的生命财产、身心健康、民主权利和自我发展有安全的保障，最大限度地避免各种灾难的伤害。本章详细介绍了国家应对自然灾害、公共安全事件的措施，旨在提高大学生对灾害事故和各种险情的应对能力。

第一节 国家安全

有国家就有国家安全工作，古今中外，概莫能外。无论处于什么社会形态，或者实行怎样的社会制度，都会视国家利益为最高、最根本的利益，将维护国家安全列为首要任务。所以，每位大学生都应当成为国家安全和利益的自觉维护者。

一、相关法律法规

（一）《中华人民共和国国家安全法》

为了维护国家安全，保卫中华人民共和国人民民主专政的政权和社会主义制度，保障改革开放和社会主义现代化建设的顺利进行，我国于1993年2月22日第七届全国人民代表大会常务委员会第三十次会议通过了《中华人民共和国国家安全法》，对公民维护国家安全的权利和义务以及违反国家安全法的相关处罚做了相应的规定。

1. 公民和组织维护国家安全的义务和权利

（1）机关、团体和其他组织应当对本单位的人员进行维护国家安全的教育，动员、组织本单位的人员防范、制止危害国家安全的行为。

（2）公民和组织应当为国家安全工作提供便利条件或者其他协助。

（3）公民发现危害国家安全的行为，应当直接或者通过所在组织及时向国家安全机关或者公安机关报告。

（4）在国家安全机关调查了解有关危害国家安全的情况、收集有关证据时，公民和有关组织应当如实提供，不得拒绝。

（5）任何公民和组织都应当保守所知悉的国家安全工作的国家秘密。

（6）任何个人和组织都不得非法持有属于国家秘密的文件、资料和其他物品。

（7）任何个人和组织都不得非法持有、使用窃听、窃照等专用间谍器材。

（8）任何公民和组织对国家安全机关及其工作人员超越职权、滥用职权和其他违法行为，都有权向上级国家安全机关或者有关部门检举、控告。上级国家安全机关或者有关部门应当及时查清事实，负责处理。对协助国家安全机关工作或者依法检举、控告的公民和组织，任何人不得压制和打击报复。

（9）一切国家机关和武装力量、各政党和各社会团体及各企业事业组织，都有维护国家安全的义务。

2. 危害国家安全的行为

中华人民共和国公民有维护国家的安全、荣誉和利益的义务，不得有危害国家的安全、荣誉和利益的行为。危害国家安全的行为，是指境外机构、组织、个人实施或者指使、资助他人实施的，或者境内组织、个人与境外机构、组织、个人相勾结实施的下列危害中华人民共和国国家安全的行为：阴谋颠覆政府、分裂国家、推翻社会主义制度的；参加间谍组织或者接受间谍组织及其代理人的任务的；窃取、刺探、收买、非法提供国家秘密的；策动、勾引、收买国家工作人员叛变的；进行危害国家安全的其他破坏活动的。

（二）危害国家安全将受到法律的惩罚

1.《刑法》有关条款

（1）阴谋颠覆政府、分裂国家的，处无期徒刑或者10年以上有期徒刑。

（2）策动、勾引、收买国家工作人员、武装部队、人民警察、民兵投敌叛变的，处无期徒刑或者10年以上有期徒刑。

（3）进行下列间谍或者资敌行为之一的，处10年以上有期徒刑或者无期徒刑；情节较轻的，处3年以上10年以下有期徒刑：为敌人窃取、刺探、提供情报的；供给敌人武器军火或者其他军用物资的；参加特务、间谍组织或者接受敌人派遣任务的。

(4) 国家工作人员违反国家保密法规，泄露国家重要机密，情节严重的，处7年以下有期徒刑、拘役或者剥夺政治权利；国家工作人员由于玩忽职守，致使公共财产、国家和人民利益遭受重大损失的，处5年以下有期徒刑或者拘役。

2. 全国人民代表大会常务委员会《关于惩治泄露国家秘密犯罪的补充规定》

为境外的机构、组织、人员窃取、刺探、收买、非法提供国家秘密的，处5年以上10年以下有期徒刑；情节较轻的，处5年以下有期徒刑、拘役或者剥夺政治权利；情节特别严重的，处10年以上有期徒刑、无期徒刑或者死刑，并处剥夺政治权利。

3. 国家秘密的主要内容

国家秘密是关系国家的安全和利益，依照法定程序确定，在一定时间内只限一定范围的人员知悉的事项。国家秘密主要包括下列秘密事项：国家事务的重大决策中的秘密事项；国防建设和武装力量活动中的秘密事项；外交和外事活动中的秘密事项以及对外承担保密义务的事项；国民经济和社会发展中的秘密事项；科学技术中的秘密事项；维护国家安全活动和追查刑事犯罪中的秘密事项；其他经国家保密工作部门确定应当保守的国家秘密事项。

违反国家保密法规定，故意或者过失泄露国家秘密，情节严重的，依照《刑法》第186条的规定追究刑事责任。违反规定，泄露国家秘密，不够刑事处罚的，可以酌情给予行政处分。

二、对大学生强化国家安全教育的重要性

(1) 国家安全关系到国家存亡、民族兴衰；没有国家安全，就没有和平稳定的建设环境。大学生是社会主义现代化的建设者和接班人，是国家的未来和希望，也是西方敌对势力推行“和平演变”战略的重点对象，其国家安全意识如何，直接关系到国家的长治久安。

(2) 我国面临的环境复杂多变，境内外敌对势力利用各种渠道，以公开或秘密的方式，传播西方的政治、经济、文化和所谓的信仰自由。随着改革开放的不断深入，少数学生由于受西方的价值观念、腐朽生活方式的影响，经不起金钱和物资的诱惑，见利忘义，铤而走险，以身试法。

(3) 大学生对国家安全意识方面的问题警惕意识不强，认识过于狭隘。由于国家安全有其隐蔽性、特殊性和秘密性，使得部分大学生对国家安全存在着种种模糊认识。大学生对国家安全还滞留在军事、战争、国防、领土、情报、间谍这样一些传统的、局部的认识上。当前，国家安全既包括国土安全、主权安全、政治安全、经济安全、国防安全、国民安全等传统内容，也包括文化安全、科技安全、金融安全、信息安全等方面的新内容。因此，全方位理解国家安全有助于端正大学生的思想认识，增强国家安全意识。

(4) 大学生由于缺乏国家安全意识，对国家安全丧失警惕。随着我国经济飞速发展、社会和谐稳定、人民生活水平逐渐提高，国际地位不断提升，和平环境使大学生自觉不自觉地对国内外敌对势力的破坏活动放松了警惕，淡化了安全意识，社会交往很少，缺少社会经验，这就很难接触各种危害国家安全的行为，自然对其危害缺乏亲身体验，对树立国家安全意识的重要性体会不深，许多大学生认为“对外开放无密可保”、“和平时期无间谍”等。

(5) 学校和社会缺乏对大学生的有关国家安全方面的思想教育。学校进行的国家安全教育，与学生思想实际联系不紧，缺少针对性，方式僵化，内容空洞，引不起学生共鸣，效果欠佳。

(6) 随着改革开放的进行，中国的经济有了较快的发展，国际竞争力和国家地位得到了加强。面对中国所取得的巨大成就，一些国家别有用心地提出了“中国威胁论”，他们的一些举措给中国的国家安全构成了一定的威胁。

(7) 面临以上如此复杂严峻的安全形势，涉世不深的大学生却对国家安全还存在模糊不清的认识，这就迫切需要对大学生进行安全教育。培养国家安全知识，树立新的国家安全观，既是必要的，也是紧迫的。

三、大学生应如何维护国家安全

有国家就有国家安全工作。无论处于什么社会形态，或者实行怎样的社会制度，都会视国家利益为最高、最根本的利益，将维护国家安全列为首要任务。古今中外，概莫能外。所以，每位大学生都应当成为国家安全和利益的自觉维护者。

(1) 要始终树立国家利益高于一切的观念。科学技术是没有国界的，但知识分子不能没有自己的祖国。要将国家的主权、国家的安全始终放在第一位。国家安全涉及国家社会生活的方方面面，是国家、民族生存与发展的首要保障。所以，大学生要始终把国家安全放在高于一切的地位，这既是国家利益的需要，又是个人安全的需要，也是世界各国对本国人民的一致要求。

(2) 主动学习法律知识，增强法制观念。要努力熟悉涉及有关国家安全和保密工作的法律、法规、规章制度，弄清什么是合法的，什么是违法的，可以做什么，不能做什么。其中，要重点熟悉以下一些法律、法规：宪法、国家安全法、保密法、刑法、刑事诉讼法、科学技术保密规定、出国留学人员守则等。

(3) 增强政治敏锐性，提高是非辨别能力。要善于识别各种伪装，实际生活中要防止间谍情报人员采用五花八门的手段，套取国家秘密、科技政治情报和内部情况。有的谍报人员和负有特殊使命的记者，常以人们能接受的面孔出现，用交朋友、做学术研究、出国经济担保、旅游观光、新闻采访等五花八门的手段，套取国家秘密、科技政治情报和内部情况，对此要保持警惕，识破伪装，避免上当受骗，陷入违法犯罪。在对外交往中，既要热情友好，又要内外有别、不卑不亢；既要珍惜个人友谊，又要牢记国家利益；既可争取各种帮助、资助，又不失国格、人格。对发现的别有用心者，要依法及时举报，进行斗争。对网络信息进行严格把关，防止境内外敌对势力利用网络电子技术诱导大学生误入歧途。

(4) 要积极配合国家安全机关的工作。当国家安全机关需要大家配合工作的时候，在工作人员表明身份和来意之后，每个同学都应当按照法律赋予的义务，认真履行职责。尽力提供便利条件或其他协助，如实提供情况和证据，做到不推、不拒，更不以暴力、威胁方法阻碍执行公务，还要切实保守已经知晓的国家安全工作的秘密。

[案例 8—1] 吴某、马某为境外人员非法提供国家秘密案

1992 年 3 月，被告人吴某与前来北京采访七届人大五次会议新闻的香港地区某报记者梁某相识。梁某为了获取中共十四大的报告稿，唆使吴某进行搜集。同年 10 月 4 日上午，吴某利用工作之便，将本单位有关人员内部传阅的江泽民总书记《在中国共产党第十四次全国代表大会上的报告》送审稿（绝密级）私自复印一份，携带回家。当日下午，吴某指使被告人马某按事先约定的地点将该“报告”非法提供给梁某。尔后，梁某使用私自安装的传真机将此“报告”全文传回某报社。随后，梁某与吴某、马某在约定地点见面，梁某付给吴某人民币外汇兑换券 5 000 元。案发后，吴某、马某的认罪态度较好，所得的赃款已被查获。经法院判决：一、被告人吴某犯为境外人员非法提供国家秘密罪，判处无期徒刑，剥夺政治权利终身。二、被告人马某犯为境外人员非法提供国家秘密罪，判处有期徒刑六年，剥夺政治权利一年。三、查获的赃款予以没收。

资料来源：http：//www.148com.com/。

为境外人员非法提供国家秘密罪，是全国人大常委会《关于惩治泄露国家秘密犯罪的补充规定》(以下简称《补充规定》) 所规定的一种新的罪名。该《补充规定》明确规定：“为境外的机构、组织、人员窃取、刺探、收买、非法提供国家秘密的，处 5 年以上 10 年以下有期徒刑；情节较轻的，处 5 年以下有期徒刑、拘役或者剥夺政治权利；情节特别严重的，处 10 年以上有期徒刑、无期徒刑或者死刑，并处剥夺政治权利。”

第二节　预案法规

为保障公众生命财产安全，国家制定了公共安全管理的法律法规，最大程度地保护公众的权利和生命财产安全。公共安全预案是在辨识和评估潜在的重大危险、事件类型、发生的可能性及发生过程、事件后果及影响严重程度的基础上，对应急机构与职责、人员、技术、装备、设施（备）、物资、救援行动及其指挥与协调等方面预先做出的具体安排。

一、《中华人民共和国公共突发事件应对法》

为了提高社会各方面依法应对突发事件的能力，及时有效控制、减轻和消除突发事件引起的严重社会危害，保护人民生命财产安全，维护国家安全、公共安全、环境安全和社会秩序，迫切需要在认真总结我国应对突发事件经验教训、借鉴其他国家成功做法的基础上，根据宪法制定一部规范应对各类突发事件共同行为的法律。

制定突发事件应对法、提高依法应对突发事件的能力，是建设服务型政府的需要，也是贯彻落实依法治国方略、全面推进依法行政的客观要求，是关系国家经济社会发展全局和人民群众生命财产安全的大事，是全面贯彻落实科学发展观、构建社会主义和谐社会的重要内容。下面介绍《中华人民共和国公共突发事件应对法》的相关内容。

（一）制定的时间及内容

《中华人民共和国公共突发事件应对法》已由中华人民共和国第十届全国人民代表大会常务委员会第二十九次会议于 2007 年 8 月 30 日通过，自 2007 年 11 月 1 日起施行。《公共突发事件应对法》作为开展突发事件应对工作的重要法律依据，明确了应急管理主体、原则、体制、机制、程序、责任等内容，全面、系统地规范了突发事件预防与应急准备、监测与预警、应急处置与救援、事后恢复与重建等应对活动。

（二）体现对公民权利的限制和保护相统一

突发事件往往具有社会危害性，政府负有统一领导、组织处置突发事件应对的主要职责，同时公民也负有义不容辞的责任。在应对突发事件中，为了维护公共利益和社会秩序，不仅需要公民、法人和其他组织积极参与有关突发事件应对工作，还需要其履行特定义务。因此，《公共突发事件应对法》对有关单位和个人在突发事件预防和应急准备、监测和预警、应急处置和救援等方面服从指挥、提供协助、给予配合、必要时采取先行处置措施的法定义务做出了规定。同时，为了保护公民的权利，该法还规定了征用补偿等制度。

二、公共安全预案

应急预案，又称应急计划，是针对可能的突发公共事件，为保证迅速、有序、有效地开展应急与救援行动、降低人员伤亡和经济损失而预先制定的有关计划或方案。我国公共安全应急预案包括国家总体应急预案、国家专项应急预案、地方应急预案体系。

（一）国家总体应急预案

为了提高政府保障公共安全和处置突发公共事件的能力，最大程度地预防和减少突发公共事件及其造成的损害，保障公众的生命财产安全，维护国家安全和社会稳定，促进经济社会全面、协调、可持续发展，依据宪法及有关法律、行政法规，特制定《国家总体应急预案》。该预案所称突发公共事件是指突然发生，造成或者可能造成重大人员伤亡、财产损失、生态环境破坏和严重社会危害，危及公共安全的紧急事件。该预案适用于涉及跨省级行政区划的，或超出事发地省级人民政府处置能力的特别重大突发公共事件应对工作。

（二）国家专项应急预案

国家专项应急预案是按照国家总体应急预案的要求，制定的应对环境、卫生、交通等各行业以及各类自然灾害给公共安全造成危害的安全预案。

（三）地方应急预案

突发公共事件地方应急预案具体包括：省级人民政府的突发公共事件总体应急预案、专项应急预案和部门应急预案；各市（地）、县（市）人民政府及其基层政权组织的突发公共事件应急预案。上述预案在省级人民政府的领导下，按照分类管理、分级负责的原则，由地方人民政府及其有关部门分别制定。

三、《宪法》对公共安全内容的阐述

中华人民共和国是全国各族人民共同缔造的统一的多民族国家。平等、团结、互助的社会主义民族关系已经确立，并将继续加强。在维护民族团结的斗争中，要反对大民族主义，主要是大汉族主义，也要反对地方民族主义。国家尽一切努力，促进全国各民族的共同繁荣。

社会主义的公共财产神圣不可侵犯。国家保护社会主义的公共财产。禁止任何组织或者个人用任何手段侵占或者破坏国家的和集体的财产。

国家维护社会秩序，镇压叛国和其他危害国家安全的犯罪活动，制裁危害社会治安、破坏社会主义经济和其他犯罪的活动，惩办和改造犯罪分子。

中华人民共和国公民有言论、出版、集会、结社、游行、示威的自由。

中华人民共和国公民有宗教信仰自由。任何国家机关、社会团体和个人不得强制公民信仰宗教或者不信仰宗教，不得歧视信仰宗教的公民和不信仰宗教的公民。国家保护正常的宗教活动。任何人不得利用宗教进行破坏社会秩序、损害公民身体健康、妨碍国家教育制度的活动。

中华人民共和国公民在行使自由和权利的时候，不得损害国家的、社会的、集体的利益和其他公民的合法的自由和权利。

中华人民共和国公民有维护国家统一和全国各民族团结的义务。

中华人民共和国公民必须遵守宪法和法律，保守国家秘密，爱护公共财产，遵守劳动纪律，遵守公共秩序，尊重社会公德。

中华人民共和国公民有维护祖国的安全、荣誉和利益的义务，不得有危害祖国的安全、荣誉和利益的行为。

四、大学生要了解“集会、游行、示威”的相关规定

大学生对民主的要求较高，同时比较易冲动，表达自己爱国感情和民主意愿的时候，往往容易采取一些冲动的做法，所以一定要了解游行、示威的相关法律规定，以法律规定指导自己的行动。

（一）何为“集会、游行、示威”

根据《中华人民共和国集会游行示威法》：

本法所称集会，是指聚集于露天公共场所，发表意见、表达意愿的活动。

本法所称游行，是指在公共道路、露天公共场所列队行进、表达共同意愿的活动。

本法所称示威，是指在露天公共场所或者公共道路上以集会、游行、静坐等方式，表达要求、抗议或者支持、声援等共同意愿的活动。

（二）关于集会、游行、示威的申请和许可的相关内容

举行集会、游行、示威，必须依照《中华人民共和国集会游行示威法》的规定向主管机关提出申请并获得许可。

举行集会、游行、示威，必须有负责人。

依照集会、游行、示威法规定，需要申请的集会、游行、示威，其负责人必须在举行日期的5日前向主管机关递交书面申请。申请书中应当载明集会、游行、示威的目的、方式、标语、口号、人数、车辆数、使用音响设备的种类与数量、起止时间、地点（包括集合地和解散地）、路线和负责人的姓名、职业、住址。

主管机关接到集会、游行、示威申请书后，应当在申请举行日期的2日前，将许可或者不许可的决定书面通知其负责人。不许可的，应当说明理由。逾期不通知的，视为许可。

确因突然发生的事件临时要求举行集会、游行、示威的，必须立即报告主管机关；主管机关接到报告后，应当立即审查，决定许可或者不许可。

申请举行的集会、游行、示威，有下列情形之一的，不予许可：反对宪法所确定的基本原则的；危害国家统一、主权和领土完整的；煽动民族分裂的；有充分根据认定申请举行的集会、游行、示威将直接危害公共安全或者严重破坏社会秩序的。

（三）不得举行集会、游行、示威的场所

在下列场所周边距离10米至300米内，不得举行集会、游行、示威，经国务院或者省、自治区、直辖市的人民政府批准的除外：全国人民代表大会常务委员会、国务院、中央军事委员会、最高人民法院、最高人民检察院的所在地；国宾下榻处；重要军事设施；航空港、火车站和港口。

前款所列场所的具体周边距离，由省、自治区、直辖市的人民政府规定。

五、《中华人民共和国人民防空法》的有关规定

1996年10月29日第八届全国人民代表大会常务委员会第二十二次会议通过该法，1996年10月29日中华人民共和国主席令第78号公布，自1997年1月1日起施行。国家保障人民防空通信、警报的畅通，以迅速准确地传递、发放防空警报信号，有效地组织、指挥人民防空。大学生要了解相关法律，认真参加防空演练。

国家人民防空主管部门负责制定全国的人民防空通信、警报建设规划，组织全国的人民防空通信、警报网的建设和管理。

县级以上地方各级人民政府人民防空主管部门负责制定本行政区域的人民防空通信、警报建设规划，组织本行政区域人民防空通信、警报网的建设和管理。

邮电部门、军队通信部门和人民防空主管部门应当按照国家规定的任务和人民防空通信、警报建设规划，对人民防空通信实施保障。

人民防空主管部门建设通信、警报网所需的电路、频率，邮电部门、军队通信部门、无线电管理机构应当予以保障；安装人民防空通信、警报设施，有关单位或者个人应当提供方便条件，不得阻挠。

国家用于人民防空通信的专用频率和防空警报音响信号，任何组织或者个人不得占用、混同。通信、广播、电视系统，战时必须优先传递、发放防空警报信号。

军队有关部门应当向人民防空主管部门通报空中情报，协助训练有关专业人员。

人民防空通信、警报设施必须保持良好使用状态。设置在有关单位的人民防空警报设施，由其所在单位维护管理，不得擅自拆除。

县级以上地方各级人民政府根据需要可以组织试鸣防空警报，并在试鸣的五日以前发布公告。

六、《中华人民共和国预备役军官法》的相关规定

为了健全预备役军官制度，完善国家武装力量动员体制，加强国防后备力量建设，1995年5月10日第八届全国人民代表大会常务委员会第十三次会议通过该法。

该法所称预备役军官是被确定为人民解放军预备役排级以上职务等级或者初级以上专业技术职务等级，被授予相应的预备役军官军衔，并经兵役机关登记的预备役人员。预备役军官从下列人员中选拔：退出现役的军官和文职干部；退出现役的士兵；人民武装干部和民兵干部；非军事的高等学校毕业学生；符合预备役军官基本条件的其他公民。

预备役军官应当具备下列基本条件：忠于祖国，遵守宪法和法律、法规；服

从命令，听从指挥；符合本法规定的服军官预备役的年龄；退出现役或者接受过军事专业培训并经考核合格，具有与其职务相应的科学文化知识、组织指挥能力或者专业技能；身体健康。

预备役军官参加军事训练、执行军事勤务期间，违反纪律的，依照中央军事委员会的有关规定给予行政处分；构成犯罪的，依法追究刑事责任。预备役军官拒绝或者逃避登记、军事训练，经教育拒不改正的，由当地人民政府强制其履行兵役义务。在战时，预备役军官拒绝、逃避征召或者军事训练，情节严重的，依法追究刑事责任。

七、突发公共事件的定义及等级

突发公共事件是在难以预见情况下突然爆发，而且具有扩展、放大和激变的潜力，一旦失控可由事件转化为危机，对国家政治、经济、社会秩序和人民生命与财产安全形成冲击。

（一）突发公共事件的定义

突发公共事件，是指突然发生，造成或者可能造成重大人员伤亡、财产损失、生态环境破坏和严重社会危害，危及公共安全的紧急事件。按照社会危害程度、影响范围等因素，自然灾害、事故灾难、公共卫生事件分为特别严重、严重、较重和一般四级。法律、行政法规或者国务院另有规定的，从其规定。突发事件的分级标准由国务院或者国务院确定的部门制定。

国家建立以统一领导、综合协调、分类管理、分级负责、属地管理为主的应急管理体制。

（二）国务院《国家突发公共事件总体应急预案》对突发公共事件分级和类别规定

1. 各类突发公共事件分级

各类突发公共事件按照其性质、严重程度、可控性和影响范围等因素，一般分为四级：Ⅰ级（特别严重）、Ⅱ级（严重）、Ⅲ级（较重）和Ⅳ级（一般）。依据突发公共事件可能造成的危害程度、紧急程度和发展态势，把预警级别分为四级：特别严重的是Ⅰ级→红色表示；严重的是Ⅱ级→橙色表示；较重的是Ⅲ级→黄色表示；一般的是Ⅳ级→蓝色表示。暴雨预警标志及含义如表 8—1 所示。预警信息包括突发公共事件的类别、预警级别、起始时间、可能影响的范围、警示事项、应采取的措施和发布机关等。

基于对突发公共事件危害性的认识，总体预案对信息报告的第一要求就是“快”。为了做到“快”，总体预案强调，特别重大或者重大突发公共事件发生后，省级人民政府、国务院有关部门要在 4 小时内向国务院报告，同时通报有关地区和部门。应急处置过程中，要及时续报有关情况。

表 8—1　　　　暴雨预警标志及含义

预警标志	颜　色	时　间	降雨量
暴雨 蓝 RAIN STORM	蓝色	12 小时	降雨量将达 50 毫米以上，或者已达到 50 毫米以上且降雨可能持续
黄 YELLOW	黄色	6 小时	达 50 毫米以上，或者已达 50 毫米以上且降雨可能持续
橙 ORANGE	橙色	3 小时	50 毫米以上，或者已达 50 毫米以上且降雨可能持续
暴雨 红 RAIN STORM	红色	3 小时	达 100 毫米以上，或者已达 100 毫米以上且降雨可能持续

2. 突发公共事件分类

根据突发公共事件的发生过程、性质和机理，突发公共事件主要分为以下四类：

（1）自然灾害。主要包括水旱灾害、气象灾害、地震灾害、地质灾害、海洋灾害、生物灾害和森林草原火灾等。

（2）事故灾难。主要包括工矿商贸等企业的各类安全事故、交通运输事故、公共设施和设备事故、环境污染和生态破坏事件等。

（3）公共卫生事件。主要包括传染病疫情、群体性不明原因疾病、食品安全和职业危害、动物疫情，以及其他严重影响公众健康和生命安全的事件。

（4）社会安全事件。主要包括恐怖袭击事件、经济安全事件和涉外突发事件等。

第三节　险情应对

大学生需要提前了解各类常见灾害、灾难和公共突发事件的应对和避险知识，及早知晓各种预案，提前制定自己的应急计划。当灾害发生时，大学生积极应对，按照预案行动就会减少损失、避免受伤。

一、大学生要建立个人应急计划

灾难的发生总是让人猝不及防。“知道如何做”是我们保护自己、保护家人最好的准备和应尽的责任。大学生要在平时着手建立自己的公共险情应急计划，以备灾难来临时有所应对。

（一）了解基本险情

了解本地区和学校周围经常发生的灾害事件，了解应对各种灾害事件的基本常识；寻找学校生活场所中的安全盲点；了解本地区、本社区、本校的应急方案；知道如何帮助别人。

（二）确定灾难来临时的应急预案

具体内容包括：确定紧急状态时的“集合处”，如提前了解本市就近的避难所和防空洞所在位置；确定紧急联络人并保留其联系电话；准备自己的信息联络卡，上面记录本人的名字、家庭地址、家庭其他成员、联络电话、年龄、血型、既往病史等信息。注意每年更新信息联络卡，并在联络人和家庭中备份；记住“紧急联络人”的号码和常用报警号码。

（三）选择储备食品和饮水

选择不需冷藏、即开即食、少含或不含水分的轻便易携带的固体食品，如饼干、面包、方便面等。储备使用3天的水量，以每人每天2升的标准储存。

二、化学事故防护

化学事故是指有毒物质或化学危险品在生产、储存、运输和使用过程中，由于人为或其他原因引起泄漏、污染或爆炸，造成生命财产损失和伤害的事故。

（一）常见化学危险品

化学危险品种类繁多，有特殊的毒害作用，化学事故具有突发性强、扩散快、范围广、时间长、后果复杂等特点，必须引起高度警惕。常见危险化学品有：液化气、煤气、汽油、苯、氯乙烯、液氯、液氨、二氧化硫、黄磷、强碱、强酸、杀虫剂等。化工厂附近为事故多发地带，而地铁站等人群密度高的地区也有可能成为恐怖分子发动袭击的场所。

（二）事故前兆

(1) 有色气体或液体出现跑、冒、滴、漏现象，并伴有怪味。

(2) 大批人员同时出现头痛（晕）、心悸、烦闷、呼吸困难、呕吐、视物模糊、有刺激感、惊厥、抽筋、步履蹒跚等不适症状。

(3) 动物异常：昆虫飞行不稳、抖翅、挣扎；家禽、家畜及爬行动物等出现眨眼、散瞳、站立不稳、呼吸困难、抽筋现象；鱼、虾、蚂蟥等水生物乱蹦乱爬，尔后活动困难。

(4) 植物异常：许多种类植物的叶子、花朵颜色发生变化。

（三）防护措施

毒区内人员紧急转移至无毒区域，疏散到上风方向；如果来不及撤离或在无个人防护器材的情况下，应迅速转移到坚固而密封性能好的建筑物内，以避免化学毒物的伤害；在人群密集地撤离要保持秩序，不要挤踏；进入毒区以前，必须正确佩带防毒面具及袖套、围裙、靴套等个人防护器材，必要时应穿全身式防毒衣。

三、恐怖袭击应对

恐怖袭击指暗杀、劫持人质、武装袭击、使用生化武器等，是实施者对非武装人员有组织地使用暴力或以暴力相威胁，将一定的对象至于恐怖之中，以达到某种政治目的的行为。

（一）爆炸

背朝爆炸冲击波传来方向迅速卧倒，脸部朝下，把头放低，在低洼地方最好侧卧在最低地势处。如在室内遭遇爆炸可就近躲避在结实的桌椅下或卫生间内。

用口呼吸，以避免爆炸所产生强大冲击波击穿耳膜，引起永久性耳聋。

爆炸瞬间屏住呼吸，逃生时以低姿势为好；不乱跑乱窜，大呼大叫。用毛巾或衣服捂住口鼻。

立即拨打 120、110、119 等进行电话呼救。同时，检查伤员受伤情况，迅速清除伤者气管内的尘土、沙石，防止窒息。可就地取材，对伤者进行止血、包扎和固定，搬运伤员时注意保持脊柱损伤病人的水平位置，防止因移位而发生截瘫。如呼吸停止，应立即进行人工呼吸和心脏按压。

（二）毒气

尽快用衣服、帽子、口罩等，保护自己的眼、鼻、口腔，防止毒气摄入。

遭遇毒气时，在场人员应迅速撤离现场。不要慌乱，不要拥挤，不要大喊大叫，要镇静、沉着、有秩序地撤离。不可顺着毒气流动的风向走，应逆向逃离。

逃离后，要脱去被污染衣服，及时消毒，立即到医院检查，必要时进行排毒治疗。

（三）人质劫持

要保持镇定、保存体力，不要意气用事，不要行为失控。应观察时机，发现恐怖分子的漏洞后，随机应变。

要设法传递信息。例如，人质可通过发送手机短信、写字条等方式，将所处地点、恐怖分子的数目、企图、特点等最重要的信息传递出来。

安全人员对恐怖分子发起攻击时，人质应立即趴倒在地，双手保护头部，随后迅速按警务人员的指令撤离。撤离时要避免惊慌混乱，首先搀扶老人和孩子。

四、骚乱应对

大学生喜欢观看球类比赛或参加集体活动，足球、篮球等大型比赛或大型集体活动现场常因拥挤、踩踏、斗殴等原因发生骚乱。如果发生此类骚乱，极易造成群死群伤的严重事件以不良社会影响。所以一定要知晓一定的避险知识，才能顺利逃生。

（1）入场前观察活动现场情况和识别警示标志，做到心中有数，要有意识地了解现场安全通道和出入口的位置，在发生危险时要尽快从最近的安全出口撤离。

(2) 发生骚乱时，远离栏杆、狭窄的通道，以免被挤而伤及自身。应避免在现场来回跑动，要迅速、有序地向自己所在的安全出口移动。

(3) 周围人群处在混乱时，不要盲目跟随移动，应选择安全地点停留，以保证自己不被挤伤。

(4) 疏散时特别要注意保护身边的老人、儿童、妇女等弱势群体。

五、重大疫情应对

重大疫情（暴发疫情）会对公众健康造成严重危害。现代社会中多种危险因素如环境污染、人口流动等的存在，使得重大疫情并不能被完全控制和彻底消除，在常规卫生防病工作取得显著成效之时，对重大疫情的应急处理显得更为重要，而制定切实可行的处理预案和实施办法是有效控制疫情的关键。

(1) 根据疫情的性质、特点，在政府或卫生行政部门的统一组织和各部门的协作下，卫生防疫机构紧急采取措施，努力将疫情控制在最小范围内。大学生要积极配合，切不可情绪用事，影响大局。

(2) 对已发现的传染病病人、疑似病人和病原携带者实施隔离治疗，对密切接触者或疫点、疫区内人群进行医学检查，及时发现病人。

(3) 划定疫点、疫区，必要时设立封锁隔离区；收集标本、送检或现场检验。

(4) 对疫源地进行严格的消毒和卫生处理；封存、销毁被污染的食品，加强食品卫生监督管理。

(5) 组织疫点、疫区内人群进行预防服药、应急接种，开展防病知识宣传。

六、民族宗教冲突应对

我国是一个多民族国家，多种宗教信仰并存，大学生要在实际中学会应对此类事件，要避免民族宗教冲突，以正确的言行自觉维护安定团结的大好局面。大学生面对民族宗教冲突时应做到以下几点：

(1) 牢记稳定是和谐发展的基石。稳定是发展的前提和保证。大学生肩负着全面建设小康社会、努力构建和谐社会、实现中华民族伟大复兴的历史重任。也正是这样一个时代，为大学生施展聪明才智、实现报国之心提供了良好条件和广阔舞台。大学生要实现这一历史重任必须以实际行动维护国家安定团结的局面，把自己的爱国热情和理想抱负融化在刻苦学习、掌握本领之中，这样才能为社会的发展创造和谐的环境。

(2) 反对民族压迫、民族歧视，维护促进民族团结。民族团结包括不同民族之间的团结，也包含着民族内部的团结。各族人民齐心协力，共同促进祖国的发展繁荣。民族团结是社会主义社会发展进步的必要前提。

(3) 了解和尊重各民族的风俗习惯，维护民族团结。了解并尊重各民族的风俗习惯，是各民族团结的前提。相互尊重，才能相互相处，进而一起共同努力共进。因此，我们大学生应该多了解各民族的风俗习惯，理解和尊重各民族的兄弟姐妹，促进民族的团结。

(4) 坚持按法律办事。依法治国是我们党和国家领导人民治理国家的基本方略，是社会文明进步的重要标志，是国家长治久安的重要保障。只有严格依法办事，在法律允许的范围内表达爱国情感，才能维护民族尊严，保证宗教信仰自由，才能维护社会稳定、维护国家利益。同破坏国家统一、威胁国家公共安全的行为做坚决斗争，我们每个人都必须以法律规范自己的言行，在遵纪守法的基础上表达正义的诉求，绝不参加未经批准的游行和示威活动，不听信、传播有害信息，不做影响社会秩序和有损国家形象的事，自觉维护安定团结的政治局面。

七、游乐设施事故

大学生喜欢冒险、娱乐，经常参加游乐园活动。如遇游乐设施发生突然停机、机械断裂、高空坠落等故障，一定要有所应对。

(1) 在游玩之前，应认真阅读《游客须知》，听从工作人员讲解，掌握游玩要点。高血压、心脏病等患者不要游玩自己身体不适应的项目。未成年人游玩时要有成年人监护。

(2) 在游玩过程中感到身体不适或难以承受时，应立即大声告知工作人员停机。

(3) 出现险情时，千万不要乱动和自行解除安全装置，应保持镇静，听从工作人员指挥，等待救援。

(4) 出现意外伤亡情况时，切忌恐慌、拥挤，应及时疏散、撤离。

八、报警求助

(一) 常用的报警求助电话

(1) 报警求助打 110；火警打 119；医疗救护打 120；交通事故打 122。

(2) 牢记本地煤气、电力抢修、消费投诉、水上搜救、心理健康、戒毒、权益保障等热线电话。

(二) 如何拨打 110 报警电话

1. 受理范围

(1) 受理报警范围：刑事案件、治安案件；自然灾害、治安灾害事故；危害人身、财产安全群体性事件以及其他需要公安机关处置的与违法犯罪有关的报警。

(2) 受理求助范围：人员走失，需要公安机关在一定范围内帮助查找的；发生溺水、自杀等状况，需要公安机关紧急救助的；公众遇到危难，处于孤立无援状况，需要立即救助的；需要公安机关处理的其他紧急求助事项。

(3) 受理警务投诉范围：公安机关及其人民警察正在发生的违反法律、法规和人民警察各项纪律规定，违法行使职权，不履行法定职责，不遵守各项执法、服务、组织、管理制度和职业道德的各种行为。

2. 报警内容

包括警情发生的时间、具体位置和警情内容，报警人自己的姓名和报警电话，以便警务人员及时联系。需要报警台为报警人保密的，向报警台说明。

[案例 8—2] 吉林中百商厦火灾事故

2004 年 2 月 15 日 11 时许，吉林省吉林市中百商厦发生特大火灾，大火于当日 15：30 时被扑灭。火灾造成 54 人死亡，70 人受伤，直接经济损失 426 万元。中百商厦浴池锅炉工李铁男发现毗邻中百商厦北墙搭建的 3 号仓库有烟冒出，找来该库房的租用人中百商厦伟业电器行雇工于洪新打开仓库，发现库内着火，即进行扑救，但未能控制火势。据吉林市消防调度指挥中心电脑记录，直到 11 时 28 分，消防支队才接到路过商厦的吉林市勘测设计院员工吕焱华用手机报警。支队立即命令市区所有 11 个消防执勤中队和支队机关全体官兵以及吉化集团公司消防支队赶赴火场，并同时报告市公安局指挥中心和 120 急救中心。经各方全力奋战，于 15 时 30 分将火灾彻底扑灭，抢救被困群众 190 人（其中未受伤 66 人）。火灾共造成 54 人死亡，70 人受伤，过火建筑面积 2 040 平方米，直接财产损失 426 万余元。火灾系中百商厦伟业电器行雇工于洪新于当日 9 时许向 3 号仓库送包装纸板时，将嘴上叼着的香烟掉落在仓库中，引燃地面上的纸屑纸板等可燃物引发的。

资料来源：http：//www.gov.cn/。

该案中，责任人在火灾发生后没有及时报警，也没有在第一时间组织人员疏散，没有认真履行《消防法》第十四条明确的组织防火检查、及时消除火灾隐患等消防安全职责。

信息链接

1. 中华人民共和国中央人民政府（http：//www.gov.cn/）。
2. 公共安全网（http：//www.safetyshequ.com/）。
3. 中华人民共和国司法部（http：//www.moj.gov.cn/）。
4. 中国法律信息网（http：//www.law-star.com/）。

思考与练习

1. 通过本章的学习，同学们掌握了哪些有关公共安全的法律知识？
2. 开展小组讨论，谈谈如何更好地维护国家安全。
3. 谈谈大学生如何加强应对公共险情的能力。

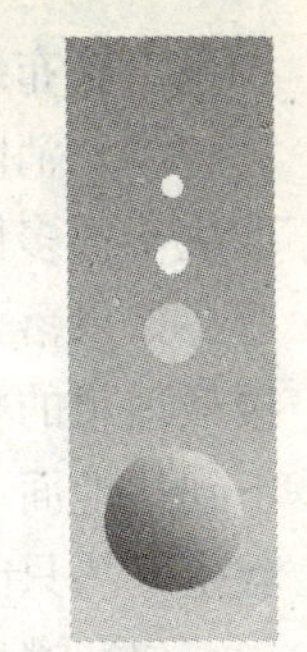

第九章　逃生安全

内容提示

每个人都会在日常生活中遇到各式各样的危险，正确的逃生方法是对生命最好的呵护，本章主要围绕大学生面临的一些主要安全隐患和险情，进行应对方法解答，并重点对消防安全和安全用电做了介绍。

第一节　逃生技能

大学生需要掌握一些逃生技能，学会使用逃生工具，以应对一些紧急情况。尤为重要的是，通过学习逃生技能，大学生要养成临危不惧、处变不惊的心理素质。

一、逃生用具介绍及使用技巧

（一）逃生用具介绍

（1）逃生面具——消防呼吸器，口鼻处有一个厚五六厘米的圆柱形过滤器，可以过滤烟雾和一氧化碳，为使用者逃生提供足够的时间。未经使用的呼吸器看上去只是一个高约 15 厘米、直径约 10 厘米的圆柱体，遇上火灾，只要拉开套在头上正常呼吸就可以了。

（2）逃生绳——绳子两头各有一个环扣，粗不过 2 厘米左右，但是非常结实。当发生火灾时，只需将绳子一头的环扣固定在坚固的栏杆等处，再将另一环扣系上软布缠在腰间，用毛巾或软布保护双手，就可顺着绳子滑下楼。

（3）消防气垫——消防气垫的有效使用高度一般在 20 米以下，其保护效果取决于很多因素，比如受力面积、受力点、跳下高度、跳下者本身的身体素质等。如果落下的地方受力不均匀，或者高度太高，则都有可能造成受伤。高空救援最理想的状态是说服事主自己下来，或进入举高车的工作台，在消防员的保护下到达地面。使用消防气垫进行高空救援是下策，是不得已而为之的方法，因为救生气垫只能起到缓冲作用，难以保证被救者不受伤。

（4）逃生锤——也称为救生锤或安全锤，一端为尖锐牢固的榔头，配合良好的手柄设计可在紧急状况时候以最大力度敲碎玻璃。而另一端的平锤，可以作为榔头使用。遇事故时用内嵌的钩状锋利刀片割断安全带逃生。逃生锤上配有一个红色塑料套，平时可保护尖锐牢固的榔头。它非常便于用户携带，是防火防灾必备应急用品。可用于交通意外车门变形无法打开、车辆坠入水中无法打开车门、行车意外无法解开安全带、办公地陷入火场需敲锤钢化玻璃逃生以及火场突围需砸落挂锁等情况。

（5）防身用品——电击器可利用高压发生器产生 4 万伏以上高压，电击歹徒使其立即丧失攻击能力。但由于是低电流设计，故对人体无害。催泪喷雾器射出刺激性雾状气体，使歹徒丧失视力，上呼吸道强烈咳嗽，浑身难受。强光手电可对着歹徒的眼睛射出强光，使其丧失短暂视觉。报警器可发出 150 分贝以上强烈的报警声，招来行人注意，使罪犯恐惧。

（6）紧急避难用品包——应备有一个背包，里面备有最起码的日常用品，一旦灾害发生，就可立刻带上它疏散到安全处。背包内有各类用品二十几件，其中包括饮用水装运桶、压缩饼干、罐装面包、矿泉水等必备食品，以及护创膏、药棉、三角巾、绷带、棉花棍和常用的应急药品、打火机、逃生绳。尤其重要的是备有多功能应急报警求救灯。此外，还可以补充防毒面具、消防手套。

（二）使用技巧

1. 逃生锤使用技巧

使用逃生锤不要忘记正确的方法，记住“锥尖对准，要砸边角，一次不行，多砸几次”。找不到安全锤，女性高跟鞋也是好武器，把鞋跟抡起来用力砸，鞋跟越细越有用。离开车厢后千万不要回去围观，最好距离车厢 20 米以上，以防出现爆炸等危险情况。

2. 逃生绳使用注意事项

在利用逃生绳逃生前做好准备工作是必要的，一定要将绳索固定在有足够承受能力的物体上。使用时务必将逃生绳索远离火源。

使用逃生绳时应避免绳索接触利器、硬物，否则会导致逃生绳断裂而使逃生人员发生危险。

当使用逃生绳进行救援时，要正确给被解救人员佩戴安全带，且须选择正确的救援路径，操作人员亦需对双手进行有效保护，如使用摩擦力较大的衣物或湿毛巾，用手直接与绳索摩擦会对双手造成伤害。

使用逃生绳时如不可避免地接触墙角，必须对绳索进行有效保护，可在与绳索发生接触的墙角处铺垫棉被、衣服等，以缓解对绳索的磨损。

二、火场逃生的原则及注意事项

每个人对自己工作、学习或居住所在的建筑物的结构及逃生路径要做到了然于胸，必要时可集中组织应急逃生预演，使大家熟悉建筑物内的消防设施及自救逃生的方法。

(1) 迅速撤离火场。火场逃生是争分夺秒的行动。听到火灾警报或意识到自己被烟火围困时，千万不要迟疑，要立即设法脱险，切不可贪恋财物延误逃生良机，也不要因害羞或顾及贵重物品，而把宝贵的逃生时间浪费在穿衣或寻找、搬离贵重物品上。逃生者一旦脱离危险，就要留在安全区域，有情况及时向救助人员反映，切不可因抢救贵重物品或亲人重返火场。

(2) 当发生火灾时，如果发现火势并不大，且尚未对人造成很大威胁时，当周围有足够的消防器材，如灭火器、消防栓等，应奋力将小火控制、扑灭；千万不要惊慌失措地乱叫乱窜，置小火于不顾而酿成大灾。

(3) 保持镇静，克服惊慌心理。具备良好的心理素质，遇事沉着冷静。烟火的出现，并非意味着我们已无路可逃，相反，要坚定求生信念，不断告诫自己：一定能脱离险境，使心理保持稳定，正确估计火灾形势，利用一切可能利用的逃生条件脱离险境。

(4) 不要只顾逃生忘记报警，延缓报警会给自己和他人带来极大的危害。有烟雾时，不应采用呼喊的方法，防止吸入烟气中毒，而应采用向窗外扔东西等方法。逃生时要注意随手关门，以延缓火势的发展，为逃离赢得时间。

(5) 克服盲目从众行为。人员聚集场所，一旦起火，人们往往蜂拥而出，极易造成安全出口堵塞和挤伤踩死现象。这时要果断放弃从安全出口逃生的想法，积极寻找多种途径逃生，如破窗逃出。在危难时刻，不要局限于利用原有的疏散通道，应开动脑筋多想办法，才能死里逃生。撤离时要注意，朝明亮处或外面空旷的地方跑，要尽量往楼层下面跑，若通道已被烟火封阻，则应背向烟火方向离开，通过阳台、气窗、天台等往室外逃生。

(6) 不要在烟气中直立行走、做深呼吸。要尽量保持低姿势前进，用湿毛巾捂住口鼻。火灾中产生的一氧化碳在空气中的含量高，可导致人在1～3分钟内窒息死亡。同时，燃烧中产生的热空气被人吸入，会严重灼伤呼吸系统的软组织，也会造成人员窒息死亡。许多火灾的受害者就是因有毒有害气体窒息而死的。逃生者多数要经过充满浓烟的走廊楼梯间才能离开危险区域。逃生时，可把毛巾浸湿，叠起来捂住口鼻，无水时，干毛巾也行。身边没有毛巾，餐巾、口罩、帽子、衣服也可以替代。穿越烟雾区时，即使感到呼吸困难，也不能将毛巾从口鼻上拿开，否则就会有危险。

(7) 不要乘坐普通电梯。电梯井直通大楼各层，烟雾、高温、热气很容易进入，高温可能使电梯因失控或变形而不能行走，烟雾、热气可能危及人身安全。

(8) 不能盲目跳楼。即使被大火困在房内无法脱离，也要利用一切可行的方法，耐心等待救援。非到烟熏火烤，不采用跳楼的方法。

(9) 绳索滑行法。当各通道全部被浓烟烈火封锁时，可利用结实的绳子或将窗帘、床单、被褥等撕成条，拧成绳，用水浸湿，然后将其拴在牢固的暖气管道、窗框、床架上，被困人员逐个顺绳索沿墙缓慢滑到地面或下到下一个楼层而脱离险境。

(10) 低层跳离法。如果被围困在楼房的二层，若无条件采取其他自救方法或短时间内得不到救助，在烟火威胁、万不得已的情况下，也可以跳楼逃生。但在跳楼之前，应先向地面扔一些棉被、枕头、床垫、大衣等柔软物品，以便“软着陆”。然后再用手扒窗台，身体下垂，头上脚下，自然下滑，以缩小跳落高度，并使双脚首先着落在柔软物上。如果被烟火围困在三层以上的楼房内，千万不要急于跳楼（距地面太高，往下跳时易造成重伤或死亡）。

(11) 借助器材法。当生命受到威胁，要记住不到最后一刻不要放弃生命，一定要竭尽所能设法逃生。逃生和救人的器材设施种类较多，通常使用的有缓降器、救生袋、救生网、救生气垫、救生软梯、导向绳、救生舷梯等，如果能够充分利用这些器材和设施，就可以脱险。

三、电梯被困的解决方法

随着高层住宅和办公楼越来越多，人们出勤、办事经常需要乘坐电梯。大学生要了解乘坐电梯的基本知识，以防突遇电梯故障的时候不知所措或做出错误的举动。

(1) 电梯具有一套防坠落系统，包括限速器、安全钳及底部的缓冲器。一旦发现电梯超速下降，限速器首先会让电梯驱动主机停止运转。如果主机仍然没有停止，限速器就会提升安全钳使之夹紧导轨，强制轿厢停滞在导轨上。另外，在一定速度内如果直接撞击到缓冲器上，轿厢也会停下来。不管通过哪种方式停下来，电梯都不会对人造成很大的冲击。

(2) 在狭窄闷热的电梯里不会窒息。国家标准对电梯的通风系统有严格的规定，即使困梯时通风系统仍是正常通风的。另外，电梯有很多活动的部件，比如说一些连接的位置，如轿壁、轿顶和连接键之间都有缝隙，这些缝隙一般来讲足够满足人的呼吸需要。

(3) 在电梯出现速度异常时，乘客应手扶轿壁，并侧身，使双腿保持弯曲，以减轻对电梯急停的不适应。待电梯停下后，迅速利用轿内应急电话或者手机与值班人员、维修人员取得联系。应急对讲装置位于轿厢控制面板上方，是一个带有“报警电话”或“警铃”图样的按钮。按下按钮，即可与值班人员通话。若该按钮无人应答，乘客可拨打轿厢内安全检验合格标志牌上的“维修电话”或轿厢铭牌上的“急修电话”，向专业维修人员求救。若电话不通，乘客可拨打119或110，向公共救援机构报警。

(4) 如果电梯内照明灯熄灭了，应急照明装置会自动启动。千万不要尝试强行推开电梯内轿门。电梯天花板若有紧急出口，也不要爬出去。出口板一旦打开，安全开关动作会使电梯停止不动；如果出口板意外关上，电梯就可能突然开动，令人失去平衡。

(5) 如果电梯开门时不在平层位置，此时试图跳出或爬出轿厢同样是危险的，可能会坠入电梯井道。

四、公交车逃生方法

(一) 旋转应急开关

无论何种情况下，乘客应该首先选择从车门逃生。公交车车门上方显眼处一般设有一个红色按钮，称为应急开关。如果车门无法正常开启，乘客可以根据箭头指示旋转应急开关，听到一阵“嘶嘶”声后，表示气阀内的气压已放掉，就可用手推开车门。

(二) 逃生锤砸开侧窗

每辆公交车上都安装有4～5个逃生锤。乘客可取下逃生锤，用锤尖用力锤击车窗玻璃的四角，击碎玻璃后，再清除车窗上的玻璃碎片，然后从车窗逃出。有些公交车车窗中间位置安装了以防乘客甩出车外的栏杆，乘客击碎玻璃逃离时可抓住栏杆跳出窗外。

(三) 推开车顶天窗

公交车车厢前后都有两个换气用的天窗，当遇到紧急情况时，乘客可以根据箭头指示旋动天窗一侧的按钮，然后用力向上推开天窗，就可以踩着座椅等爬上天窗，从而安全逃生。

如果车辆侧翻，最重要的事是将车辆熄火，以保证不会因油箱泄漏而发生燃烧、爆炸等危险。可打开天窗逃出，逃出车辆前一定要先观察道路状况，防止与其他车辆再次发生事故。

五、娱乐场所逃生的注意事项

由于酒吧、歌舞厅等娱乐场所一般都在晚上营业，并且进出顾客随意性大、人流密集，加上灯光暗淡，若失火容易造成在混乱中发生挤伤踩伤事故。因此，只有保持清醒的头脑、明辨安全出口方向和采取一些紧急避险措施，才能掌握主动，减少人员伤亡。

（1）当火灾发生时，应该保持冷静，明辨安全出口方向。可选择多种途径逃生：如歌舞厅设在楼层底层，可直接从窗口跳出；若设在二、三楼时，可抓住窗台往下滑，让双脚先着地。

（2）留意门上、墙根的绿色指示牌和门后的“逃生路线图”。它一般是一张印有本楼层平面示意的图纸，本房间的位置和房号均有标志。同时有一个箭头（通常是红色）是指示自本房间沿走廊指向最近的疏散部位的。公共部分的房间内，指示牌通常在门的上方，表明从这里出去。走廊上的指示牌通常在墙的下方，因为火灾时，有毒气体在上方，人们应俯身或匍匐前进。为防地下娱乐场所发生火灾，人们进入地下建筑时，应对内部设施和结构布局进行观察，掌握通道和出口，以防万一。

（3）如果舞厅逃生通道被大火和烟堵截，又一时找不到辅助救生设施时，被困人员只有暂时逃向火势较弱区间，向窗外发出求救信号，等待消防人员营救。

（4）疏散途中的门和楼梯门都是开向逃生疏散方向的，只需向外用力，便能打开。

（5）由于酒吧、歌舞厅四壁和顶部有大量的塑料、纤维等装饰物，一旦发生火灾，将会产生有毒气体。因此，在逃生过程中，应尽量避免大声呼喊，防止烟雾进入口腔。应采取用水打湿衣服捂住口腔和鼻孔的方法。若一时找不到水，可用饮料来打湿衣服，并采用低姿行走或匍匐爬行的方法，以减少烟气对人体的伤害。

六、防止踩踏

（一）学生拥挤踩踏事故发生的特点

（1）事故多发生在下晚自习、下课、就餐、观看比赛和文艺演出、集会时。学生集中上下楼梯或通过狭窄通道，他们心情急切，或有学生喜欢搞恶作剧，这些都容易导致发生事故。

（2）易发生事故的因素：一是通道狭窄、楼梯，特别是楼梯拐角处狭窄，不能满足学生集中上下的需要；二是照明不足，晚上突然停电或楼道灯光昏暗，没有及时更换损坏的照明设备，也容易造成恐慌和拥挤；三是没有老师值班，无人疏导、组织和维持秩序。

（二）应对措施

（1）发觉拥挤的人群向着自己行走的方向拥来时，应该马上避到一旁，但是不要奔跑，以免摔倒。如果路边可以暂时躲避的地方，可以暂避一时。切记不要逆着人流前进，那样非常容易被推倒在地。若身不由已陷入人群之中，一定要先稳住双脚。切记远离店铺的玻璃窗，以免因玻璃破碎而被扎伤。

（2）遭遇拥挤的人流时，一定不要采用体位前倾或者低重心的姿势，即便鞋子被踩掉，也不要贸然弯腰提鞋或系鞋带。如有可能，抓住一样坚固牢靠的东西，例如路灯柱之类，待人群过去后，迅速镇静地离开现场。已被裹挟至人群中时，要切记和大多数人的前进方面保持一致，不要试图超过别人，更不能逆行，要听从指挥人员口令。

（3）在拥挤的人群中，要时刻保持警惕状态，当发现有人情绪不对，或人群开始骚动时，就要做好保护自己和他人的准备。当发现自己前面有人突然摔倒了，要马上停下脚步，同时大声呼救，告知后面的人不要向前靠近。

（4）脚下要敏感些，千万不能被绊倒，避免自己成为拥挤踩踏事件的诱发因素。若被推倒，要设法靠近墙壁。如果摔倒后局面失去控制，没有办法站立起来，就应侧身蜷曲，双膝并拢贴于胸前，十指交叉双手扣颈，双臂护头，以保护身体最脆弱的部位。

（5）拥挤踩踏事故发生后，一方面赶快报警，等待救援，另一方面，在医务人员到达现场前，要抓紧时间用科学的方法开展自救和互救。当发现伤者呼吸、心跳停止时，要赶快做人工呼吸，辅之以胸外按压。

七、汽车落水求生

现在汽车越来越多，大学生自驾外出旅游的机会也增多，一旦汽车落入水中，如果不掌握一些逃生技能，就会威胁到生命安全（当然，水流湍急会加快这个过程）。在此情况下，车内人员要想方设法逃离汽车。大量事实说明，汽车落水后，通常会有1～2分钟会暂时浮在水面上，到车内空气大部分被进入的水替代之前，车内人员完全有足够的时间来自救的，最重要的是保持冷静，评估形势，然后用适当的方法逃生。

（1）迅速解开安全带。汽车落水后，车内的人不要惊慌，应保持头脑清醒。第一件事情是解开安全带，迅速辨明自己所处的位置，确定逃生的路线方案。刚落水时，车内还没有完全进水，这时，始终要将口鼻保持在水面之上，保证呼吸很重要，哪怕只有一点点空间，都会为救援赢得时间。

（2）开启电动门锁。解开安全带后，另一件要做的事情就是尽快把电动门锁放置到开启的状态，防止水的入侵导致电路短路而打不开车门。如果汽车是在车窗关闭的情况下落水的，落水后首先要做的事情不是打开车门，因为外部水的压力非常大，这时是很难打开车门的。等待水从车的缝隙中慢慢涌入，车内外的水压保持平衡后，立即打开车门逃生。

（3）砸窗离开车辆。如果车门打不开，并且车窗在准备逃生时也难以打开，一定要把车玻璃砸开，这样才有逃生的希望。应选用尖嘴槌、高跟鞋或类似物品猛砸车辆侧窗。如果汽车有天窗的话，也可以选择砸碎或推开天窗逃生，特别是在车辆未沉没的时候，从天窗逃生是最好的路径。

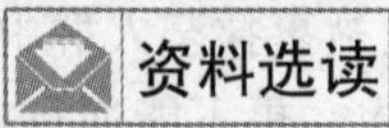

表 9—1　　近年学校踩踏事故

发生年份	2002 年	2003 年	2003 年	2004 年	2005 年	2006 年	2009 年
具体时间	9 月 23 日 18 时 50 分	1 月 5 日 18 时许	12 月 11 日 20 时左右	3 月 11 日早 8 时许	10 月 25 日 20 时许	11 月 18 日 20 时 30 分左右	12 月 7 日 21 时 30 分许
发生学校	乌兰察布盟丰镇市第二中学	宝鸡县虢镇初级中学	邯郸市成安县商城镇中学	运城市临猗县孙吉中学	巴中市通江县广纳镇中心小学	九江市都昌县土塘中学	湘潭市湘乡市育才中学
发生地点	教学楼楼道	教学楼楼道	教学楼楼道	女生公寓楼	教学楼楼道	教学楼楼道	教学楼楼道
导致后果	死亡 21 人（7 男 14 女）、伤 47 人，其中 6 人重伤	3 名学生死亡，6 名学生重伤，13 名学生轻伤	5 名学生死亡，15 名学生受伤，其中有 4 名学生伤势较重	2 名女学生当场身亡，15 名女学生被挤伤、踩伤	8 名学生死亡（6 男 2 女），45 名学生受伤	6 名学生死亡（5 男 1 女），11 名学生重伤	8 人死亡（7 男 1 女），26 人受伤

资料来源：http：//www.chinarm.cn/。

第二节　消防安全

大学生群体活跃，有些大学生平时对自己的行为约束不够，很容易因疏忽或违章操作酿成火灾事故，所以要注重平时法律法规的学习，养成良好的习惯，尽最大程度降低不安全事件，特别是火灾发生的概率。

一、消防法律法规介绍

（一）《中华人民共和国消防法》的有关规定

为了预防火灾和减少火灾危害，保护公民人身、公共财产和公民财产的安全，维护公共安全，保障社会主义现代化建设的顺利进行，制定本法。

任何单位、个人都有维护消防安全、保护消防设施、预防火灾、报告火警的义务。任何单位、成年公民都有参加有组织的灭火工作的义务。

举办大型集会、焰火晚会、灯会等群众性活动，具有火灾危险的，主办单位应当制定灭火和应急疏散预案，落实消防安全措施，并向公安消防机构申报，经公安消防机构对活动现场进行消防安全检查合格后，方可举办。

电器产品、燃气用具的质量必须符合国家标准或者行业标准。电器产品、燃气用具的安装、使用和线路、管路的设计、敷设，必须符合国家有关消防安全技术规定。

任何单位、个人不得损坏或者擅自挪用、拆除、停用消防设施、器材，不得埋压、圈占消火栓，不得占用防火间距，不得堵塞消防通道。

公安消防机构的工作人员在进行监督检查时，应当出示证件。

公安消防机构发现火灾隐患，应当及时通知有关单位或者个人采取措施，限期消除隐患。

任何人发现火灾时，都应当立即报警。任何单位、个人都应当无偿为报警提供便利，不得阻拦报警。严禁谎报火警。

公共场所发生火灾时，该公共场所的现场工作人员有组织、引导在场群众疏散的义务。

(二)《高等学校消防安全管理规定》的有关规定

为了加强和规范高等学校的消防安全管理，预防和减少火灾危害，保障师生员工生命财产和学校财产安全，根据消防法、高等教育法等法律、法规，中华人民共和国教育部制定本规定。

消防安全教育和培训的主要内容包括：国家消防工作方针、政策，消防法律、法规；本单位、本岗位的火灾危险性，火灾预防知识和措施；有关消防设施的性能、灭火器材的使用方法；报火警、扑救初起火灾和自救互救技能；组织、引导在场人员疏散的方法。

学校应当采取下列措施对学生进行消防安全教育，使其了解防火、灭火知识，掌握报警、扑救初起火灾和自救、逃生方法：开展学生自救、逃生等防火安全常识的模拟演练，每学年至少组织一次学生消防演练；根据消防安全教育的需要，将消防安全知识纳入教学和培训内容；对每届新生进行不低于4学时的消防安全教育和培训；对进入实验室的学生进行必要的安全技能和操作规程培训；每学年至少举办一次消防安全专题讲座，并在校园网络、广播、校内报刊开设消防安全教育栏目。

学校实验室应当有针对性地制定突发事件应急处置预案，并将应急处置预案涉及的生物、化学及易燃易爆物品的种类、性质、数量、危险性和应对措施及处置药品的名称、产地和储备等内容报学校消防机构备案。

学生宿舍、教室和礼堂等人员密集场所，禁止违规使用大功率电器，在门窗、阳台等部位不得设置影响逃生和灭火救援的障碍物。

学校各单位和师生员工应当依法履行保护消防设施、预防火灾、报告火警和扑救初起火灾等维护消防安全的义务。

在学校内举办文艺、体育、集会、招生和就业咨询等大型活动和展览，主办单位应当确定专人负责消防安全工作，明确并落实消防安全职责和措施，保证消防设施和消防器材配置齐全、完好有效，保证疏散通道、安全出口、疏散指示标志、应急照明和消防车通道符合消防技术标准和管理规定，制定灭火和应急疏散预案并组织演练，并经学校消防机构对活动现场检查合格后方可举办。

校内消防安全重点单位应当按照灭火和应急疏散预案每半年至少组织一次消防演练，并结合实际，不断完善预案。

消防演练应当设置明显标志并事先告知演练范围内的人员，避免意外事故发生。

开展消防安全教育培训，组织消防演练，普及消防知识，提高师生员工的消防安全意识、扑救初起火灾和自救逃生技能。

定期对志愿消防队等消防组织进行消防知识和灭火技能培训。

（三）《森林防火条例》的有关规定

为有效预防和扑救森林火灾，保护森林资源，促进林业发展，维护自然生态平衡，根据《中华人民共和国森林法》有关规定制定本法。

本条例所称森林防火，是指森林、林木和林地火灾的预防和扑救。

森林防火期内，在林区禁止野外用火；因特殊情况需要用火的，必须严格遵守以下规定：

(1) 进入林区的人员，必须持有当地县级以上林业主管部门或者其授权单位核发的进入林区证明。从事林副业生产的人员，应当在指定的区域内活动，选择安全地点用火。在周围开设防火隔离带，用火后必须彻底熄灭余火。

(2) 进入国营企业、事业单位森林经营区内活动的，必须持有经省级林业主管部门授权的森林经营单位核发的进入林区证明。

(3) 森林防火期内，行驶在林区的旅客列车和公共汽车，司乘人员要对旅客进行防火安全教育，严防旅客丢弃火种。在铁路沿线有引起火灾危险的地段，由森林防火责任单位开设防火隔离带，配备巡护人员，做好巡逻和灭火工作。在林区野外操作机械设备的人员，必须遵守防火安全操作规程，严防失火。

(4) 森林防火戒严期内，在林区严禁一切野外用火，对可能引起森林火灾的机械和居民生活用火，应当严格管理。

(5) 任何单位和个人一旦发现森林火灾，必须立即扑救，并及时向当地人民政府或者森林防火指挥部报告。扑救森林火灾，由当地人民政府或者森林防火指挥部统一组织和指挥。接到扑火命令的单位和个人，必须迅速赶赴指定的地点，投入扑救。扑救森林火灾不得动员残疾人员、孕妇和儿童参加。

二、学校消防安全重点单位（部位）

根据《高等学校消防安全管理规定》，学校应当将下列单位（部位）列为学校消防安全重点单位（部位）：

（1）学生宿舍、食堂（餐厅）、教学楼、校医院、体育场（馆）、会堂（会议中心）、超市（市场）、宾馆（招待所）、托儿所、幼儿园以及其他文体活动、公共娱乐等人员密集场所；

（2）学校网络、广播电台、电视台等传媒部门和驻校内邮政、通信、金融等单位；

（3）车库、油库、加油站等部位；

（4）图书馆、展览馆、档案馆、博物馆、文物古建筑；

（5）供水、供电、供气、供热等系统；

（6）易燃易爆等危险化学物品的生产、充装、储存、供应、使用部门；

（7）实验室、计算机房、电化教学中心和承担国家重点科研项目或配备有先进精密仪器设备的部位，监控中心、消防控制中心；

（8）学校保密要害部门及部位；

（9）高层建筑及地下室、半地下室；

（10）建设工程的施工现场以及有人员居住的临时性建筑；

（11）其他发生火灾可能性较大以及一旦发生火灾可能造成重大人身伤亡或者财产损失的单位（部位）。

三、学校防火事项

学校是人员密集型的场所，极易发生群死群伤的火灾事故，因而防火是重点工作。火灾是不可避免但可以预防的。学校防火工作有其特殊性，其防火工作要点可归纳为以下几点：

（1）加大防火安全知识宣传教育力度，营造安全防火的良好氛围，学校教职员工、学生和进入教学区、生活区的人员应自觉遵守防火安全管理规定。

（2）不在教学和生活区随意焚烧树叶、垃圾等可燃易燃物品，因工作需要用火时，须遵守用火审批、管理制度，不得随意动火，并要配备必要的灭火器材。

（3）强化实验室管理，教育学生遵守实验操作规程，严格按照规定使用、管理、销毁易燃易爆的实验用化学危险品。

（4）教育学生在宿舍生活区遵规守纪，不得乱拉临时线，不得乱设临时插座，不得使用电炉、电热水器等电热器具；不得存放、使用酒精、汽油等易燃易爆危险品，不得卧床吸烟，不在熄灯后使用蜡烛、打火机照明；不得在疏散通道内堆放物品和烧水做饭，自觉维护走道内的消防设施。

（5）教职员工和学生应学习掌握基本的火场逃生知识和技能，学会正确使用各种消防器材，学会正确拨打火警电话，正确报知火警情况。

四、灭火器及其使用

（一）手提式干粉灭火器

手提式干粉灭火器适用于易燃、可燃液体、气体及带电设备的初起火灾以及固体类物质的初起火灾，但不能扑救金属燃烧火灾。灭火时，可手提或肩扛灭火器快速奔赴火场，在距燃烧处 5 米左右，放下灭火器。如在室外，应选择在上风方向喷射。操作者应一只手紧握喷枪，另一只手提起储气瓶上的开启提环。

（二）手提式泡沫灭火器

手提式泡沫灭火器适用于扑灭油制品、油脂等火灾，不能扑救 B 类火灾中的水溶性可燃、易燃液体如醇、酯、醚、酮等物质火灾，不能扑救带电设备火灾。使用时手提筒体上部的提环，注意不得使灭火器过分倾斜，更不可横拿或颠倒，当距离着火点 10 米左右，即可将筒体颠倒过来，一只手紧握提环，另一只手扶住筒体的底圈，将射流对准燃烧物。使用时，灭火器应始终保持倒置状态，否则会中断喷射。

（三）空气泡沫灭火器

空气泡沫灭火器适用范围基本上与手提式泡沫灭火器相同。使用时可手提或肩扛迅速奔到火场，在距燃烧物 6 米左右，拔出保险销，一只手握住开启压把，另一只手紧握喷枪，用力捏紧开启压把，打开密封或刺穿储气瓶密封片，空气泡沫即可从喷枪口喷出。空气泡沫灭火器使用时，应使灭火器始终保持直立状态、切勿颠倒或横卧使用，同时应一直紧握开启压把，不能松手，否则也会中断喷射。空气泡沫灭火器还能扑救水溶性易燃、可燃液体的火灾如醇、醚、酮等溶剂燃烧的初起火灾。

（四）酸碱灭火器

酸碱灭火器适用于扑救木、织物、纸张等燃烧的火灾。它不能用于扑救可燃性气体或轻金属火灾，也不能用于带电物体火灾的扑救。使用时应手提筒体上部提环，不能将灭火器扛在背上，也不能过分倾斜，以防两种药液混合而提前喷射。在距离燃烧物 6 米左右，即可将灭火器颠倒过来，并摇晃几次；一只手握住提环，另一只手抓住筒体下的底圈将喷出的射流对准燃烧最猛烈处喷射。

（五）二氧化碳灭火器

二氧化碳灭火器灭火时不会因留下任何痕迹使物品损坏，因此可以用来扑灭书籍、档案、贵重设备和精密仪器等燃烧引起的火灾。灭火时只要将灭火器提到或扛到火场，在距燃烧物 5 米左右，放下灭火器拔出保险销，一只手握住喇叭筒根部的手柄，另一只手紧握启闭阀的压把。使用时要注意，不能直接用手抓住喇叭筒外壁或金属连线管，防止手被冻伤。

五、大学生引发火灾的原因

(1) 电气安装不当或电器使用不当。违规安装、使用电器造成故障；用铜丝、铁丝代替保险丝，致使电路发生故障时不能起保护作用；过多使用电器用具，造成超负荷而发热；电热器或白炽灯泡与可燃物距离过小，烤燃可燃物；忘记关闭电热器具的电源开关，时间过长烤燃可燃物；电热器具使用不当；使用假冒伪劣电子产品、充电器。

（2）用火不慎。在宿舍使用蜡烛，火源靠近可燃物；做饭时无人看管，如饭锅烧干、油锅烧着不慎失火。

（3）违规存放使用酒精等可燃性有机溶剂。

（4）在室外烧烤食物或在可燃物附近燃放烟花爆竹。

（5）躺在床上吸烟。酒后或睡着后烟头掉落在被褥上；随意扔烟头。

（6）违规操作化学和物理实验，引发爆炸或燃烧。

六、身上着火应对

大学生身上着火后千万不能跑，越跑火就越旺。这是因为人一跑加快了空气对流而促进燃烧，火势会更加猛烈，还将火种带到别的地方，有可能扩大火势，这是很危险的。正确的应对办法如下：

（1）立刻先把衣服脱掉，用脚踩灭或浸入水中。女生一定要克服羞涩心理，须知生命最重要。

（2）如果火势太猛来不及脱衣服，也可以倒在地上打滚，把身上的火苗压灭。

（3）如果烧伤面积不大可以跳入附近的水池或水塘，太大则不能跳入水中，以防感染。

（4）忌用灭火器直接向着火人身上喷射，因为多数灭火器的药剂会使烧伤的创口感染。

资料选读

广东西餐厅26人死于大火

（广州讯）广东中山市坦洲镇一西餐厅某晚11时许发生火灾，造成26人死亡，11人受伤。

初步调查发现，出事的檀岛西餐厅在内部非法经营酒吧，导致发生严重火灾。

有报道说，火灾发生时酒吧内有100多人，死者大部分是酒吧的消费者，伤者主要是进去参与抢救的人员。

据新华网报道，事发后酒吧内部设施被烧得面目全非，里面空间狭窄，走道和楼梯到处是逃生者扔下的衣物，房间里没有通风、防毒面具等消防设施，只有一个很小的门进出，也没有逃生指南标识。

由于西餐厅经营者缺乏消防安全意识，无证经营，餐厅面积本来不大，经营者又加建了夹层，致使现场十分拥挤，火灾发生后无处逃生，导致伤亡惨重。

资料来源：http：//news. memail. net/。

第三节　电险排除

大学生由于学习和娱乐需要，身边的电子产品越来越多，大学生要知晓日常安全用电知识，尤其要学会排除用电险情，当发生危险的时候，能够正确应对。

一、了解安全用电常识，防止触电

(1) 任何情况下严禁取用铜、铁丝代替保险丝。保险丝的大小一定要与用电容量匹配。更换保险丝时要拔下瓷盒盖更换，不得直接在瓷盒内搭接保险丝，不得在带电（未关闭刀闸）情况下更换保险丝。烧断保险丝或漏电开关动作后，必须查明原因才能再合上开关电源。任何情况下不得用导线将保险短接或者压住漏电开关跳闸机构强行送电。

(2) 接地线不得接在自来水管上；不得接在煤气管上；不得接在电话线的地线上；也不得接在避雷线的引下线上。

(3) 所有的开关、刀闸、保险盒都必须有盖。胶木盖板老化、残缺不全者必须更换。脏污受潮者必须停电，待擦抹干净后才能使用。

(4) 电源线不要拖放在地面上，以防电源线绊人，并防止损坏绝缘。

(5) 禁止用湿手接触带电的开关；禁止用湿手拔、插电源插头；禁止在拔、插电源插头时用手指接触触头的金属部分；禁止用湿手更换电气元件或灯泡。

(6) 紧急情况需要切断电源导线时，必须用绝缘电工钳或带绝缘手柄的刀具。

(7) 除电热毯外，不要把带电的电气设备引上床，靠近睡眠的人体。即使使用电热毯，如果没有必要整夜通电保暖，也建议发热后断电使用，以保安全。

(8) 对室内配线和电气设备要定期进行绝缘检查，发现破损要及时用电工胶布包缠。

(9) 家用电器通电后发现冒火花、冒烟或有烧焦味等异常情况时，应立即停机并切断电源，进行检查。

(10) 购买电器时应认真查看产品说明书的技术参数是否符合本地用电要求；要清楚耗电功率多少，已有的供电能力是否满足要求，特别是配线容量、插头、插座、保险丝具、电表是否满足要求，如不能满足家用电器容量要求时，应予更换改造，严禁凑合使用；靠接地作漏电保护的，则接地线必不可少；要注意电器的耐热水平和散热条件。

(11) 凡要求有保护接地或保安接零的家用电器，都应采用三脚插头和三眼插座，不得用双脚插头和双眼插座代用。必须有接头时应接触牢固并用绝缘胶布缠绕，或者用瓷接线盒，绝不能用医用胶布代替电工胶布包扎接头。

(12) 禁止用拖导线的方法来移动家用电器；禁止用拖导线的方法来拔插头。移动家用电器时一定要切断电源，以防触电。

(13) 发热电器周围必须远离易燃物料。电炉子、取暖炉、电熨斗等发热电器不得直接搁在木板上，以免引起火灾。

(14) 电器损坏后要请专业人员修理或送修理店修理；严禁非专业人员在带电情况下打开家用电器外壳。

(15) 在雷雨时，不可走近高压电杆、铁塔、避雷针的接地线和接地体周围，以免因跨步电压而造成触电。

(16) 无论是集体或个人，需要拉接临时电线时，都必须经供电局同意，由电工安装，禁止私拉乱接临时电线。临时电线要采用橡皮绝缘线，离地面不低于2.5米，并且要有专人管理，用过后要及时拆除。

二、发生触电事故的主要原因

统计资料表明，发生触电事故的主要原因有以下几种。

(一) 缺乏常识

缺乏电气知识，如爬上高压电杆掏鸟巢，在高压线附近放风筝；低压架空线路断线后不停电用手去拾火线；黑夜带电接线手摸带电体；用手摸破损的胶盖刀闸。

(二) 带电操作

违反操作规程，带电连接线路或电气设备而又未采取必要的安全措施；触及破坏的设备或导线；误登带电设备；带电接照明灯具；带电修理电动工具；带电移动电气设备；用湿手拧灯泡等。

(三) 设备失修

大风刮断线路或刮倒电杆未及时修理；胶盖刀闸的胶木损坏未及时更改；电动机导线破损未及时修补，使外壳长期带电；瓷瓶破坏，使相线与拉线短接，设备外壳带电。

(四) 其他偶然原因

行走触碰断落在地面的带电导线；设备安全距离不够，接地线不合格或接地线断开，绝缘破坏导线裸露在外等。

三、发生触电时应采取的救护措施

实验研究和统计表明，如果从触电后1分钟开始救治，则90%可以救活；如果从触电后 6 分钟开始抢救，则仅有 10%的救活机会；而从触电后 12 分钟开始抢救，则救活的可能性极小。因此当发现有人触电时，应争分夺秒对其进行救护。

(1) 要使触电者迅速脱离电源，应立即拉下电源开关或拔掉电源插头，若无法及时找到或断开电源时，可用干燥的竹竿、木棒等绝缘物挑开电线。

(2) 将脱离电源的触电者迅速移至通风干燥处仰卧，将其上衣和裤带放松，观察触电者有无呼吸，摸一摸颈动脉有无搏动。

(3) 检查触电者的口腔，清理口腔的黏液，如有假牙，则取下。立即就地进行抢救，如呼吸停止，采用口对口人工呼吸法抢救，若触电者呼吸及心跳均停止时，应做人工呼吸和胸外按压，即实施心肺复苏法抢救，另要及时打电话呼叫救护车。

(4) 向领导报告，并请医护人员前来抢救。

四、人体触电方式

人体触电方式，主要分为三种：单相触电、两相触电、跨步电压触电。

单相触电是指人在地面或其他接地体上，人体的某一部位触及一相带电体时的触电。

两相触电是指人体两处同时触及两相带电体时的触电。

跨步电压触电是指人进入接地电流的散流场时的触电。由于散流场内地面上的电位分布不均匀，人的两脚间电位不同，形成跨步电压。

五、电气火灾的灭火措施

电气火灾有两个显著特点：一是着火的电气设备可能带电，扑灭火灾时，若不注意，可能发生触电事故；二是有些电气设备充有大量的油，会造成火势蔓延，扩大火灾范围。因此，扑灭电气火灾必须根据其特点，采取适当措施进行扑救。

(一) 切断电源以防触电

遇到电险，大学生在切断电源时应注意下列事项：

(1) 对电压在 250V 以下的电源，可穿戴绝缘手套，用绝缘电剪将电线剪断。切断电源时应使用绝缘工具，拉闸时应使用可靠的绝缘工具，防止操作中发生触电事故。

(2) 对于高压设备，应先断开断路器，然后拉开隔离开关；对于低压设备，应先断开磁力启动器，然后拉闸，以免引起弧光短路。

(3) 当剪断低压电源导线时，剪断位置应注意避免断线线头下落造成触电伤人或发生接地短路；剪断同一线路的导线时，应错开部位剪断，以免造成人为短路，应尽可能先切断负荷，再切断现场电源。

(4) 在配电室（箱）处切断电源时，面孔应背向闸刀，防止电弧击伤。断电后应指定专人守护，防止不知情者随意合闸通电。

（二）带电灭火安全要求

有时为了争取灭火时间，来不及断电，或因实验需要等其他原因，不允许断电，则需带电灭火。带电灭火需注意以下几点：

(1) 使用气体或干粉灭火器灭火。对规模、范围较小的带电设备或线路火灾，可使用二氧化碳、1211、FM200 或干粉灭火器直接喷射灭火。为确保安全，人体和灭火器必须远离带电设备和线路，以防跨步电压或达到放电间隙而导致触电伤亡。

(2) 用水枪灭火器灭火时宜采用喷雾水枪。该水枪通过水柱泄漏的电流较小，用于带电灭火较安全。

(3) 人体与带电体之间应保持安全距离。用水灭火时，水枪喷嘴至带电体的距离：电压在 110V 以下不小于 3 米，在 220V 以上应不小于 5 米。

六、安全用电的识别标志

要做到安全用电，首先必须要做到对安全用电的标志有一个很清晰的了解。安全用电标志分为颜色标志、图形标志和灯光标志。颜色标志常用来区分不同性质、不同用途的导线或用来表示某种安全程度，图形标志一般用来告诫人们不要去附近危险的场所或不要进行危险的人为操作。

（一）颜色标志

颜色标志用来标志禁止、停止和消防，如信号灯、信号旗、机器上的紧急停机按钮等，都是用红色传递。标志“注意安全”、“危险”之意，如“当心触电！”等使用黄色。标志安全无事，如“可在此工作”、“已接地”等使用绿色。用来标志强制执行，如“必须带安全帽”等使用蓝色。用来标志图像、文字符号和警告标志的几何图形等使用黑色。为便于识别，防止误操作，确保运行和检修人员的安全，采用不同颜色来区别设备特征。如表明电气母线时，A 相为黄色，B 相为绿色，C 相为红色，明敷的接地线涂为黑色。在二次系统中，交流电压回路用黄色，交流电流回路用绿色，信号和警告回路用白色。

（二）图形标志

“危险”、“注意安全”标志，它常常在变压器、电气设备外，同时它也作为雷电标志、“禁止”标志，如不标有红色，表示非专业人员切勿打开机盖，否则有危险。“注意”标志，如电视机侧后部印有，同时附言“如有冒烟、异味、异声等请立即关闭电源”。“接地线”标志表示电器设备为安全起见，应在此处接地线。

此外，电器在箱体外部或机壳侧后部也均标有常识性易懂标志，注明在防火、防潮、防晒、防尘、防压等方面的要求。

（三）灯光标志

红灯：表示“危险”或“用电器正在工作”，如电热器的红灯表示工作，警戒器的红灯表示危险，电器设备重地门前红灯表示“闲人禁地”。

绿灯：表示正常工作或安全用电。

黄灯：危险与正常的临界区标志，如电热器的“恒温”、警戒器的预警等。

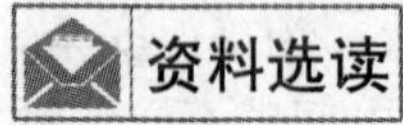

资料选读

电脑着火应急处理法

电脑着火，即使关掉机器，切断总电源，机内的元件仍然很热，并产生烈焰及有毒气体，荧光屏及显像管也有随时爆炸的可能。因此，面对着火的电脑应做下列处置：

(1) 对开始冒烟或着火的电脑，应立即关机或切断总电源，然后用湿毛毯或棉被等厚物品将电脑盖住，这样既能防止毒烟的蔓延，一旦爆炸，也可挡住荧光屏玻璃碎片伤人。

(2) 切忌不要向着火的电脑泼水，或使用任何性质的灭火设备灭火，即使已关机的电脑也是这样，因为温度突降，会使灼热的显像管爆裂。此外，电脑内仍有剩余电流，泼水则可引起触电。

(3) 切记不要在极短的时间内揭起覆盖物观看，即使想看一下燃烧情况，也只能从侧面或后面接近电脑，以防显像管爆炸伤人。

资料来源：http：//www. sd119zyz. cn/。

信息链接

1. 安全资料站（http：//www. cn-safe. cn/）。
2. 中国消防在线（http：//119. china. com. cn/）。
3. 中国消防网（http：//www. china-fire. com/）。
4. 消防人（http：//www. china-fireren. com/）。
5. 中国森林防火网（http：//www. slfh. gov. cn/）。

思考与练习

1. 谈谈如何应对日常生活中遇到的险情。
2. 大学生需要掌握哪些消防知识？
3. 开展小组讨论，谈谈身边发生的关于用电安全事故并总结经验。

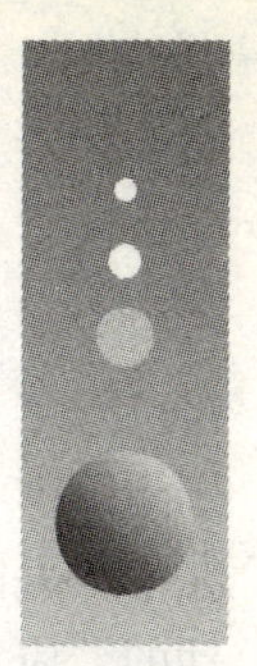

第十章 自然灾害

 内容提示

生存是一种维持生命的艺术，大学生必须正视意外事故，学会如何应对意外事故。本章着重介绍应对气象灾害、地质灾害以及登山、探险、密林寻踪等方面的生存内容。这些内容有助于大学生掌握某一方面的生存技能，更为重要的是要了解各种适用于一切危急情况下的求生技能，以及学会在这些情况下寻求应对突发事件方法的思维方式，这是为未知意外所能做的最好准备。

第一节 气象灾害

随着全球气候持续变暖，出现各类极端天气更加频繁，气象灾害造成的损失和影响不断加重，气象灾害的突发性、反常性、不可预见性日益突出，严重威胁人民群众生命财产安全，给国家和社会造成巨大损失。我国是世界上受自然灾害影响最为严重的国家之一，其中70％以上为气象灾害。我国气象灾害种类多、分布地域广、发生频率高、造成损失重。每年遭遇的气象灾害主要有台风、暴雨(雪)、寒潮、大风、沙尘暴、低温、高温、干旱、雷电、冰雹、霜冻和大雾等。近年来，中国平均每年因气象灾害造成的直接经济损失达1 800多亿元，受重大气象灾害影响的人口达4亿人次，造成的经济损失相当于国内生产总值的1％～3％。

一、气象灾害防御法律法规介绍

(一)《气象灾害防御条例》的有关规定

为了加强气象灾害的防御，避免、减轻气象灾害造成的损失，保障人民生命财产安全，根据《中华人民共和国气象法》，制定了《气象灾害防御条例》。该条例于2010年1月20日国务院第98次常务会议通过，自2010年4月1日起施行。在中华人民共和国领域和中华人民共和国管辖的其他海域内从事气象灾害防御活动的，应当遵守本条例。

该条例所称气象灾害，是指台风、暴雨（雪）、寒潮、大风（沙尘暴）、低温、高温、干旱、雷电、冰雹、霜冻和大雾等所造成的灾害。学校应当把气象灾害防御知识纳入有关课程和课外教育内容，培养和提高学生的气象灾害防范意识和自救互救能力。教育、气象等部门应当对学校开展的气象灾害防御教育进行指导和监督。

我国鼓励开展气象灾害防御的科学技术研究，支持气象灾害防御先进技术的推广和应用，加强国际合作与交流，提高气象灾害防御的科技水平。公民、法人和其他组织有义务参与气象灾害防御工作，在气象灾害发生后开展自救互救。广播、电视、报纸、电信等媒体应当及时、准确地向社会传播气象灾害的发生、发展和应急处置情况。

(二)《防雷减灾管理办法》的有关规定

为了加强雷电灾害防御工作，保护国家利益和人民生命财产安全，维护公共安全，促进经济建设和社会发展，我国制定了《防雷减灾管理办法》。防雷减灾，是指防御和减轻雷电灾害的活动，包括雷电和雷电灾害的研究、监测、预警、防护以及雷电灾害的调查、鉴定和评估等。

防雷减灾工作，实行安全第一、预防为主、防治结合的原则。国务院气象主管机构负责组织管理和指导全国防雷减灾工作。遭受雷电灾害的组织和个人，应当及时向当地气象主管机构报告，并协助当地气象主管机构对雷电灾害进行调查与鉴定。

违反了《防雷减灾管理办法》的规定，有下列行为之一的，由县级以上气象主管机构按照权限责令改正，给予警告，可以处3万元以下罚款；给他人造成损失的，依法承担赔偿责任；构成犯罪的，依法追究刑事责任：涂改、伪造、倒卖、出租、出借、挂靠资质证书、资格证书或者许可文件的；向负责监督检查的机构隐瞒有关情况、提供虚假材料或者拒绝提供反映其活动情况的真实材料的；对重大雷电灾害事故隐瞒不报的。

地方各级气象主管机构在上级气象主管机构和本级人民政府的领导下，负责组织管理本行政区域内的防雷减灾工作。国家鼓励和支持防雷减灾的科学技术研究和开发，推广应用防雷科技研究成果，加强防雷标准化工作，提高防雷技术水平，开展防雷减灾科普宣传，增强全民防雷减灾意识。外国组织和个人在中华人民共和国领域和中华人民共和国管辖的其他海域从事防雷减灾活动，应当经国务院气象主管机构会同有关部门批准，并在当地省级气象主管机构备案，接受当地省级气象主管机构的监督管理。

二、各类气象灾害及其防范

（一）台风的危害及防御

1. 台风影响

台风提供大量淡水资源，起到调温作用、保持热平衡。但是，台风也总是带来各种破坏，具有突发性强、破坏力大的特点。台风的破坏力主要由强风、暴雨和风暴潮三个因素引起，是世界上最严重的自然灾害之一。台风是一个巨大的能量库，其风速都在 17 米/秒以上，甚至在 60 米/秒以上。在如此强大风力的作用下，海上船只很容易被吞没而沉入海底；陆上建筑物也会横遭摧毁，从而引起人员伤亡；农作物可以被一扫而光。

台风暴雨造成的洪涝灾害，是最危险的灾害。台风暴雨强度大，洪水出现频率高，波及范围广，来势凶猛，破坏性极大。洪水不但淹没房屋和人口，造成大量人员伤亡，而且还卷走居住地的一切物品。洪水淹没农田，毁坏作物，导致粮食大幅度减产，从而造成饥荒。洪水还会破坏厂房、通信与交通设施，损毁水利工程，从而造成对国民经济各部门的破坏。洪涝灾害还造成继发性灾害，如滑坡、泥石流、疫病等的出现。强台风的风暴潮能使海水位上升 5～6 米，常冲毁房屋和各类建筑设施，淹没城镇和农田，造成大量人员伤亡和财产损失，还会造成海岸侵蚀，海水倒灌造成土地盐渍化等灾害。

台风经常给社会带来较大灾害，常引起建筑物及设施的破坏和倒塌，并造成车辆的颠覆、失控、无法运行，船舶的流失、沉没，电线杆的折断、损坏，树木、农作物的倒伏和落果，台风带来的强降雨还会引发山洪暴发等。

2. 台风预警信号及防御措施

台风预警信号及防御措施如表 10—1 所示。

表 10—1　　台风预警信号及防御措施

标志	名称	含义	防御指南
蓝 BLUE	台风蓝色预警信号	24 小时内可能受热带低压影响，平均风力可达 6 级以上，或阵风 7 级以上；或者已经受热带低压影响，平均风力为 6～7 级，或阵风 7～8 级并可能持续。	(1) 做好防风准备； (2) 注意有关媒体报道的热带低压最新消息和有关防风通知； (3) 把门窗、围板、棚架、临时搭建物等易被风吹动的搭建物固紧，妥善安置易受热带低压影响的室外物品。

续前表

标志	名称	含义	防御指南
黄 YELLOW	台风黄色预警信号	24 小时内可能受热带风暴影响，平均风力可达 8 级以上，或阵风 9 级以上；或者已经受热带风暴影响，平均风力为 8～9 级，或阵风 9～10 级并可能持续。	(1) 进入防风状态，建议幼儿园、托儿所停课； (2) 关紧门窗，处于危险地带和危房中的居民，以及船舶应到避风场所避风，通知高空、水上等户外作业人员停止作业，危险地带工作人员撤离； (3) 切断霓虹灯招牌及危险的室外电源； (4) 停止露天集体活动，立即疏散人员； (5) 其他同台风蓝色预警信号。
台风 橙 TYPHOON	台风橙色预警信号	12 小时内可能受强热带风暴影响，平均风力可达 10 级以上，或阵风 11 级以上；或者已经受强热带风暴影响，平均风力为 10～11 级，或阵风 11～12 级并可能持续。	(1) 进入紧急防风状态，建议中小学停课； (2) 居民切勿随意外出，确保老人小孩留在家中最安全的地方； (3) 相关应急处置部门和抢险单位加强值班，密切监视灾情，落实应对措施； (4) 停止室内大型集会，立即疏散人员； (5) 加固港口设施，防止船只走锚、搁浅和碰撞； (6) 其他同台风黄色预警信号。
台风 红 TYPHOON	台风红色预警信号	6 小时内可能或者已经受台风影响，平均风力可达 12 级以上，或者已达 12 级以上并可能持续。	(1) 进入特别紧急防风状态，建议停业、停课（除特殊行业）； (2) 人员应尽可能待在防风安全的地方，相关应急处置部门和抢险单位随时准备启动抢险应急方案； (3) 当台风中心经过时风力会减小或静止一段时间，切记强风将会突然吹袭，应继续留在安全处避风； (4) 其他同台风橙色预警信号。

（二）沙尘暴的危害及防治措施

1. 沙尘暴危害

沙尘暴是沙暴和尘暴二者的总称，是指强风把地面大量沙尘卷入空中，使空气特别混浊，水平能见度低于 1 千米的天气现象。我国的沙尘暴多发生在北方地区。总的特点是西北多于东北地区，平原或盆地多于山区，沙漠及边缘多于其他地区。我国沙尘暴的季节和月份变化特点是：春季最多，约占全年总数的一半，夏季次之，秋季最少。

沙尘暴的危害主要有以下几个方面：携带细沙粉尘的强风摧毁建筑物及公用设施，造成人畜伤亡；以风沙流的方式造成农田、渠道、村舍、铁路、草场等被大量流沙掩埋，尤其是对交通运输造成严重威胁；每次沙尘暴的沙尘源和影响区都会受到不同程度的风蚀危害；在沙尘暴源地和影响区，大气中的可吸入颗粒增加，大气污染加剧；沙尘暴天气经常影响交通安全，造成飞机不能正常起飞或降落，使汽车、火车车厢玻璃破损、停运或脱轨。

2. 沙尘暴天气生活避险常识

(1) 居民应尽量减少外出，不宜在室外进行体育运动和休闲活动，如外出应立即停止一切露天集体活动，并将人员疏散到安全的地方躲避。居民应携带口罩或纱巾等防尘用品，以避免风沙对呼吸道和眼睛造成损伤。

(2) 行人骑车要谨慎，应减速慢行。若能见度差，视线不好，应靠路边推行。行人过马路要注意安全，不要贸然横穿马路。

(3) 途中突然遭遇强沙尘暴，行人应寻找安全地点就地躲避。特别是小孩要远离水渠、水沟、水库等，避免落水发生溺水事故。

(4) 如果伴有大风，行人要远离高层建筑、工地、广告牌、老树、枯树等，以免被高空坠落物砸伤。

(5) 风沙天气发生时，呼吸道疾病患者、对风沙比较敏感人员不要到室外活动。近视患者不宜佩戴隐形眼镜，以免引起眼部炎症。

(三) 雷电的危害及防御

1. 雷电成因及危害

当雷雨云过境时，云的中下部带强大负电荷，于是在云与地面间形成强电场。地面凸出物，如高大建筑物尖顶、树木、山顶岩石等尖端附近，这里电场强度极大，空气发生电离，因而形成从地表向大气的尖端瞬间放电，形成雷电。

2. 闪电防护

雷鸣电闪时在室外的人，应当遵从以下几条原则，以减少遭遇雷的机会：

(1) 不要停留在山顶、山脊或建（构）筑物顶部，人体应尽量降低自己，以免作为凸出尖端而被闪电直接击中。

(2) 应立即双脚并拢下蹲，头部向前弯曲，降低自己的高度，人体与地面的接触面要尽量缩小，以防止因“跨步电压”造成伤害。因为雷电流经落雷点会沿着地面逐渐向四周释放能量。此时，行走之中人的前脚和后脚之间就可能因电位差不同，而在两步间产生一定的电压。

(3) 不可到孤立大树下和无避雷装置的高大建筑体附近。不要停留在铁门、铁栅栏、金属晒衣绳、架空金属体以及铁路轨道附近；不要在大树、电线杆、广告牌、各类铁塔底下避雨。

(4) 雷电期间在室内者，不要靠近窗户，尽可能远离电灯、电话、室外天线的引线等；在没有避雷装置的建筑物内，应避免接触烟囱、自来水管、暖气管道、钢柱等。

(5) 不要在水边、游泳池、洼地停留，要迅速到附近干燥的住房中去避雨。不要进水中，因水体导电好，易遭雷击。

(6) 不要拿着金属物品在雷雨中停留（包括带铁杆的雨伞），因为金属物品属于导电物质，在雷雨天气中有时能够起到引雷的作用。随身所带的金属物品，应该暂时放在5米以外的地方。

(7) 雷雨天气时，尽量不要拨打、接听电话，或使用电话上网，应拔掉家用电器的电源；不要在户外接听和拨打手机，因为手机的电磁波也会引雷。

(8) 不要在没有防雷装置或孤立的凉亭、草棚中避雨久留。

(四) 暴雨预警信号及防御

暴雨预警信号分三级，分别以黄色、橙色、红色表示，如表10—2所示。

表10—2　　暴雨预警信号及防御措施

标志	名称	含义	防御指南
黄 YELLOW	暴雨黄色预警信号	6小时降雨量将达50毫米以上，或者已达50毫米以上且降雨可能持续。	(1) 家长、学生、学校要特别关注天气变化，采取防御措施； (2) 收盖露天晾晒物品，相关单位做好低洼、易受淹地区的排水防涝工作； (3) 驾驶人员应注意道路积水和交通阻塞，确保安全； (4) 检查农田、鱼塘排水系统，降低易淹鱼塘水位。
橙 ORANGE	暴雨橙色预警信号	3小时降雨量将达50毫米以上，或者已达50毫米以上且降雨可能持续。	(1) 暂停在空旷地方的户外作业，尽可能停留在室内或者安全场所避雨； (2) 相关应急处置部门和抢险单位加强值班，密切监视灾情，切断低洼地带有危险的室外电源，落实应对措施； (3) 交通管理部门应对积水地区实行交通引导或管制； (4) 转移危险地带以及危房居民到安全场所避雨。
红 RED	暴雨红色预警信号	3小时降雨量将达100毫米以上，或者已达100毫米以上且降雨可能持续。	(1) 人员应留在安全处所，户外人员应立即到安全的地方暂避； (2) 相关应急处置部门和抢险单位随时准备启动抢险应急方案； (3) 已有上学学生和上班人员的学校、幼儿园以及其他有关单位应采取专门的保护措施，处于危险地带的单位应停课、停业，立即转移到安全的地方暂避。

（五）龙卷风防御

龙卷风是一种从强对流积雨区中伸向地面的小范围强烈旋风，同时伴有暴雨、雷电或冰雹。防范龙卷风需要注意以下事项：

（1）躲避龙卷风最安全的地方是地下室或半地下室。如在公共场所，要服从指挥，有秩序地向指定地点疏散。

（2）在室内，务必远离门窗和房屋的外围墙壁。躲到与龙卷风方向相反的墙壁或小房间内抱头蹲下，保护好自己的头部。

（3）在防震性能一般的楼房应立即转移到一楼，并躲在比较坚固的桌子底下或厕所、储物间内。

（4）立刻离开危险房或其他的简易临时住处，到附近比较坚固的房屋内。

（5）如果正驾车行驶在途中，应立即离开汽车，到公路旁的水沟等低尘洼地躲避，不要待在汽车里。

（六）高温预警信号

高温预警信号分两级，分别以橙色、红色表示。干旱地区的省级气象主管机构可根据实际情况制定高温预警标准，报中国气象局预测减灾司审批。

气象部门发布高温橙色预警后，要做到以下几点：

（1）尽量避免午后高温时段的户外活动，对老、弱、病、幼人群提供防暑降温指导，并采取必要的防护措施。

（2）户外或者高温条件下的作业人员应当采取必要的防护措施。

（3）注意作息时间，保证睡眠，必要时准备一些常用的防暑降温药品。

（4）媒体应加强防暑降温保健知识的宣传，各相关部门、单位落实防暑降温保障措施。

高温红色预警信号发布后，大学生白天尽量减少户外活动，停止户外露天作业。

（七）冰雹灾害防御

冰雹预警信号分两级，分别以橙色、红色表示。冰雹橙色预警信号表示 6 小时内可能出现冰雹伴随雷电天气，并可能造成雹灾。红色信号表示 2 小时内出现冰雹可能性极大，并可能造成重雹灾。要做好以下防御工作：

（1）注意天气变化，做好防雹和防雷电准备。

（2）妥善安置易受冰雹影响的室外物品、小汽车等。

（3）老人、小孩不要外出，留在家中。

（4）将家禽、牲畜等赶到带有顶篷的安全场所。

（5）不要进入孤立的棚屋、岗亭等建筑物或大树底下，出现雷电时应当关闭手机。

（6）做好人工消雹的作业准备并伺机进行人工消雹作业。

第二节 地质灾害

我国是世界上地质灾害最为严重的国家之一，崩塌、滑坡、泥石流地面塌陷、地面沉降、地裂缝等种类的地质灾害发生十分频繁，特别是近年来，随着我国国民经济的快速发展，各种资源开发和工程建设活动等人类工程活动的力度也普遍增大，给我国原本十分脆弱的地质环境带来了巨大的压力，由于各种不合理人类工程活动诱发的地质灾害呈现出明显增长的趋势。各类地质灾害平均每年造成上千人死亡，经济损失上百亿元。地质灾害已成为造成我国人员伤亡的主要灾害之一。

一、《地质灾害防治条例》的有关规定

为了防治地质灾害，避免和减轻地质灾害造成的损失，维护人民生命和财产安全，促进经济和社会的可持续发展，2003 年 11 月 24 日，中华人民共和国国务院令第 394 号公布了《地质灾害防治条例》。条例指出：地质灾害，包括自然因素或者人为活动引发的危害人民生命和财产安全的山体崩塌、滑坡、泥石流、地面塌陷、地裂缝、地面沉降等与地质作用有关的灾害。

国家鼓励单位和个人提供地质灾害前兆信息。国家保护地质灾害监测设施。任何单位和个人不得侵占、损毁、损坏地质灾害监测设施。国家实行地质灾害预报制度。预报内容主要包括地质灾害可能发生的时间、地点、成灾范围和影响程度等。

任何单位和个人不得擅自向社会发布地质灾害预报。禁止任何单位和个人伪造、变造、买卖地质灾害危险性评估资质证书。

因救灾需要，临时调用单位和个人的物资、设施、设备或者占用其房屋、土地的，事后应当及时归还；无法归还或者造成损失的，应当给予相应的补偿。

隐瞒、谎报或者授意他人隐瞒、谎报地质灾害灾情，或者擅自发布地质灾害预报的依法追究刑事责任。

二、《中华人民共和国防震减灾法》的有关规定

《中华人民共和国防震减灾法》已由中华人民共和国第十一届全国人民代表大会常务委员会第六次会议于 2008 年 12 月 27 日修订通过，该法对防震减灾规划、地震监测预报、地震灾害预防、地震应急救援、地震灾后过渡性安置和恢复重建、监督管理、法律责任等内容作了详细规定。

(1) 任何单位和个人都有依法参加防震减灾活动的义务。

(2) 国家鼓励、引导社会组织和个人开展地震群测群防活动，对地震进行监测和预防。

(3) 国家鼓励、引导志愿者参加防震减灾活动。

(4) 机关、团体、企业、事业等单位，应当按照所在地人民政府的要求，结合各自实际情况，加强对本单位人员的地震应急知识宣传教育，开展地震应急救援演练。

(5) 学校应当进行地震应急知识教育，组织开展必要的地震应急救援演练，培养学生的安全意识和自救互救能力。

(6) 任何单位和个人对防震减灾活动中的违法行为，有权进行举报。接到举报的人民政府或者有关部门应当进行调查，依法处理，并为举报人保密。

(7) 外国的组织或者个人未经批准，在中华人民共和国领域和中华人民共和国管辖的其他海域从事地震监测活动的，由国务院地震工作主管部门责令停止违法行为，没收监测成果和监测设施，并处 1 万元以上 10 万元以下的罚款；情节严重的，并处 10 万元以上 50 万元以下的罚款。

三、地质灾害的等级

地质灾害按照人员伤亡、经济损失的大小，分为如下四个等级：

(1) 特大型：因灾死亡 30 人以上或者直接经济损失 1 000 万元以上的。

(2) 大型：因灾死亡 10 人以上 30 人以下或者直接经济损失 500 万元以上 1 000万元以下的。

(3) 中型：因灾死亡 3 人以上 10 人以下或者直接经济损失 100 万元以上 500 万元以下的。

(4) 小型：因灾死亡 3 人以下或者直接经济损失 100 万元以下的。

四、地质灾害应对

(一) 地震

1. 地震介绍

地震是地球内部介质局部发生急剧的破裂所产生的震波，在一定范围内引起地面振动的现象，在古代又称为地动。它像海啸、龙卷风、冰冻灾害一样，是地球上经常发生的一种自然灾害。大地振动是地震最直观、最普遍的表现。在海底或滨海地区发生的强烈地震，能引起巨大的波浪，称为海啸。地震是一种普通的自然现象。地球上差不多每天都有地震，平均每年发生 500 万次，其中有感地震 5 万次，7 级以上的大震平均不到 20 次。

地震所引起的地面振动是一种复杂的运动，它是由纵波和横波共同作用的结果。在震中区，纵波使地面上下颠动。横波使地面水平晃动。由于纵波传播速度较快，衰减也较快，横波传播速度较慢，衰减也较慢，因此离震中较远的地方，往往感觉不到上下跳动，但能感到水平晃动。震级是指地震的大小，根据地震仪对地震波所作的记录计算出来的，以地震仪测定的每次地震活动释放的能量多少来确定的。地震越大，震级的数字也越大。

2. 震前征兆

地震发生前自然界会有一些反常的现象：

（1）湖水剧烈荡漾，地下水异常。如井水水位突然升高或降低，水突然变苦或变甜、变色、变混浊或变清，甚至翻旋、冒泡等。

（2）气象异常。地震之前，气象常常出现反常。主要有震前闷热，久旱不雨或霪雨绵绵，黄雾四塞，日光晦暗，怪风狂起，六月冰雹；雨天发生地震，天空火红的云较多。

（3）动物反应异常。如牛、羊、骡、马不进圈，家禽不吃食，大猫衔小猫，鼠蛇出洞，鱼跃水面，蜜蜂群迁，鸽子惊飞等。

（4）出现地声。在地震发生时，常有由远及近的响声，听起来如闷雷滚滚而过，或是如载重车辆疾驶而过，或是如千军万马在地下奔腾。声调越沉闷，说明震级越大。

（5）出现地光。地震前天空往往有发光现象，称地光，较多的是像闪电那样的蓝白色，再就是红色、紫色、白色、橙色、黄色、绿色等。

3. 地震发生时的应对措施

（1）户外避震。就地选择开阔地避震，蹲下或趴下，以免摔倒，双手抱头；不要乱跑，避开人多的地方，不要随便返回室内。避开高大建筑物或构筑物如楼房、有玻璃幕墙的建筑、过街桥、立交桥上下、高烟囱、水塔下等。避开危险物、高耸或悬挂物，如变压器、电线杆、路灯、广告牌、吊车等。

（2）公共场所避震。听从现场工作人员的指挥，不要慌乱，不要拥向出口，要避开人流，避免被挤到墙壁或栅栏处；如正在影剧院、体育馆等公共场所处，应就地蹲下或趴在排椅下，避开吊灯、电扇等悬挂物，双手抱头保护头部，等地震过去后，听从工作人员指挥，有组织地撤离；在商场、书店、展览馆、地铁等处，则选择结实的柜台、商品，在柱子边以及内墙角等处就地蹲下，用手或其他东西护头，注意避开玻璃门窗、柜台，避免高大不稳或摆放易碎品的货架，避开广告牌、吊灯等高耸和悬挂物；如在行驶的车内，抓牢扶手，以免摔倒或碰伤，降低重心，躲在座位附近，等地震过去后再下车。

（3）野外避震。避开山脚、陡崖，以防山崩、滚石、泥石流等；避开陡峭的山坡、山崖，以防地裂、滑坡等。也可躲在结实的障碍物下，或蹲在地沟、坎下。

（4）室内避震。如来不及撤离建筑物，要充分利用建筑物内的避震有利部位，迅速逃往小跨度的厨房、厕所、小房间、墙角，绝不能在窗户、阳台、楼梯、电梯附近停留。

4. 地震后现场施救

地震后施救原则为：先救命，后救伤。先做心脏复苏，把人救活，再进行创伤救治。

创伤现场急救四大技术：止血、包扎、固定、搬运。

伤口包扎：使用的材料有绷带、三角巾，也可就地取材。包扎要求：轻、快、准、牢，先盖后包，不可过紧或在伤口上打结，暴露肢端。

心脏复苏共分八个步骤：判断意识，呼救，摆成侧卧位，打开气道，检查呼吸，口对口吹气，检查脉搏，心脏按压。

以上的包扎和急救知识我们会在以后章节中加以介绍，这里不作赘述。

（二）泥石流和滑坡

1. 泥石流

泥石流是大量泥沙、石块和水的混合体沿沟道或坡面流动的现象。泥石流是一种广泛分布于世界各国一些具有特殊地形、地貌状况地区的自然灾害。泥石流形成的三个基本条件是：丰富的固体物质、足够的水源和陡峻的地形。泥石流大多伴随山区洪水而发生。它与一般洪水的区别是洪流中含有足够数量的泥沙石等固体碎屑物，泥石流因其形成过程复杂，暴发突然，来势凶猛，历时短暂，破坏力大等，常给山区人民生命财产和经济建设造成重大灾害。泥石流的主要危害是冲毁城镇、矿山、乡村，造成人畜伤亡，破坏房屋及其他工程设施，破坏农作物、林木及耕地。此外，泥石流有时也会淤塞河道，引起水灾。

2. 滑坡

滑坡是指斜坡上的土体或者岩体，受河流冲刷、地下水活动、地震及人工切坡等因素影响，在重力作用下，沿着一定的软弱面或者软弱带，整体或者分散地顺坡向下滑动的自然现象。产生滑坡的主要条件：一是地质条件与地貌条件：岩土类型、地质构造条件、地形地貌条件、地下水活动等水文地质；二是内外引力和人为作用的影响：地壳运动的地区和人类工程活动的频繁地区是滑坡多发区。外界因素和作用，可以使产生滑坡的基本条件发生变化，从而诱发滑坡。主要的诱发因素有：地震、降雨、融雪、地表水的冲刷、浸泡；不合理的人类工程活动，如开挖坡脚、堆载、爆破、水库蓄（泄）水、矿山开采等，还有如海啸、风暴潮、冻融等作用也可诱发滑坡。

3. 山体滑坡应对

当大学生外出不幸遭遇山体滑坡时，首先要沉着冷静，不要慌乱，然后采取必要措施迅速撤离到安全地点或采取措施保护自己。

（1）迅速撤离到安全的避难场地。千万不要将避灾场地选择在滑坡的上坡或下坡，应选择在易滑坡两侧边界外围，遇到山体崩滑时要朝垂直于滚石前进的方向跑，切忌不要在逃离时朝着滑坡方向跑。

（2）在室内跑不出去时应躲在卫生间或坚实的障碍物下，注意保护好头部，可利用身边的衣物、被子裹住头部。

（3）在野外遇到山体崩滑，当你无法继续逃离时，应迅速抱住身边的树木等固定物体。可躲避在结实的障碍物下，或蹲在地坎、地沟里。

（4）野营时避开陡峭的悬崖和沟壑，避开植被稀少的山坡，一定要远离滑坡多发区。

4. 遭遇泥石流的避险措施

大学生出行前一定要了解目的地的天气状况。前往山区沟谷旅游，事先要了解当地的近期天气实况和未来数日的天气预报及地质灾害气象预报，尽量避免大雨天或连续阴雨天前往景区旅游。大学生如果在外出途中遇上泥石流，一定不要惊慌，必须遵循规律，采取以下应急避险措施。

(1) 一旦遭遇大雨，要迅速转移到附近安全的高地，不要在谷底过多停留，离山谷越远越好。

(2) 特别留意是否听到山谷传来的轰鸣声响，如听到要高度警惕，这很可能是泥石流将至的征兆。

(3) 要选择平整开阔的高地作为营地，尽可能避开有滚石和大量堆积物的山坡下面，不要在山谷和河沟底部扎营，不要停留在坡度大、土层厚的凹处。

(4) 长时间降雨或暴雨渐小之后或雨刚停不能马上返回危险区，泥石流常滞后于降雨暴发。

(5) 发现泥石流后，选择最短最安全的路径向沟谷两侧山坡或高地跑，切忌顺着泥石流前进方向奔跑。

(6) 不要上树躲避，因泥石流可扫除沿途一切障碍，不要躲在陡峻山体下，防止坡面泥石流或崩塌的发生。

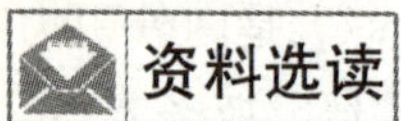

滑坡和泥石流的识别

一、滑坡的识别

滑坡的地形地貌依据：当斜坡上发育有圈椅状、马蹄状地形或多级不正常的台坎，其形状与周围斜坡明显不协调；斜坡上部存在洼地，下部坡脚较两侧更多地伸入河床；两条沟谷的源头在斜坡上部转向并汇合，上述地貌现象说明，这些地段可能曾经发生过滑坡。斜坡上有明显的裂缝，裂缝在近期有加长、加宽现象；坡体上的房屋出现了开裂、倾斜；坡脚有泥土挤出、垮塌频繁，上述地貌现象可能是滑坡正在形成的依据。

滑坡的地层依据：曾经发生过滑坡的地段，其岩层或土体的类型、产状往往与周围未滑动斜坡有着明显的差异。与未滑动过的坡段相比，滑动过的岩层或土体通常层序上比较凌乱，结构上比较疏松。

滑坡的地下水依据：滑坡会破坏原始斜坡含水层的统一性，造成地下水流动路径、排泄地点的改变。当发现局部斜坡与整段斜坡上的泉水点、渗水带分布状况不协调，短时间内出现许多泉水或原有泉水突然干涸等情况时，可以结合其他证据判断是否有滑坡正在形成。

滑坡的植被依据：斜坡表面树木东倒西歪，一般是斜坡曾经发生过剧烈滑动的表现；而斜坡表面树木主干朝坡下弯曲、主干上部保持垂直生长，一般是斜坡长时间缓慢滑动的结果。

滑坡景观如图10—1所示。

图10—1　滑坡景观示意图

二、泥石流的识别

泥石流的物源依据：泥石流的形成，必须有一定量的松散土、石参与。所以，沟谷两侧山体破碎、疏散物质数量较多，沟谷两边滑坡、垮塌现象明显，植被不发育，水土流失、坡面侵蚀作用强烈的沟谷，易发生泥石流。

泥石流的地形地貌依据：能够汇集较大水量、保持较高水流速度的沟谷，才能容纳、搬运大量的土、石。沟谷上游三面环山、山坡陡峻，沟域平面形态呈漏斗状、勺状、树叶状，中游山谷狭窄、下游沟口地势开阔，沟谷上、下游高差大于300米，沟谷两侧斜坡坡度大于25度的地形条件，有利于泥石流形成。

泥石流的水源依据：水为泥石流的形成提供了动力条件。局地暴雨多发区域，有溃坝危险的水库、塘坝下游，冰雪季节性消融区，具备在短时间内产生大量流水的条件，有利于泥石流的形成。其中，局地性暴雨多发区，泥石流发生频率最高。

如果一条沟在物源、地形、水源三个方面都有利于泥石流的形成，这条沟就一定是泥石流沟。但泥石流发生频率、规模大小、黏稠程度，会随着上述因素的变化而发生变化。已经发生过泥石流的沟谷，今后仍有发生泥石流的危险。泥石流的景观如图10—2所示。

图10—2　泥石流景观示意图

资料来源：http：//www.anquan.com.cn/。

五、灾难心理干预

面对突如其来的灾难，人在没有任何心理准备的情况下遭受打击，目睹死亡和毁灭，会造成焦虑、紧张、恐惧等急性心理创伤，甚至留下无法弥补的长久心理伤害。大学生要了解一些救灾避灾的心理知识，增强应对能力。

（一）灾后心理反应

人通常在遭遇灾难后会经历一系列心理反应，以下是一些较为普遍的反应：

(1) 兴奋或生气；自责或责备他人，拒绝与他人沟通，拒绝他人帮助。

(2) 情绪不稳，伴有头部或胸部疼痛，拉肚子、胃疼、恶心。

(3) 惧怕回忆，极度活跃，常做噩梦，难以集中精神，或感到头晕、麻木或不知所措。

(4) 失眠、抑郁，大量饮酒和服用药物，感觉无助。

(5) 疲劳、无记忆力或记忆力减退。

（二）应对措施

(1) 尽快恢复日常的生活状态是最重要的，正常学习、工作可以冲散人们对痛苦的记忆。

(2) 保证营养与休息。保证睡眠与休息，保证基本饮食供应，食物和营养是战胜疾病创伤和康复的保证。

(3) 不要隐藏感觉，试着把情绪说出来，并且让家人一同分担悲痛；与家人和朋友聚在一起，有任何的需要，一定要向亲友及相关人员表达。

(4) 诉说是帮助减轻痛苦的重要途径：一是不要因为不好意思或有所忌讳而逃避与别人谈论自己的痛苦，二是不要阻止亲友对伤痛的诉说，让他们说出自己的痛苦。

(5) 伤痛会停留一段时间，这是正常的现象，勉强自己去遗忘痛苦会产生不利影响，更好的方式是与我们的朋友和家人一起去分担痛苦。

第三节　野外生存

野外生存活动作为一种户外运动，已在一些较发达国家开展了很长时间，在欧、美、澳等国家，以及日本等高校都很普及。要知道，大学生只靠勇猛去探险是绝对不够的，应该从医疗、工具制造、寻找食物和水、搭建避身场所、辨别方向、发信号等技能各个方面了解野外生存知识，从而达到在各种压力和危险面前都能够从容应对。

一、寻找藏身之所

由于意外受伤、迷路离群或因气候恶劣而掉队，最后孤身一人被困在野外后，首先想到的是怎么过夜，其次是怎样告诉别人。无论被困在何方，首先应该找到一个躲避危险、风雨以及寒暑的临时栖身之地。但选择藏身场所要避开山崩和雪崩的险地，须防雷暴、电击。

夏日选择藏身之所，应选通风背阳之处，如突出的岩石下，夜间要注意防风寒和驱蚊虫。冬天应选择干燥向阳的地方，如向阳背风的岩石、洞穴、树林或矮树丛。在雪地，可掘2～3米深的雪洞藏身。雪洞要保留两个通气孔，洞内要做一个坐台，人藏在里面绝不要睡着，否则会冻坏；洞口应用雪封上，洞外要做出能让人产生疑问或猜想的记号，以引起别人好奇而达到获救的目的。

二、寻找食物和水

在条件比较恶劣的野外环境下，能否保证充足的食物来源是生存的必要前提。如果长时间被困，不一定能立刻找到可食用的东西，所以，要节约身上带的食物，以便应付最差的情况。

（一）辨别植物是否有毒

切下植物一小部分，用鼻子闻一闻，如果有令人厌恶的苦杏仁或桃树皮气味或者稍稍挤出一些汁液滴在体表的敏感部位，如肘部与腋下之间的前上臂，如果感觉有所不适，起疹或者肿胀，就放弃此种植物。如果皮肤感觉无任何不适，每种尝试材料只需取少量，按照触动唇部、触动口角、舌尖舔尝、舌根舔尝、咀嚼一小块植物顺序进行辨别。前四个步骤之间至少要间隔5秒钟，以便观察有无不适反应。如果任何一步出现不适症状，如喉咙痛痒、刺激感、火辣辣的疼痛等，尽快扔掉它，如无则进行下一步。如前四个步骤没有不适，则吞咽一小口，耐心等待5小时，其间不要饮食任何食物。如果没有发生如口部疼痛、不停打嗝儿、恶心、发虚、胃痛、下腹绞痛以及任何不适症状，就可以认为这种植物是安全可食的。

在野外分清野菜可不可以食用很重要。可以食用的野菜和果实有：蒲公英、荠菜、大蓟、山莴苣、蕨菜、野慈姑、淡竹叶、鸭拓草、天门东、鱼腥草、木莲、野葱、酸汤菜、火炭母草、羊蹄、夏枯草、野苋、马齿苋、虎耳草、细本山葡萄、荇菜、莼菜、车前草、忍冬、龙须菜、黄鹤菜、野薄荷、松子、海嵩子。

有毒的植物：毒芹、天南星（蛇玉米）、狼毒草、老公银、野生地、红心灰菜、曲菜娘子、苍耳子曼陀罗（山茄子）、毛茛（猴蒜）、牛舌根子、石蒜（野大葱）。

（二）可食用植物介绍

1. 白芥菜

高达60厘米，茎多毛，有斑纹，深裂片叶子，苍白、黄色的小花，生长在欧洲各地。嫩叶和花均可生吃，煮熟后整株都可食用。挑选嫩的备用。

2. 马齿苋

一至两年生草本，茎具多数分枝，匍匐地面，全株肉质性。分布在向阳的地方以及河边，有时也成片长在野外路边、屋顶上。幼苗以沸水烫熟，即可以炒食或拌调味料吃，茎叶蒸熟后可以拌蚝油、豆瓣酱等食用，也可以腌渍成咸菜；其茎叶煎水服，可以治疗痢疾；鲜品捣烂，可外敷疮疖、肿毒等。

3. 芦苇

高达4米，灰绿色叶子，高杆，顶端生有絮状花序，棕色或略带紫色。广泛生长在淡水的浅水中。芦根可食用，剖开后可榨出富含糖分的黏液。

4. 开花灯心草

高可达1.5米，带状三角形长叶，基生。花茎的顶端长有粉红色的三瓣花。广泛生长在欧亚大陆的淡水流域。剥皮后，块根可煮熟食用。

5. 蒲公英

几乎随处可见，在不同地区其形状可能会有所不同。顶端生黄橙色的花头，莲座形叶丛。嫩叶可以生吃。老叶沸煮，换掉锅中的水去除苦涩味后也可食用。根既可煮也可烤，类似咖啡。蒲公英的汁液富含维生素和矿物质。

6. 艾菊

高达90厘米，羽状叶，为暗绿色。纽扣状花序，为亮黄色，广泛生长在野草地中。气味芬芳浓郁，叶片稍微苦涩、辛辣。可取少量用作调料，大量食用可能会中毒。叶和花晾干后可沏茶。

7. 牛至

牛至属众多野生植物之一。高约60厘米，卵形小叶，顶端簇生淡紫色的小花。生长在欧亚大陆温暖干燥的草地中，各地都有引进。叶子焖烧后会有甜味，汁液可以治疗咳嗽和消化不良，咀嚼叶子可以减轻牙疼。

8. 野酸模

在废墟和野外的草地中很常见。高达1米，箭形长叶，微小的红色和绿色的穗状花序。幼嫩茎可食。叶片中富含矿物质，可以生吃，但烹饪后可以减少刺激性味道。

9. 萱草（别名：黄花菜，金针菜，鹿葱）

嫩叶，花蕾可食，叶和根入药。鲜萱草花蕾有毒，含秋水仙碱，食用前必须用沸水浸烫去毒。秋水仙碱本身无毒，但吃下去后，在体内会氧化成毒性很大的类秋水仙碱。这种物质能强烈地刺激消化道。成年人如果一次食入0.1～0.2毫克的秋水仙碱（相当于鲜黄花菜1～2两），就会发生急性中毒，如果一次食入20毫克的秋水仙碱可致人死亡。

10. 紫云英

越年生草本，茎斜上而具有微毛，叶片互生，冬至春季开花，头状花序由7～12朵花组成，花冠蝶形，粉红色或者紫红色，荚果长椭圆形，有三棱，成熟时候黑褐色。分布在低中海拔的路旁、沼泽边或者荒地间，冬季休眠之农田常栽培以作绿肥。嫩茎叶可炒食或油炸，亦可煮汤；花炒食或拌蛋汁面糊油炸。

11. 野当归

高约 1.5 米，茎中空，部分有髓汁。对生叶序，边缘有齿的小叶，紫色。小花，绿色、白色和粉红色。生长在阴暗的草地或森林地区。煮熟后，芳香的根、茎叶皆可食用。煎熬后，可治疗感冒，外用可治肌肉僵硬。

12. 车前草（又名：地衣，蛤蟆衣，牛舌草）

嫩叶可食，全草、种子都可以入药。洗干净后先用开水烫软，在冷水中浸泡 2 小时后再炒食。

（三）可食用动物介绍

1. 昆虫

昆虫体内脂肪含量很高，而且很多昆虫的蛋白质含量比牛肉还高，甚至全身都是由蛋白质组成的。如蝗虫、蚱蜢、蚂蚁以及白蚁，还可以在腐烂的圆木中、地底下、枯死的树皮下面找到专咬树木的幼虫。蚱蜢可能带有有害的寄生虫，因此不能生吃。

2. 水生动物

大多数淡水和咸水中都会生有甲壳类动物，如螃蟹、小龙虾、龙虾、小虾、软体动物、鱼以及其他可吃的水中生物；软体动物包括生活在淡水和咸水里的贝类，如蜗牛、蛤、贻贝、牡蛎、石鳖以及海胆等。食用软体动物前应该先将其蒸一下或煮一下，或者带壳烘烤。不要吃那些即使水位很高时也没有被水覆盖的软体动物。

3. 鸟类和哺乳类动物

鸟类和哺乳类动物喜欢聚集在栖息地，很容易看到，它们的进食、睡眠、饮水以及活动很有规律。观察它们的习性、活动，你就可以预见它们的行为，这可以帮助你成功猎杀或诱捕它们。不要忽略鸟蛋，新鲜鸟蛋是可以吃的，即使里面有胚胎也不例外。水禽、鹌鹑、野鸡、火鸡、鸽子、海鸥等鸟类习惯成群栖息和活动。许多哺乳动物沿着道路活动，通过观察它们的足迹、粪便、走过的路、洞穴以及进食的痕迹，进行猎取或诱捕动物。

（四）寻找水

（1）凭借听觉，多注意山脚、山涧、断崖、盆地、谷底等是否有山溪或瀑布的流水声，有无蛙声和水鸟的叫声等。如果能听到这些声音，说明你已经离有水源的地方不远了，并可证明这里的水源是流动的活水，可以直接饮用。

（2）尽可能地嗅到潮湿气味，然后沿气味的方向寻找水源。刮风带过来的泥土腥味及水草的味道也是水源地发出的气味。在总有浓雾的山谷里定有水源，靠收集露水也可缓解燃眉之急。

（3）山脚下往往会有地下水，低洼处、雨水集中处以及水库的下游等地下水位均高。另外，在干河床的下面、河道的转弯处外侧的最低处，往下挖掘几米左右就能有水。

(4) 夏季地面总是非常潮湿，地面久晒而不干不热的地方地下水位较高；秋季凌晨常出现如纱似的薄雾，晚上露水较重，说明地下水位高，水量充足；冬季，地表面的隙缝处有白霜时，地下水位也比较高；春季解冻早的地方或降雪后融化快的地方地下水位均高。

(5) 三角叶杨、梧桐、柳树、盐香柏等植物只长在有水的地方，在它们下面定能挖出地下水来。如初春时，其他树枝还没发芽时，独有一处树枝已发芽；入秋时，同一地方其他树叶已经枯黄，而独有一处树叶不黄，说明此处有地下水。如此等等。可根据个别植物生长情况寻找水。

(6) 夏蚊虫聚集，且飞成圆柱形状的地方一定有水；有青蛙、大蚂蚁、蜗牛居住的地方也有水；另外，燕子飞过的路线和衔泥筑巢的地方，都是有水源和地下水位较高的地方。再有，鹌鹑傍晚时向水飞，清晨时背水飞；斑鸠群早晚飞向水源，这些也是判断水源的依据。

(7) 直接从植物中取水。在南方的丛林中，到处都有野芭蕉，也叫仙人蕉。这种植物的芯含水量很大，用刀将其从底部迅速砍断，就会有干净的液体从茎中滴出。其他如野葛藤、葡萄藤、猕猴桃藤、五味子藤等藤本植物也可从中获取饮用水。另外，还可以从仙人掌及其果实中获取饮水。

(8) 沙漠中找水方法。利用太阳的热量取沙石中的水汽。其方法是挖一个小圆饭桌大小的深坑，坑的中央放一个干净的大饼干盒或饭盒，可用食品袋装满毛巾等吸水物作收集水的容器，容器的周围放些鲜树叶或其他绿色的湿植物，坑上用一块大塑料布将坑口全部盖上，并用石头等物将塑料布四周压住。太阳照射后，坑内的水汽不断在塑料布上形成蒸汽而聚积到坑中央的容器内。

应该注意的是，在极度疲惫干渴之际找到的水源，最好不要立即狂饮，应该就当时的环境条件对水源进行必要的净化和消毒处理，以免中毒或染上疾病。另外，千万不要饮用那些带有乳浊液的藤或灌、乔木的汁液，因为很可能有毒。

三、求救信号

在野外，生存环境非常恶劣，各种灾难会不期而至，及时了解自己所面临的困境，通知别人，求得救援，至关重要。遇险求救时，要通过各种方式与别人取得联系。同时，要根据自身的情况和周围的环境条件，发出不同的求救信号。发出的信号要足以引起人们的注意。

(一) 烟火信号

燃放三堆火焰是国际通行的求救信号。将火堆摆成三角形，每堆之间的间隔相等最为理想。在白天，烟雾是良好的定位器，火堆上添加些绿草、树叶、苔藓等潮湿不易迅速燃烧的东西都会产生浓烟，浓烟升空后与周围环境形成强烈对比，易受人注意。橡胶和汽油可产生黑烟，黑色烟雾在雪地或沙漠中最醒目。

（二）旗语信号

把色泽鲜艳的衣服系在木棒上，持棒运动时，在左侧长划，右侧短划，加大动作的幅度，做“八”字形运动。

（三）声音信号

如被困或无力呼喊，隔得较近，可用木棒敲打树干，有救生哨作用会更明显，三声短三声长，再三声短，间隔 1 分钟之后再重复。

（四）反光信号

利用阳光和一个反射镜即可射出信号光。任何明亮的材料都可加以利用，如罐头盒盖、玻璃、一片金属铂片，有面镜子当然更加理想。

（五）地面标志信号

在比较开阔的地面，如草地、海滩、雪地上可以制作地面标志。如把青草割成一定标志图案，或在雪地上踩出求救标志，也可用树枝、海草等拼成标志信号，与空中取得联络。还可以使用国际民航统一规定的地空联络符号。

（六）留下信息

当离开危险地时，要留下一些信号物，以备让救援人员发现，同时，方向指示标有助于他们寻找你的行动路径。常见方向指示器包括：将岩石或碎石片摆成箭形；用小石块垒成一个大石堆，在边上再放一小石块指向行动方向；用一个深刻于树干的箭头形凹槽表示行动方向；在地上放置一根分叉的树枝，用分叉点指向行动方向；两根交叉的木棒或石头意味着此路不通；用三块岩石、木棒或灌木丛传达的信号含义明显，表示危险或紧急。

四、野外伤病的急救

在野外生存生活实践中，常会遇到一些意外受伤和突发疾病，掌握一些常用的伤病急救方法是十分必要的。

（一）感到身体不适时

感到身体不舒服、头昏脑胀时，应放松心情，躺卧下来，解开束缚身体的衣物或包袱，按情况分别处理。

1. 中暑

脸色发红，呼吸急促，不出汗，这很可能是中暑，应到树荫下休息，并将头部垫高，身体平卧，保持安静，注意降温，同时可服用人丹、十滴水、淡盐开水等。

2. 受寒

打喷嚏、发寒、头痛是感冒初期的症状，使用普通感冒药，多休息即可治愈。如果在野外露营时患感冒，应注意多吃温热食物，保暖，早睡，让身体出汗，症状就会有好转。如果迟迟不退烧，可服用解热剂。

3. 腹痛

腹痛的原因很多，依部位判断。一旦误采了有毒植物，吃后会有头晕、头痛、恶心、腹痛和腹泻等中毒症状，如左下腹部发痛，可迅速催吐；右下腹部发痛，有阑尾炎的危险；胃部发痛、发烧、恶心时，可服用肠胃药治疗。

（二）叮咬或蜇伤

1. 蛰伤或叮咬

被蚊子、跳蚤、臭虫等叮咬，野蜂、毛毛虫等蜇伤，蜈蚣、蚂蟥等咬伤，涂上风油精或口水、肥皂，即能起到消炎、止痒作用；被野蜂蜇伤后，会产生剧痛、眼花恶心等症状，应该用小镊子或小钳子拔除伤口上的毒腺及螯针，可用野菊花叶、夏枯草捣烂敷伤口；如果皮肤受到毛毛虫身上毒毛的侵害，会感到辣、痒、痛，并伴有红肿症状。这时应小心地将毛毛虫从身上清除，再用胶布黏在皮肤上，揭下时可以将毒毛去除。如果全身出现皮疹，可服用扑尔敏等抗过敏药。

2. 遭到蚂蟥叮咬

正确的处理方法是，用手掌在旁边拍击，蚂蟥受到惊吓会自动掉下来，也可用风油精、食盐洒在蚂蟥身上，或用烟头烫，但不要使劲往外拉，以免拉断而将蚂蟥的吸盘留在伤口内，引起伤口发炎、溃烂。还可以采些马齿苋、蒲公英、野菊花等清热解毒的草药捣烂后涂擦或外敷。

3. 被蛇咬伤

（1）先判断是否被毒蛇咬伤。毒蛇的头部呈三角形，一般头大颈细，尾短而突然变细，表皮花纹比较鲜艳，留下的伤口上会留有两颗毒牙的大牙印，而无毒蛇留下的伤口是一排整齐的牙印；如果咬伤后 15 分钟内出现红肿并疼痛，则有可能是被毒蛇咬了。

（2）被毒蛇咬伤后的急救。咬伤后不要剧烈奔跑，以减慢人体对蛇毒的吸收和蛇毒在人体内的传播速度，减轻全身反应；在野外，没有医护人员，必须施行刀刺排毒，用清洁的小刀、三棱针或其他干净的利器挑破伤口，不要太深，以划破两个毒牙痕间的皮肤为原则，或在伤口周围的皮肤上，用小刀挑数孔，刀口如米粒大小，这样就可防止伤口闭塞，使毒液外流，刀刺后应马上清洗伤口，从上而下向伤口不断挤压 15 分钟左右，挤出毒液，如果伤口里的毒液不能畅通外流，可用吸吮排毒法，采用拔火罐、针筒前端套一条橡皮管来抽吸毒液，无工具时可直接用嘴吸吮，但必须注意安全，边吸边吐，每次都用清水漱口。

由于毒蝎子、毒蜈蚣等的毒性比较大，遭到袭击后应采用对付蛇伤的方法处理。

（三）损伤出血

在野外，严重出血常会危及生命，须采用紧急的止血措施。如果是一点伤口，用手指或清洁布块直接压在伤口上面即可止血，血渗透布块应反复替换，直到出血减弱，这时再用消毒纱布盖好，绷带固定。如果是切伤或砍伤，血流不止，这是动脉出血，危险性很大，必须用止血带止血（可用衣物、腰带、植物藤蔓等制作），止血带扎紧后应有间隔地松开再扎紧，以免血液循环中断而引起扎口以下肢体坏死。

（四）骨折及扭伤

野外生存生活实践中，脚滑倒或身体失去平衡而摔倒很容易发生骨折、脱臼或扭伤。发生骨折或扭伤时，首先应保持安静休息，不要勉强走动，使伤口恶化。接着可用河水、冰、雪等冷却患部，千万不要按摩。然后用树枝等夹住患部，用绷带加压固定。抬高患部，超过心脏。对于脊椎受伤的患者，一定要放在平坦而坚固的担架上固定后送往医院，身体不能弯曲，否则可能会造成脊髓损伤而导致瘫痪。

信息链接

1. 中国气象网（http：//www. weather. com. cn/）。
2. 中央气象台（http：//www. nmc. gov. cn/）。
3. 中国气象局（http：//www. cma. gov. cn/）。
4. 中国地震局（http：//www. cea. gov. cn/）。
5. 中国地震信息网（http：//www. csi. ac. cn/）。
6. 百度地震百科（http：//baike. baidu. com/view/781. htm）。
7. 中国户外运动拓展培训网（http：//www. yjclub. com. cn/）。
8. 户外资料网（http：//www. 8264. com/）。

思考与练习

1. 在雷雨天气如何防雷?
2. 结合本章知识谈谈自己已经掌握了哪些应对泥石流灾害的知识。
3. 开展小组讨论，谈谈周围同学游玩出现的意外并总结经验。
4. 查找关于容易发生滑坡地形的有关资料，积累这方面的知识。

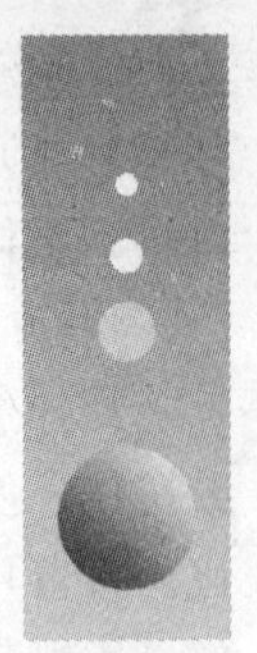

第十一章　疾病防治

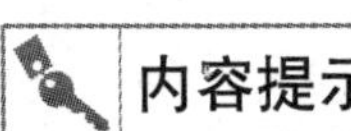

内容提示

大学生是国家建设的栋梁之才，是国家的未来。良好的生活习惯不仅能促进大学生的身心健康，也能对大学生的未来发展起着重要的推动作用。大学生要针对自身学习生活的特点，多了解一些健康知识和传染病知识，特别是遭遇危险需要的急救知识，为自己顺利成才、健康成长做好知识储备。

第一节　健康知识

大学生风华正茂，新陈代谢旺盛，并且大学生的业务课程多、学习时间长，脑力劳动强度大，每天消耗的各种营养和能量也多。同时，大学生容易沾染吸烟、酗酒、沉迷电脑游戏的坏习惯，这些会严重影响他们的身体健康。因此，大学生要多了解一些健康知识，有助于良好习惯的养成。

一、大学生要养成良好的生活习惯

大学生精力旺盛，又处于长身体、学知识的阶段，良好的生活习惯是确保顺利、成功度过大学阶段的重要基础。为了达到身心健康的目的，从一进大学起，就该切实重视这个问题，培养良好的生活习惯，并防止不良生活习惯的形成。

（1）要遵守学生行为守则，合理地安排作息时间，早睡早起、不熬夜。大学生的睡眠时间每天一般不得少于 7 个小时，如果条件许可，午饭后可以小睡一会儿，但最好不要超过40分钟。

(2) 要进行适当的体育锻炼和文娱活动。进行适当的体育运动有助于增强体质，提高对疾病的抵抗力。参加适当的文娱活动，不但可以缓解紧张的生活，还可以放松心情、增加生活乐趣，有助于提高学习效率。

(3) 要养成良好的饮食习惯，保证合理的营养供应。饮食要有规律，用餐时不能挑食偏食，不暴饮暴食，要加强全面营养，还要多吃水果和蔬菜。

(4) 努力改掉那些影响我们享受成功果实和健康生活的恶习，养成对自己人生和追求有帮助的良好生活习惯，绝不吸烟、酗酒、沉溺于电子游戏。

二、大学生的营养需要及存在的问题

（一）大学生的营养需要

大学生处于青春发育的后期与青年初期，体格、体能、素质和适应能力均达到了一生中较高的水平，代谢旺盛、精力充沛、活动量大，加之繁重的脑力劳动、学习紧张、睡眠少等，使其对各种营养素的需求量远远高于普通成年人。营养均衡合理会使大学生增强体质、精力旺盛、思维活跃、提高记忆力等，否则可能会引起精神萎靡、神经衰弱或记忆力减退等现象。我国营养学会推荐了合理膳食的构成指标。其中营养素的每天供给量如下：

(1) 蛋白质。每人每公斤体重供给1～1.5克，占总热量的12%～14%。主要由瘦肉、蛋、乳、大豆与豆制品供给。动物蛋白应占1/3。

(2) 碳水化合物。每人每天供给400～500克，占总热量的60%～65%。主要由谷物类植物食品供给。

(3) 脂肪。每人每公斤体重供给1～1.2克，占总热量的25%～30%。主要由植物油供给。

(4) 无机盐。人体主要的无机盐供给量是：钙600毫克；钠、钾、氯分别为1.5克、1.6～2克、0.5克；碘100～140微克；铁、锌、磷、镁分别为10～12毫克、12～16毫克、720～900毫克、300～350毫克。

(5) 维生素。维生素A、D分别为2 260国际单位、400国际单位，维生素B1、B2、B6、C，分别为1.3毫克、1.2毫克、2.1毫克、2.70～75毫克。

(6) 维生素和无机盐主要由新鲜的蔬菜、海产品及新鲜水果供给，每人每天供给约450克。

（二）大学生的营养现状及存在的问题

1. 不良饮食习惯

(1) 忽视早餐。早餐没有配好营养或干脆空着肚子上课，这个大学生常见的不良饮食习惯将对大学生的健康造成负面影响。营养学家认为，早餐时的食物是钙（从牛奶、酸奶、奶酪中摄取）、纤维（从水果、全麦面包和麦片中摄取）、铁质（从强化铁的早餐麦片或者全麦面包中摄取）、维生素C和维生素A（从橙汁和添加维生素的牛奶中摄取）的优质来源。

(2) 零食太多。如今的零食名目繁多，包装考究，但食品色素超标，损害健康。吃零食过量会影响食欲，妨碍正餐的摄入量，致使各类营养摄入量不足。如果经常在饭前摄入大量热量高但没有营养价值的零食，天长日久会引起胃肠功能失调。

(3) 偏食。偏食的大学生体检时各项指标与同龄人有差距，健康状况也不好，他们易便秘、气色不好，易感冒、身体抵抗能力差。

(4) 盲目减肥。有些女生为了保持苗条身材，盲目减肥，导致营养摄入严重不足。

(5) 喜欢街边小摊。高校附近有大量的临时食摊，缺乏必要的卫生条件；食品易受灰尘、废气等带菌空气污染，加上有的油炸食品原料来源不明，大学生若长期食用不洁净的食品，会影响健康。

(6) 牛奶过少。牛奶对于每一个人来说都很重要，它是提供优质蛋白质的食物，具有人体必需的微量元素和氨基酸，大学生应养成喝牛奶的习惯。

2. 营养缺乏

目前少部分大学生因学费过高，各种开支增大，生活比较节约，致使营养不良。大学生的食物构成来源主要是食粮谷，其次为蔬菜、肉类、豆类，而蛋类、鱼类、乳类等营养丰富的食物所占比例很小，食物来源在质和量方面较差。当前对大学生健康威胁最大的营养性缺乏是缺少优质蛋白质、维生素 A、维生素 C；钙的摄入量也不足，此外，还有少数大学生因缺铁导致贫血。

三、良好的睡眠卫生习惯

失眠往往与不良的睡眠卫生习惯有关。不良的睡眠卫生习惯会破坏正常的睡眠觉醒节律，形成对睡眠的错误概念，引起不必要的睡前兴奋。建立良好的睡眠卫生习惯，失眠问题就能随之缓解。良好的睡眠卫生习惯包括以下方面：

(1) 定时休息，准时上床，准时起床。无论前晚睡得多晚，第二天都应准时起床。

(2) 床铺应该舒适、干净、柔软适中，卧室安静，光线不要太亮，温度适当。

(3) 每天进行有规则的运动，但不要在傍晚以后运动，尤其是在睡眠前 2 小时。

(4) 不要在晚饭后喝酒、咖啡、茶及抽烟，避免在白天使用含有咖啡因的饮料来提神。

(5) 睡前不要吃得太饱，睡前喝一杯热牛奶及一些复合碳水化合物，能够帮助睡眠。

(6) 若已存在失眠症状，尽量不要午睡。如果实在想午睡，可小睡 30 分钟。

（7）如果上床后一时睡不着，可做些单调无味的事情，等有睡意时再上床睡觉。

四、拒绝吸烟

据统计，在我国每天有 2 000 人因吸烟而死亡。专家预计，到 2025 年，因吸烟致死者的人数将上升到每年 200 万人。世界卫生组织估计，在世界范围内，死于与吸烟相关疾病的人数将超过艾滋病、结核、难产、车祸、自杀、凶杀所导致死亡人数的总和。大学生要了解吸烟的危害，绝不让这个坏习惯危害自己的健康。

（一）烟草中的有害物质

香烟燃烧时所产生的烟雾中至少含有 2 000 余种有害成分，其中如多环芳烃有致癌作用，香烟烟雾中的促癌物有氰化物、邻甲酚、苯酚等。吸烟时，香烟烟雾大部分吸入肺部，小部分与唾液一起进入消化道。烟中有害物质部分停留在肺部，部分进入血液循环，流向全身。在致癌物和促癌物协同作用下，损伤正常细胞，易形成癌症。因为这些物质具有多种生物学作用，包括以下内容：

（1）对呼吸道黏膜产生炎症刺激，如醛类、氮氧化物、烯烃类。

（2）对细胞产生毒性作用，如腈类、胺类、重金属元素。

（3）使人产生成瘾作用，如尼古丁等生物碱。

（4）对人体具有致癌作用，如多环芳烃的苯并芘以及镉、二甲基亚硝胺、β-萘胺等。

（5）对人体具有促癌作用，如酚类化合物。

（6）使红血球失去携氧能力，如一氧化碳。

（二）与吸烟相关的疾病

与吸烟相关的疾病主要有以下几种：

（1）心血管疾病。吸烟与冠心病、高血压、猝死、血栓闭塞性脉管炎的发病有关，吸烟促使血液形成凝块和降低人体对心脏病先兆的感应能力。

（2）呼吸系统疾病。如慢性支气管炎、肺气肿和肺癌。

（3）消化系统疾病。如消化性溃疡、胃炎、食管癌、结肠病变、胰腺癌和胃癌。

（4）脑血管疾病。吸烟增加脑出血、脑梗塞、蛛网膜下腔出血的危险。另外吸烟可损伤脑细胞、损害记忆力、影响对问题的思考能力及引起精神紊乱等。

（5）内分泌疾病。吸烟 20 支/日，可使糖尿病危险增加 1 倍。吸烟亦促发甲状腺疾病。

（6）口腔疾病。如唇癌、口腔癌、口腔白斑、白色念珠菌感染、口腔黏膜色素沉着、口腔异味等。

（7）眼科疾病。主要包括中毒性视神经病变、视觉适应性减退、黄斑变性、白内障等。

(8) 其他。吸烟对妇女的危害更甚于男性，吸烟妇女可引起月经紊乱、受孕困难、宫外孕、雌激素低下、骨质疏松以及更年期提前。孕妇吸烟易引起自发性流产、胎儿发育迟缓和新生儿低体重。其他如早产、死产、胎盘早期剥离、前置胎盘等均可能与吸烟有关。

五、大学生要警惕电脑对自己的伤害

随着电脑的普及，与电脑有关的职业病也随之增加，大学生不论是学习还是娱乐，与电脑为伴的时间特别多，这样会严重影响着正常的生活和健康，一定要注意预防与电脑有关的职业病。

(1) 腱鞘炎和腕管综合征（鼠标手）。腕管综合征是办公一族很常见的病，主要与以手部动作为主的职业有关。人们长时间接触和使用电脑，每天重复在键盘上打字和移动鼠标，手腕关节会形成“鼠标手”。这种病的症状是手部逐渐麻木、灼痛、腕关节肿胀、手动作不灵活、无力等，到了晚上，疼痛会加剧，患者经常从梦中痛醒。

(2) 电脑综合征。长时间专注屏幕、保持同样坐姿，会引发头痛、腰痛、颈肩酸痛、眼睛疲劳、精神萎靡不振等问题。轻者看不清荧光屏上的图像文字，重者会有想呕吐的感觉，甚至抽筋、昏厥，危及生命。曾有少年在网吧长时间上网猝死的例子。

(3) 光源综合征。长时间面对明亮对比强烈的地方会造成视神经疲劳，屏幕发出的强烈光波可导致体内大量细胞遗传变性，扰乱生物钟，造成心理节律失调，精神不振，且因缺乏阳光下的紫外线，使身体缺钙。

(4) 熬夜综合征。对许多人而言，熬夜上网是家常便饭。长此以往会导致人体生物钟被干扰，神经系统、内分泌系统紊乱，继而出现食欲不振、失眠等症状，易诱发神经衰弱、高血压、溃疡病等。

(5) 胃肠不适征。熬夜期间，人容易产生饥饿感，而夜晚支配胃肠道功能的副交感神经活动较白天强，胃肠对食物消化吸收能力也强，因而在夜晚经常进食过多的高热量食品，易引起肥胖、失眠、记忆力衰退、晨起不思饮食等症状。

(6) 视力综合征。使用电脑，眼睛最容易受到侵害，尤易引起近视和睫状肌痉挛。这些被称为“电脑视力综合征”的病症是一种压力型疾病，原因是眼睛长时间盯着一个地方，眨眼次数仅及平时的1/3，从而减少了眼内润滑剂的分泌。长期如此，除了会引起眼睛疲劳、重影、视力模糊，还会引发其他不适反应。

(7) 颈背综合征。长时间使用电脑使颈椎保持强直姿势，腰椎长期承受身体的重量，都会导致脊椎相关疾病的发生。颈椎、腰椎疾病不仅会导致头痛、头晕、腰腿疼痛，而且会因脑供血不足导致记忆力下降，工作效率降低，精神烦躁，情绪不佳，严重影响正常的工作生活。

六、用眼卫生知识

大学生学习负担过重，课程多，作业多，考试多，长期紧张，视力疲劳，是造成视力不良的主要原因。要注意用眼卫生，保护自己视力。

（一）光线适合

不在采光不好的地方看书，不在强光下看书，不在光线变化大的场所看书。

（二）读写要有正确姿势

读书写字姿势要端正，保持“一尺一拳一寸”，即眼睛离书本一尺，身体离桌沿一拳，手指离笔尖一寸；连续看书写字1小时左右要休息片刻，或向远处眺望一会；不要在光线太暗或直射阳光下看书、写字，不要在躺着、走路或乘车时看书。

（三）正确看电视

每次看电视时间不要过长，连续看电视1小时后，应起来活动5～10分钟；观看者应离电视屏幕对角线7倍距离以上；电视机安放高度应与观看者坐时的眼睛高度一致；避免屏幕与周围黑暗的强烈对比，最好开着灯看电视。

（四）坚持做眼保健操

劳逸结合，睡眠充足，注意营养，加强锻炼，增强体质；定期检查视力，发现减退及时矫正，防止近视加深。

（五）预防眼病

一要预防沙眼，二要预防红眼病。注意手的卫生，勤用流水洗手，勤剪指甲，不用脏手揉眼睛；不与他人共用毛巾，毛巾、脸盆一人专用，经常洗晒毛巾、手帕；若患沙眼要及时治疗，防止相互传染。红眼病流行时不去人多的公共场所，不要去游泳，以减少感染机会。

七、大学生应如何锻炼

生命在于运动，坚持体育活动，不仅可以增进健康，而且可以预防疾病。大学生一般都是静坐在教室、实验室、自习室，低头弯腰学习与工作的。长期处于这种姿势，又不参加身体锻炼，往往会引起各种疾病。因此，对于学习压力日趋加重的现代大学生来说，适当进行身体锻炼不仅可以提高运动素质，还可以做到劳逸结合，使智力水平得到充分的发挥。

(1) 制定健身计划。大学生自我身体锻炼的目的和需要是复杂多样的，要以自身的身体健康和运动能力为基点，制定出短期与长期的自我锻炼计划。不管是为了情感宣泄，从紧张和精神压力中解脱出来，还是为了提高运动技能和技巧，病后康复或生长发育，都要在选择身体锻炼的手段、方法时，考虑到自身的特殊需要。

(2) 科学锻炼。进行锻炼时，要根据自己的年龄、性别、工作与学习特点，自身的健康状况，因人、因时、因地，科学安排锻炼的时间和进度，还要充分考虑到季节、地区、自然环境等因素对锻炼效果的影响，运动量、运动强度也要由小到大，并在锻炼过程中逐渐积累经验，掌握好适宜的运动量，以期达到自我身体锻炼的最佳效果。

(3) 早操。每天早晨起床后坚持 10～15 分钟的运动负荷比较小的运动，可以消除一夜睡眠后人体组织的“淤滞”现象，使整个有机体承受能力得到增强，焕发一天学习的情绪，提高学习效率。如进行广播操、健美操、慢跑、打太极拳与练武术等都是很好的锻炼项目。

(4) 课外活动时间的锻炼。下午 5 点钟和接近黄昏的时间，绝大多数人体力、动作的灵活性、协调性、准确性以及适应能力均处于最佳状态，可进行球类比赛。

(5) 有氧锻炼法。这种锻炼方法运动负荷适中，可以有效地提高心血管和呼吸机能，促进新陈代谢，并能减少脂肪的积累。如长跑、竞走、游泳、骑自行车、耐力体操及节律操、徒步旅行等。

(6) 散步、旅游、郊游、踏青、登山、日光浴等娱乐消遣。这些活动运动强度不大，令人轻松愉快，具有消除疲劳的特殊功能，适宜体质较弱者进行。坚持活动能够促进肌体的发展，达到增强体质的目的。

八、大学生应接受性教育的内容

大学生已经初步掌握了一些基本的生理卫生知识。但是，各种调查也显示，部分大学生的性知识还相当缺乏。性教育内容至少包括大学生的性知识教育，性道德教育，贞操观、性责任、性法律意识教育等几个方面。

(一) 大学生要接受性知识教育

大学生的性知识教育包括性生理知识和性心理知识两部分。性生理知识是关于性与生育的全部生物学的知识，如男性和女性的身体构造；功能性反应系统的特点以及青春期的第一、第二性征；生育过程；反应与卫生常识等。性心理知识是研究人在性行为中的心理活动及规律的科学，包括男女生理发育心理、性别角色心理、青春期发育心理、恋爱心理、性生育心理、性变态心理等。

(二) 大学生性道德教育

性道德是指维系和调整大学生男女两性关系的道德规范和行为准则。性道德教育，就是让大学生知道应该树立怎样的恋爱观，提高他们对两性关系的社会责任感和义务的认识，以增强大学生的性心理控制能力和性生理抵抗能力，避免性道德失范。

(三) 性责任教育

让大学生确立正确的性价值观，明确什么样的性意识、性行为是符合本国社会道德标准的；明白对自己、对他人、对社会的责任和义务，懂得男女之间的性关系总是与应尽的义务联系在一起，从而培养大学生良好的情感，分辨是与非、善与恶、美与丑，自尊、自爱、自重，养成健康的性道德自我意识。

（四）贞操观教育

强调自尊自爱是人格的重要组成部分，教育大学生自尊、自爱、自强，慎重对待性问题，避免婚前性行为，对自己和对方都要采取负责的态度。

（五）大学生的性犯罪法律知识教育

大学生正处于性欲的高峰时期，青春期的冲动和对性的好奇使年轻的大学生的性行为容易超出法律的界限，做出侵犯对方自由和权利、违反法律的行为，有的甚至走上犯罪的道路。大学生要掌握我国法律中有关性的法律、法规，从而在处理两性性行为中控制情绪、约束冲动。

资料选读

亚健康症状

“亚健康”是指人的身体处于健康与疾病之间的状态。但大多数人并不能真正了解其中的内涵，更不知道如何来应对亚健康状态。亚健康症状主要包括以下几个方面。

症状一：体力下降。常感疲劳、乏力，稍活动就气喘，四肢关节酸痛，耐力下降。

症状二：心情压抑、情绪不稳定。精神不集中，记忆力减退，甚至与同事或周围人群交往困难。

症状三：抵抗力下降，易感冒、畏寒。

症状四：周身不适却查不出病，睡眠不好、食欲下降、便溏或便秘；时有头痛、目眩、耳鸣、多汗，性功能减退或障碍，但体检各项指标均在正常值内。

症状五：体重超重。

资料来源：http：//www. huaxiahp. com/。

第二节　急救知识

一、中暑急救

中暑常发生在高温和高湿环境中，常因烈日曝晒或在高温环境下重体力劳动，又无充分防暑降温措施时，极易发生中暑。中暑者一般表现为体温升高、眩晕、乏力、恶心、呕吐、头晕头痛、脉搏和呼吸加快，面红不出汗、皮肤干燥，重者出现高热、神志障碍、抽搐，甚至昏迷、猝死。急救方法介绍如下。

第一步，立即将病人移到通风、阴凉、干燥的地方，如走廊、树荫下、山洞内。

第二步，使病人仰卧，解开衣领，脱去或松开外套，必要时除去紧身内衣。若衣服被汗水湿透，应更换干衣服，可采用扇扇子等做法使其体温降到正常温度。

第三步，用湿毛巾、水袋冷敷头部、腋下以及腹股沟等处。同时，用温水擦拭全身，进行皮肤、肌肉按摩，加速血液循环，促进散热。

第四步，病人意识清醒或经过降温清醒的，可饮服绿豆汤、淡盐水，或服用人丹、十滴水和藿香正气水（胶囊）等解暑。

第五步，一旦出现高烧、昏厥、抽搐等症状，应立刻让病人侧卧，头向后仰，打开气道，保持呼吸道通畅，同时立即拨打120电话求助。

二、骨折急救

骨折往往由摔伤、撞伤和击伤所致。处理前，救人者要密切观察病情的变化，注意合并损伤的治疗，如果有软组织创伤，应先进行清创处理。有出血时，要先压迫止血，包扎伤口，再将骨折固定。

（一）上肢骨折

用两块夹板（或木板）分别在上肢内外两侧，加上衬垫（棉花、衣、布）等后，用三角巾（或布条、绳子）绑好固定，再用一条长三角巾（布）将上肢前臂屈曲悬吊固定于胸前。

（二）下肢骨折

受伤者仰卧，小腿骨折时，用长短相等的两块夹板（从脚跟到大腿中部），加衬垫后，在骨折处上下两端、膝下和大腿中部用布带缠紧，在外侧打结，脚部用“8”字形绷带固定，使脚与小腿成直角；如为大腿骨折，可用一块自腋窝到脚跟长的夹板放在伤肢外侧，健肢移向伤肢并列，夹板加衬垫后，用布条分段固定伤肢，腋窝和大腿上部分别围绕胸、腹部固定。脚部固定也同小腿骨折。

（三）脊椎骨折

颈背部疼痛，而且下肢可能失去感觉，应判断伤员是否为脊椎骨折；轻轻触动伤员肢体末端，察看有无感觉，或要求病人按指示运动手指及脚趾，如无反应，则要求病人静静躺卧。用合适的物品，例如行李或垫石支在身体左右，防止头部或躯体摆动，然后寻求医生帮助。

（四）颈椎骨折

颈椎发生骨折时，必须用适当材料围住颈部，阻止晃动。用卷起的报纸、围巾、衣服等材料都可以，折叠成宽10cm～14cm的带状物，根据伤者从胸骨至下颌部的距离，围住颈部，用带子系好，然后拨打电话求救。如果没有希望获得医疗援助，则将伤员肩部及髋部绑扎牢固，用柔软有弹性的物品垫在大腿、膝盖及足踝之间。用宽松的绷带绑扎双膝及双腿，全身固定在平板或担架上。包扎固定后，抬送医院进行急救处理。在运送途中，要避免摇摆、振荡。

三、出血急救

止血前需检查清楚出血情况，根据出血种类而采取不同的止血方法。

（一）按血管的种类分类

按血管的种类分毛细血管出血、静脉出血和动脉出血三种。

（1）毛细血管出血。呈小点状的红色血液，从伤口表面渗出，看不见明显的血管出血。这种出血常能自动停止。

（2）静脉出血。暗红色的血液，迅速而持续不断地从伤口流出。止血的方法和毛细血管出血大致相同，但须稍加压力缠敷绷带；不是太大静脉出血时，用上述方法一般可达到止血目的。

（3）动脉出血。来势凶猛，颜色鲜红，随心脏搏动而呈喷射状涌出。大动脉出血可以在数分钟内导致患者死亡，需急送医院抢救。

（二）动脉出血的止血方法

动脉出血的止血方法有以下几种。

（1）指压止血法。在不能使用止血带的部位，在身边没有器材或紧急情况下，可暂用指压止血法。指压止血法，在伤口的上方，即近心端，找到跳动的血管，用手指紧紧压住。这是紧急的临时止血法，与此同时，应准备材料换用其他止血方法。采用此法，救护人必须熟悉各部位血管出血的压迫点。几个重要的压点如下。

1）大腿出血：屈起其大腿，使肌肉放松，用大拇指压住大腿根部的腹股沟中点的股动脉之压点，为增强压力，另一手的拇指可重叠压力。

2）前臂出血：在上臂肱二头肌内侧沟处，施以压力，将肱动脉压于肱骨上。

3）面部出血：用拇指压迫下颌角与颏结节之间的面动脉。

（2）加压包扎法。伤口覆盖无菌敷料后，再用纱布、棉花或毛巾、衣服等折叠成相应大小的垫，置于无菌敷料上面，然后再用绷带、三角巾等紧紧包扎，以达到止血为度。这种方法用于小动脉以及静脉或毛细血管的出血，但伤口内有碎骨片时，禁用此法，以免加重损伤。

（3）止血带止血法。四肢较大的动脉出血时，必须用止血带止血，较粗而有弹性的橡皮管最好。如没有橡皮管也可用宽布带以应急需，野外可以用绳子、腰带等代替。用止血带时，首先在创口以上的部位用毛巾或绷带缠绕在皮肤上，然后将止血带紧紧缠绕在缠有毛巾或绷带的肢体上，然后打结。止血带不应缠得太松或过紧，以血液不再流出为度。缚止血带的时间，原则上不超过 1 小时，如需较长时间缚止血带，则应每隔半小时松解止血带半分钟左右。在松解止血带的同时，应压住伤口，以免大量出血。

四、休克急救

休克是一种全身性严重反应。严重的创伤，如骨折、撕裂伤、烧伤、出血、剧痛以及细菌感染都可能引发休克。休克时间过长，可进一步引起细胞不可逆性损伤和多脏器功能衰竭，所以一定要争分夺秒送医院急救。怎么判断是否发生休克？正常人的指甲背部，压迫放松后血色即恢复，如果按压3秒后不见血色恢复而呈紫色者，这是休克的表现。

休克可分为低血容量性休克、心源性休克、过敏性休克、感染性休克等几种。遇到休克病人，如能立即找出休克原因，予以有效的对症处理最为理想。在紧急情况下，不能马上明确原因，必须立即采取以下措施。

(1) 立即向"120"急救中心呼救。

(2) 使休克者去枕平卧，并将其下肢抬高25度，但头部受伤、呼吸困难或有肺水肿者不宜采用此法，而应稍抬高头部。

(3) 松解病人衣领、裤带，使之平卧。注意少摇动和翻动休克者并适当保暖。

(4) 有时可给病人喂服姜糖水、浓茶等热饮料。

(5) 过敏性休克可服用地塞米松抗过敏。

(6) 对呼吸困难者，应给予氧气吸入。

(7) 对某些明确原因的休克者，如外伤大出血，应立即用止血带结扎，但要注意定时放松，在转运中必须有明确标志，以免时间过久造成肢体坏死；骨折疼痛所致休克者，应固定患肢，并服用止痛药以止痛。

(8) 经上述紧急处理后应急送医院进一步抢救。

五、人工呼吸

呼吸是人生命存在的征象。当发生意外伤害，呼吸困难甚至停止时，如不及时进行急救，很快造成死亡。人工呼吸就是用人为的力量来帮助伤员进行呼吸，最后使其恢复自主呼吸的一种急救方法。人工呼吸对溺水、电击、中毒、工矿事故、地震、航海意外和战地急救等往往是抢救能否成功的先决条件。

(一) 进行人工呼吸时的注意事项

(1) 患者呼吸道畅通，清除病人口、鼻内的泥、痰、呕吐物等，如有假牙亦应取出，以免假牙脱落坠入气管。

(2) 解开病人衣领、内衣、裤带、乳罩，以免胸廓受压，仰卧人工呼吸时必须拉出患者舌头，以免舌头后缩阻塞呼吸。

(3) 每次压挤胸或背时，不能少于1/2的正常气体交换量，同时要操作适当，不能造成肋骨损伤。

(4) 检查患者胸、背部有无外伤和骨折，女性有无身孕，如有，应选择适当姿势，防止造成新的伤害。

(5) 必须保持足够时间，只要病人还有一线希望，就不可随意放弃人工呼吸。

(6) 除房屋倒塌或患者处于有毒气体环境外，一般应就地做人工呼吸，尽量少搬动。

(二) 人工呼吸的常用方法

人工呼吸的常用方法有以下几种。

(1) 口对口吹气法。病人应置于仰卧位，急救者跪在患者身旁，先用一手捏住患者的下巴，把下巴提起，另一只手捏住患者的鼻子，防止漏气。急救者在进行前先深吸一口气，然后将嘴贴紧病人的嘴，吹气入口；同时观察病人胸部是否隆起；吹完气后嘴立即离开，只要看到患者高起的胸部下落，表示肺内的气体已排出时，接着吹下一口气。如此往复不止地操作，直到病人恢复自动呼吸或真正确诊死亡为止。每次吹气用力不可过大，以免患者肺泡破裂，相反，也不可过小，以免进气不足。吹气次数每分钟成人不少于 14～16 次，儿童不少于 20 次，婴儿不少于 30 次。

(2) 口对鼻吹气法。如果碰到伤病患者牙关紧闭，张不开口，无法进行口对口人工呼吸时，可采用口对鼻吹气法。口对鼻吹气法与口对口吹气法相同，但必须将病人的嘴巴用手捏紧，防止气从口内排出。

六、心肺复苏步骤

对于心跳呼吸骤停的伤病员，心肺复苏成功与否的关键是时间。在心跳呼吸骤停后 4 分钟之内开始正确的心肺复苏，生存希望大。抢救生命的黄金时间是 4 分钟，现场及时开展有效的抢救非常重要。每个大学生都应该掌握心肺复苏技术。心肺复苏适用于由急性心肌梗塞、脑卒中、严重创伤、电击伤、溺水、挤压伤、踩踏伤、中毒等多种原因引起的呼吸、心跳骤停的伤病员。

步骤一：判断意识。轻拍伤病员肩膀，高声呼喊。

步骤二：如病人无反应，则将伤病员翻成仰卧姿势，放在坚硬的平面上。

步骤三：打开气道。用仰头举颏法打开气道，被救者仰卧在硬质平面上，用指缠纱布清除口腔中的液体分泌物。清除固体异物时，一手压开下颌，另一手食指将异物勾出。

步骤四：判断呼吸。一看——看被救者胸部有无起伏运动；二听——耳朵贴近被救者口鼻处仔细听有无气流呼出的声音，另外，可将少许棉花放在被救者口鼻处仔细观察有无气流；三感觉——耳朵贴近被救者口鼻处感觉有无气息；以上时间为 5～10 秒。

步骤五：人工呼吸。可采用口对口吹气法或口对鼻吹气法。

步骤六：胸外心脏按压。按压部位为胸部正中两乳连接水平。按压方法为施救者位于被救者身旁一侧；手掌放在胸部正中双乳头之间的胸骨上，另一只手平行重叠压在手背上；肘关节伸直，双肩正对双手，以保证每次按压的方向与胸骨垂直；按压幅度 4cm～5cm，按压频率 100 次/分钟；每次按压后，放松使胸骨恢复到原来位置，但是双手不要离开胸壁；30 次胸外按压和 2 次人工呼吸为一个 CPR 循环；在一个 CPR 循环中，30 次胸外按压过程保持双手位置固定，不要改变手的位置；人工呼吸后再次按压时需重新定位。

步骤七：心肺复苏成功后或无意识但恢复呼吸及心跳的伤病员，将其翻转为复原（侧卧）位。心肺复苏有效指征为伤病员面色、口唇由苍白、青紫变红润；恢复自主呼吸及脉搏搏动；眼球活动，手足抽动，呻吟。

第三节　传染疾病

大学生是一个免疫能力相对较高的群体，但由于大学生过着密集的集体生活，社会活动又较活跃，学校的人员流动性大，所以一些传染病还是会在大学生中流行。一旦患传染病，将对大学生的生活和学习造成非常大的影响。所以认识传染病、有效预防传染病是现代大学生文明、进步的体现，既有益于个人又益于社会。

一、流行性感冒

（一）病因

流行性感冒简称流感，是由流感病毒引起的急性呼吸道传染病。与客观存在病毒引起的呼吸道感染不同，流感往往会引起较大流行，如 2009 年的甲型 H1N1 流感，造成了很多患者死亡。

（二）传播特点

流感特点是突然发病、迅速蔓延、发病率高、流行过程短。传染源是病人，自潜伏期末即可传染，病初 2～3 天传染性最强。传播途径主要是通过飞沫，病毒存在于病人的呼吸道分泌物中，通过说话、咳嗽或喷嚏散播至空气中，易感者吸入后即会感染。人群对流感病毒普遍易感，与年龄、性别、职业无关。

（三）临床表现

本病潜伏期 1～3 天。症状主要有急起高热、畏寒、头痛、乏力、全身酸痛等。高热持续 2～3 天后渐退，全身症状逐步好转，但出现鼻塞、流涕、咽痛、干咳等上呼吸道症状。少数人有鼻出血、食欲不振、恶心等症状。严重者可并发病毒性肺炎。

（四）防治措施

流感患者应及早卧床休息，多饮水、防止继发感染。中药感冒退热冲剂、板蓝根冲剂在发病最初 1～2 天使用，可减轻症状。及早就诊，确诊后应隔离治疗，以减少传播。发现有患者后，宿舍、教室应开窗流通空气或晒太阳。病毒在流行期间应减少大型集会和集体活动，室内也应注意空气流通和清洁卫生。在流行期间接种流感疫苗有一定预防作用。

二、病毒性上呼吸道感染

（一）病因

该病是由多种病毒引起的急性上呼吸道感染，包括普通感冒，上呼吸道感染时常合并细菌感染，引起病情加重。成人每年可发生 1～3 次。病毒包括冠状病毒、肠道病毒、鼻病毒、腺病毒、呼吸道合胞病毒等。可侵犯上呼吸道的不同部位，引起炎症。

（二）传播特点

传染源主要是病人，主要通过直接接触和飞沫传播。人对这一病毒普遍易感。同一家庭及同一宿舍的人易相互感染。与流感不同的是，该病一般不引起大的流行。

（三）临床表现

上呼吸道感染潜伏期较短，起病急，常以咽部不适、干燥或咽痛为早期症状，继之有喷嚏、鼻塞、流涕等，可引起声音嘶哑、咳嗽、胸痛、体温升高，但体温很少超过 39℃，3～4 天后退热。此外，尚有全身酸痛、乏力、头痛、胃口差等症状。

（四）防治措施

起病后可给予对症治疗，如解热镇痛药、感冒冲剂等。发病后应卧床休息、多饮水、多吃水果，吃易消化的食物。目前尚无特效药物。伴有细菌感染者可用抗菌素治疗。上呼吸道感染尚无有效疫苗。

三、水痘

（一）病因

水痘是由水痘带状疱疹病毒初次感染引起的急性传染病，传染率很高，主要发生在婴幼儿，以发热及成批出现周身性红色斑丘疹、疱疹、痂疹为特征。冬春两季多发，其传染力强，接触或飞沫均可传染。易感儿发病率可达 95%以上，学龄前儿童多见。临床以皮肤黏膜分批出现斑丘疹、水疱和结痂，而且各期皮疹同时存在为特点。该病为自限性疾病，病后可获得终身免疫，也可在多年后感染复发而出现带状疱疹。

（二）传播特点

水痘传染性强。患者为主要传染源，出疹前 1～2 天至出疹后一周都有传染性。传播途径主要是呼吸道飞沫或直接接触传染。也可通过接触被污染的用物间接传染。该病以冬春季发病为主，人群普遍易传染，但一次发病可终身免疫。水痘患者为主要传染源，自水痘出疹前1～2天至皮疹干燥结痂时，均有传染性。主要通过飞沫和直接接触传播。在近距离、短时间内也可通过健康人间接传播。该病传染性很强，易感者接触患者后约92%发病。

（三）临床表现

病前2～3周有与水痘密切接触史。发热与皮疹（斑丘疹、疱疹）同时发生，或无发热即出疹。皮疹向心性分布，以躯干、头、腰处多见。皮疹分批出现，斑丘疹→水疱疹→结痂，不同形态皮疹同时存在，痂盖脱落后不留疤痕。白细胞计数正常或稍低，淋巴细胞相对增高。有的病例病变可累及内脏。部分病毒沿感觉神经末梢传入。长期潜伏于脊神经后根神经节等处，形成慢性潜伏性感染。

（四）防治措施

患者应早期隔离，直到全部皮疹结痂为止。与水痘接触过的人员，应隔离观察3周。该病无特效治疗，主要是对症处理至预防皮肤继发感染，保持清洁避免瘙痒。加强护理，防止继发感染。积极隔离病人，防止传染。对于抵抗力低下者，可肌注丙种球蛋白3ml/日，连续3天。早期隔离至皮疹完全结痂干燥为止。局部治疗以止痒和防止感染为主，可外搽龙胆紫液，继发感染者可外用抗菌素软膏。继发感染全身症状严重时，可用抗生素。

四、细菌性食物中毒

（一）病因

细菌性食物中毒是由沙门氏菌等多种细菌中的一种所引起、引发以胃肠道损害为主的急性传染病。发病与被细菌及其毒素污染食物有明确关系，容易集体发病。

（二）传播特点

传染源为病人、家禽和家畜、带菌的正常人等。带菌的粪便通过直接或间接途径污染水，如通过苍蝇或蟑螂污染食物、水或生活用具，再经口而引起中毒。流行特征是突然发病、潜伏期短、发病前进食同食物，常多人发病、发病高峰在7～11月。

（三）临床表现

潜伏期从1小时到数天不等。主要以胃肠道症状为主，如恶心、呕吐、腹痛和腹泻。大便常为水样、量多，每天可数次至数十次，故可引起脱水，严重者可因此而休克。患者常伴有发热、畏寒等。呕吐物、粪便中均可检查出致病细菌。

（四）防治措施

注意饮食、饮水卫生；不喝生水；食用食物时应煮熟；冰箱中的熟食及吃过的食物应重新煮过杀菌。患病后应去医院进行对症治疗和抗菌药物治疗，如输入生理盐水或口服补盐液治疗。轻者可不用抗菌药物或口服抗菌药物，严重者可静脉注射抗菌药物。

五、细菌性痢疾

（一）病因

细菌性痢疾简称菌痢，是由痢疾杆菌引起的常见急性肠道传染病。细菌主要侵犯结肠黏膜，引起肠黏膜的炎症反应，导致肠黏膜细胞的变性、坏死，坏死脱落后可形成小而浅的溃疡。严重的中毒性菌痢，由细菌毒素引起的全身中毒症状严重，可导致重要器官功能衰竭。

（二）传播特点

传染源是病人和带菌者。病人及带菌者的粪便中含大量痢疾杆菌，粪便直接或间接污染食物、饮水和手等经口进入肠道而感染。

（三）临床表现

潜伏期数小时至 7 天，多数为 1～2 天。主要临床表现为畏寒、发热、腹痛、腹泻、脓血便和先急后重。腹泻每天可 10～20 次，大便量少，呈糊状或脓血便。

（四）防治措施

一旦确诊为菌痢，应进行隔离、卧床休息。饮食用流汁或半流汁为宜，忌食多渣多油或有刺激性食物。有脱水者应口服或静脉补充生理盐水或葡萄糖盐水。及时、合理使用抗菌药物。发现病人及带菌者，应及时隔离、彻底治疗。加强饮食、饮水卫生，消灭苍蝇，养成饭前便后洗手的习惯。熟食和瓜果不要在冰箱中放置过久，取出后先加热消毒再食用。不要吃生菜和不洁瓜果。口服大蒜、黄连有一定预防作用。

六、肺结核

（一）病因

肺结核是由结核杆菌引起的一种缓慢发病的慢性呼吸道传染病。结核杆菌可引起肺部组织产生炎症、坏死和液化，也可产生结核结节。当机体免疫力提高特别是经有效治疗后病变可吸收好转，也可纤维化，坏死组织可钙化。当机体免疫力下降时，病灶坏死液化加重、结核菌在肺内或全身播散、钙化灶重新活动。

（二）传播特点

结核病人咳嗽排菌是肺结核传播的主要来源。传播途径主要是病人与健康人之间经空气传播，患者咳嗽排出的结核菌悬浮在飞沫中，当人吸入后可引起感染。咳出的痰干燥后结核菌随尘埃飞扬，亦可造成吸入感染。

（三）临床表现

患者有全身中毒症状和呼吸系统症状。全身症状主要有：长期低热，午后及傍晚开始，次晨降为正常。可伴有乏力、夜间盗汗。呼吸系统症状有：咳嗽、咳痰、咯血、胸痛和气急。

（四）防治措施

患肺结核病需进行长期、正规的抗结核治疗，且有复发可能，故应该重在预防。预防措施有：卡介苗接种。我国规定出生后即开始注射卡介苗，以后每隔5年作结核菌素复查，阴性者加种，直到15岁为止，进大学时也应进行复查。加强对结核病人的管理，病人咳嗽时应以手帕或纸掩口，不随地吐痰，或吐在纸里烧掉。大学生应注意养成良好卫生的生活和学习习惯，注意营养和休息，加强体育锻炼，提高自身的免疫能力。

七、病毒性肝炎

（一）病因

病毒性肝炎是由多种肝炎病毒引起的常见传染病。按所致的病毒不同，肝炎分为甲型、乙型、丙型、丁型和戊型5种。其中甲型和乙型肝炎发病率较高。

（二）传播特点

病毒性肝炎具有传染性强、传播途径复杂、流行面广、发病率较高的特点，所以危害较大，主要引起肝脏损害。传染源是肝炎病人或未发病的“病毒携带者”。甲型和戊型肝炎主要经消化道传播，病人或带病毒者的粪便中含有大量病毒，可直接或间接地污染食物和水，再经口进入体内。乙、丙型和丁型肝炎通过非消化道途经传播，其中血液传播是最主要途径。人对各型肝炎都容易感染。大学生中以甲型及乙型肝炎多见。

（三）临床表现

人体感染了肝炎病毒后，部分人并不发病。如乙型肝炎病毒感染后，很大部分人成为“健康的病毒携带者”，可以再传染给他人。在我国人口中，这种健康的病毒携带者约占总人口的10％。发病者也都有长短不一的潜伏期，甲型肝炎病毒感染后在2～8周发病，乙型肝炎在1～6个月发病。发病后有乏力、食欲不振、恶心、呕吐、厌油腻、肝肿大、肝功能异常。部分病人出现黄疸。

（四）防治措施

治疗原则以适当休息、合理营养为主，适当辅以药物治疗及支持疗法。但目前尚无特效药物。饮食中注意多食高维生素、易消化吸收的食物。甲型肝炎的预防要点是加强饮食卫生、饮水卫生、不食用易受粪便污染的食物和水。在公共聚餐时要用分食制或使用公筷、公勺。急性发病时需要住院治疗或在家中隔离至少30天。与病人接触后7～14天内可注射丙种球蛋白预防，服用板蓝根等中药冲剂可能有一定预防作用。乙型肝炎由于是通过血液传播，故加强血液及血制品的安全性，尽量减少血制品使用，加强医疗器械消毒很重要。同时注射时应做到一人一械一针，不共用剃须刀片，预防理发器械划破皮肤。

八、流行性腮腺炎

（一）病因

流行性腮腺炎（简称腮腺炎或流腮）是儿童和青少年中常见的呼吸道传染病，成人中也有发病。本病由腮腺炎病毒所引起，该病毒主要侵犯腮腺，但也可侵犯各种腺组织神经系统及肝、肾、心脏、关节等几乎所有的器官。因此除腮腺肿痛外常可引起脑膜脑炎、睾丸炎、胰腺炎、卵巢炎等症状。

（二）传播特点

流行性腮腺炎为世界各地常见的传染病。全年均可发病，在温带地区以春、冬季最多，夏季较少，但也可发生流行。在热带无季节性差异。呈流行或散发。在儿童集体机构、部队以及卫生条件不良的拥挤人群中易造成暴发流行。国外文献中曾提及在普遍使用疫苗前本病每隔 7～8 年有周期大流行的倾向，显然是易感人群累积的后果，在不断改善生活条件的同时如有计划地开展对易感人群的预防免疫，这种周期性流行情况即可防止。

（三）临床表现

潜伏期 8～30 天，平均为 18 天。患者大多无前驱期症状，而以耳下部肿大为首发病象，少数病例可有短暂非特异性不适，可出现肌肉酸痛、食欲不振、倦怠、头痛、低热、结膜炎、咽炎等症状。起病大多较急，有发热、寒意、头痛、食欲不振、恶心、呕吐、全身疼痛等，数小时至 1～2 天后，腮腺即显肿大。发热至38℃～40℃不等，症状轻重也很不一致。成人患者一般较严重。腮腺肿胀最具特征性一侧首先肿胀，但也有两侧同时肿胀者；一般以耳垂为中心，向前、后、下发展，状如梨形而具坚韧感，边缘不清。局部皮肤紧张发亮，表面灼热，但多不红，有轻触痛。

（四）防治措施

隔离患者使之卧床休息直至腮腺肿胀完全消退。注意口腔清洁，饮食以流质、软食为宜，避免酸性食物，保证液体摄入量。一般抗生素和磺胺药物无效。有试用干扰素者似有疗效。肾上腺皮质激素治疗尚无肯定效果，对重症或并发脑膜炎、心肌炎等时可考虑短期使用。氦氖激光局部照射治疗流行性腮腺炎对止痛、消肿有一定的效果。高热、头痛、呕吐等可给予对症治疗包括脱水剂。并发症按病情处理。男性成人患者在本病早期应用乙蔗酚，每日 3 次，每次 1mg 口服，可能有预防睾丸炎发生的功效。

九、狂犬病

（一）病因

狂犬病是由狂犬病病毒引起的急性传染病，人畜共患，多见于犬、猫等食肉动物，人多因病兽咬伤而发病。病毒侵犯神经系统，引起神经系统变性和炎症，也可侵犯唾液腺等其他组织。

（二）传播特点

主要传染源是病犬，猪、猫、狼、蝙蝠也是世界各地传染源。病犬等动物的唾液中含病毒较多，动物咬人后，病毒通过被咬伤的伤口侵入体内。人对狂犬病病毒普遍易感，被病犬咬后是否发病与下列因素有关：头、面、颈、手指部咬伤后发病率高；创口深而大者发病率高；咬伤后迅速彻底清洗者发病率低；及时、全程、足量注射狂犬病疫苗者发病率低。

（三）临床表现

咬伤后至发病的潜伏期长短不一，一般在 3 个月内，少数超过半年，最长可达十数年。发病时临床表现较突出，如咬伤部位感觉异常、兴奋躁动、恐水怕风、咽喉痉挛、流涎多汗、瘫痪等。病死率接近 100%。

（四）防治措施

对饲养的犬应作预防接种，一旦被咬伤，应及时用 20%肥皂水充分清洗伤口，并不断擦拭，伤口不宜包扎。及时注射狂犬病疫苗，重度咬伤者并可加用抗狂犬病免疫血清。

十、艾滋病（AIDS）

（一）病因

艾滋病是由人类免疫缺陷病毒引起的。该病毒侵入体内后，引起免疫细胞数量及功能下降，破坏人体免疫系统，从而引起各种感染和全身衰竭。

（二）传播特点

传染源是艾滋病病人和艾滋病病毒携带者。艾滋病病毒主要存在于病人和无症状的病毒携带者的血液、精液中，在唾液、泪液、尿液、乳液、阴道中也有少量病毒存在。传播途径有以下三条：一是性接触传播，是主要途径，包括同性和异性之间的性接触；二是血液传播，主要是输入了含有病毒的血液、血制品，使用消毒不严的注射器和手术器械，静脉注射吸毒，使用病人用过的美容刀具、针具、剃刀等器械时划存皮肤黏膜；三是母婴传播，包括胎盘的宫内感染、分娩时的产道感染及哺乳期的吸吮乳汁感染。

（三）临床表现

感染了艾滋病病毒后，主要表现是机会性感染和罕见恶性肿瘤。常见症状是发热、出汗、乏力、咳嗽、关节肌肉痛、淋巴结肿大、咽痛、恶心、呕吐、头痛、腹泻等。常见肿瘤是卡波济氏肉瘤。病人及病毒携带者血液中抗艾滋病病毒抗体（抗 HIV 抗体）阳性，此抗体是确诊艾滋病的主要依据。艾滋病患者存活的机会极少。

（四）防治措施

国内外各种方法都不能彻底治愈，但可降低死亡率。由于艾滋病无特效疗法，故重点是加强预防。预防要点是：杜绝同性恋和异性滥交、洁身自好；非必要时尽量不输血及血制品；坚决禁毒；加强注射器等医疗器械的消毒；加强宾馆、饭店卫生管理。

信息链接

1. 健康网（http：//www.healthoo.net/）。
2. 中国健康网（http：//www.69jk.cn/）。
3. 中国疾病预防控制中心（http：//www.chinacdc.net.cn/）。
4. 中国医院网（http：//www.hospital315.com/）。
5. 健康饮食网（http：//www.healtheat.cn/）。
6. 中国急救网（http：//www.emss.cn/）。
7. 中华急救网（http：//www.china-em.com/）。

思考与练习

1. 通过本章的学习，大学生要知道如何才能养成良好的生活习惯。
2. 开展小组讨论，谈谈如何更好地防止传染病的危害。
3. 进行急救现场模拟。

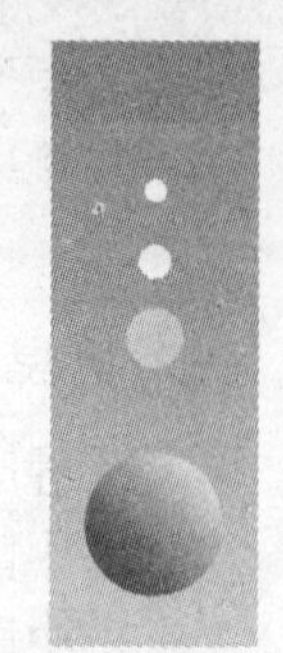

第十二章　职业安全

内容提示

大学生很快就要踏入工作岗位，如何进行职业规划、如何防止职业病侵害、如何保护自己权益以及如何防范职业犯罪都是大学生工作后面临的问题。本章重点介绍劳动法律法规、职业发展和职业病预防相关知识，为大学生进行职业知识储备。

第一节　劳动法律

大学生很快就要寻找适合自己的职业，踏入社会，如何在就业过程中保护自己的合法权益是在校学生必须学习的内容，这就需要大学生了解相关法律法规，以便在自己权益受到侵犯时，拿起法律的武器来捍卫。

一、《中华人民共和国劳动法》的相关规定

《中华人民共和国劳动法》已由中华人民共和国第八届全国人民代表大会常务委员会第八次会议于 1994 年 7 月 5 日通过，自 1995 年 1 月 1 日起施行。大学生要了解的内容如下：

（1）在中华人民共和国境内的企业、个体经济组织（以下统称用人单位）和与之形成劳动关系的劳动者，适用本法。劳动者享有平等就业和选择职业的权利、取得劳动报酬的权利、休息休假的权利、获得劳动安全卫生保护的权利、接

受职业技能培训的权利、享受社会保险和福利的权利、提请劳动争议处理的权利以及法律规定的其他劳动权利。

(2) 劳动者应当完成劳动任务，提高职业技能，执行劳动安全卫生规程，遵守劳动纪律和职业道德。国家实行劳动者每日工作时间不超过 8 小时、平均每周工作时间不超过 44 小时的工时制度。

(3) 对实行计件工作的劳动者，用人单位应当根据本法规定的工时制度合理确定其劳动定额和计件报酬标准。

(4) 用人单位应当保证劳动者每周至少休息 1 日。

(5) 用人单位在下列节日期间应当依法安排劳动者休假：元旦、春节、国际劳动节、国庆节以及法律、法规规定的其他休假节日。

(6) 用人单位由于生产经营需要，经与工会和劳动者协商后可以延长工作时间，一般每日不得超过 1 小时；因特殊原因需要延长工作时间的在保障劳动者身体健康的条件下延长工作时间每日不得超过 3 小时，但是每月不得超过 36 小时。未成年工是指年满 16 周岁未满 18 周岁的劳动者。

(7) 禁止安排女职工从事矿山、井下、国家规定的第四级体力劳动强度的劳动和其他禁忌从事的劳动；不得安排女职工在经期从事高处、低温、冷水作业和国家规定的第三级体力劳动强度的劳动；不得安排女职工在怀孕期间从事国家规定的第三级体力劳动强度的劳动和孕期禁忌从事的劳动。对怀孕 7 个月以上的女职工，不得安排其延长工作时间和夜班劳动。女职工生育享受不少于 90 天的产假。

(8) 劳动者在下列情形下，依法享受社会保险待遇：退休、患病、因工伤残或者患职业病、失业或生育。

二、《中华人民共和国劳动合同法》的相关规定

《中华人民共和国劳动合同法》已由中华人民共和国第十届全国人民代表大会常务委员会第二十八次会议于 2007 年 6 月 29 日通过，自 2008 年 1 月 1 日起施行。大学生要了解的内容如下：

(1) 用人单位招用劳动者时，应当如实告知劳动者工作内容、工作条件、工作地点、职业危害、安全生产状况、劳动报酬，以及劳动者要求了解的其他情况；用人单位有权了解劳动者与劳动合同直接相关的基本情况，劳动者应当如实说明。

(2) 用人单位招用劳动者，不得扣押劳动者的居民身份证和其他证件，不得要求劳动者提供担保或者以其他名义向劳动者收取财物。

(3) 建立劳动关系，应当订立书面劳动合同。已建立劳动关系，未同时订立书面劳动合同的，应当自用工之日起 1 个月内订立书面劳动合同。用人单位与劳动者在用工前订立劳动合同的，劳动关系自用工之日起建立。

(4) 劳动合同应当具备以下条款：用人单位的名称、住所和法定代表人或者主要负责人；劳动者的姓名、住址和居民身份证或者其他有效身份证件号码；劳动合同期限；工作内容和工作地点；工作时间和休息休假；劳动报酬；社会保险；劳动保护、劳动条件和职业危害防护；法律、法规规定应当纳入劳动合同的其他事项。

(5) 劳动合同除前款规定的必备条款外，用人单位与劳动者可以约定试用期、培训、保守秘密、补充保险和福利待遇等其他事项。

(6) 劳动合同期限 3 个月以上不满 1 年的，试用期不得超过 1 个月；劳动合同期限 1 年以上不满 3 年的，试用期不得超过 2 个月；3 年以上固定期限和无固定期限的劳动合同，试用期不得超过 6 个月。同一用人单位与同一劳动者只能约定一次试用期。以完成一定工作任务为期限的劳动合同或者劳动合同期限不满 3 个月的，不得约定试用期。试用期包含在劳动合同期限内。劳动合同仅约定试用期的，试用期不成立，该期限为劳动合同期限。劳动者在试用期的工资不得低于本单位相同岗位最低档工资或者劳动合同约定工资的 80%，并不得低于用人单位所在地的最低工资标准。

三、《中华人民共和国合同法》的相关规定

《中华人民共和国合同法》已由中华人民共和国第九届全国人民代表大会第二次会议于 1999 年 3 月 15 日通过，自 1999 年 10 月 1 日起施行。大学生要了解的内容如下：

第一，当事人订立合同，有书面形式、口头形式和其他形式。法律、行政法规规定采用书面形式的，应当采用书面形式。当事人约定采用书面形式的，应当采用书面形式。

第二，书面形式是指合同书、信件和数据电文（包括电报、电传、传真、电子数据交换和电子邮件）等可以有形地表现所载内容的形式。合同的内容由当事人约定，一般包括以下条款：当事人的名称或者姓名和住所；标的；数量；质量；价款或者报酬；履行期限、地点和方式；违约责任；解决争议的方法。

第三，当事人可以参照各类合同的示范文本订立合同。

几种常见合同相关规定如下。

（一）借款合同

借款合同是借款人向贷款人借款，到期返还借款并支付利息的合同。

借款合同采用书面形式，但自然人之间借款另有约定的除外。

借款合同的内容包括借款种类、币种、用途、数额、利率、期限和还款方式等条款。

订立借款合同，贷款人可以要求借款人提供担保。担保依照《中华人民共和国担保法》的规定。

（二）租赁合同

租赁合同是出租人将租赁物交付承租人使用、收益，承租人支付租金的合同。

租赁合同的内容包括租赁物的名称、数量、用途、租赁期限、租金及其支付期限和方式、租赁物维修等条款。

租赁期限不得超过 20 年。超过 20 年的，超过部分无效。租赁期间届满，当事人可以续订租赁合同，但约定的租赁期限自续订之日起不得超过 20 年。

租赁期限 6 个月以上的，应当采用书面形式。当事人未采用书面形式的，视为不定期租赁。

（三）承揽合同

承揽合同是承揽人按照定作人的要求完成工作，交付工作成果，定作人给付报酬的合同；承揽包括加工、定作、修理、复制、测试、检验等工作。

承揽合同的内容包括承揽的标的、数量、质量、报酬、承揽方式、材料的提供、履行期限、验收标准和方法等条款。

承揽人应当以自己的设备、技术和劳力，完成主要工作，但当事人另有约定的除外。

（四）技术开发合同

技术开发合同是指当事人之间就新技术、新产品、新工艺或者新材料及其系统的研究开发所订立的合同。技术开发合同包括委托开发合同和合作开发合同。

技术开发合同应当采用书面形式。当事人之间就具有产业应用价值的科技成果实施转化订立的合同，参照技术开发合同的规定。

委托开发合同的委托人应当按照约定支付研究开发经费和报酬；提供技术资料、原始数据；完成协作事项；接受研究开发成果。

委托开发合同的研究开发人应当按照约定制定和实施研究开发计划；合理使用研究开发经费；按期完成研究开发工作，交付研究开发成果，提供有关的技术资料和必要的技术指导，帮助委托人掌握研究开发成果。

委托人违反约定造成研究开发工作停滞、延误或者失败的，应当承担违约责任；研究开发人违反约定造成研究开发工作停滞、延误或者失败的，应当承担违约责任。

（五）技术转让合同

技术转让合同包括专利权转让、专利申请权转让、技术秘密转让、专利实施许可合同。技术转让合同应当采用书面形式。

技术转让合同可以约定让与人和受让人实施专利或者使用技术秘密的范围，但不得限制技术竞争和技术发展。

专利实施许可合同只在该专利权的存续期间内有效。专利权有效期限届满或者专利权被宣布无效的，专利权人不得就该专利与他人订立专利实施许可合同。

专利实施许可合同的让与人应当按照约定许可受让人实施专利，交付实施专利有关的技术资料，提供必要的技术指导。

专利实施许可合同的受让人应当按照约定实施专利，不得许可约定以外的第三人实施该专利；并按照约定支付使用费。

四、《工伤保险条例》的相关规定

《工伤保险条例》于2003年4月16日国务院第5次常务会议讨论通过，自2004年1月1日起施行。大学生要了解的内容如下：

（1）中华人民共和国境内的各类企业、有雇工的个体工商户（以下称用人单位）应当依照本条例规定参加工伤保险，为本单位全部职工或者雇工缴纳工伤保险费。

（2）用人单位应当按时缴纳工伤保险费。职工个人不缴纳工伤保险费。

（3）职工有下列情形之一的，应当认定为工伤：在工作时间和工作场所内，因工作原因受到事故伤害的；工作时间前后在工作场所内，从事与工作有关的预备性或者收尾性工作受到事故伤害的；在工作时间和工作场所内，因履行工作职责受到暴力等意外伤害的；患职业病的；因工外出期间，由于工作原因受到伤害或者发生事故下落不明的；在上下班途中，受到机动车事故伤害的；法律、行政法规规定应当认定为工伤的其他情形。

（4）职工有下列情形之一的，视同工伤：在工作时间和工作岗位，突发疾病死亡或者在48小时之内经抢救无效死亡的；在抢险救灾等维护国家利益、公共利益活动中受到伤害的；职工原在军队服役，因战、因公负伤致残，已取得革命伤残军人证，到用人单位后旧伤复发的。

（5）职工有下列情形之一的，不得认定为工伤或者视同工伤：因犯罪或者违反治安管理伤亡的；醉酒导致伤亡的；自残或者自杀的。

五、社会保障体系

社会保障体系包括很多方面，通常包括以下五方面的内容：一是以国家为主体的各级政府社会保障体系；二是以商业保险为主体的社会保障体系，如人身保险、健康保险等；三是民间组织保障体系，如红十字、各类基金等；四是以集体、个人名义捐款资助等方式形成的保障体系；五是国际组织、外国等在特殊时期或特殊事项中形成的援助、捐款、扶持等活动形成的保障体系。

我国以国家为主体的社会保障体系，包括社会保险、社会救助、社会福利、社会优抚安置，还有社会互助、个人储蓄积累保障。以国家为主体的社会保障体系具体内容有如下几点：

（1）社会保险，简称社保，含以下五个险种。

1）养老保险，即劳动者因年老丧失劳动能力时，在养老期间发给生活费，以及生活方面给予照顾。

2）失业保险，即劳动者在失业期间的生活费、医疗费的给付以及转业培训、生产自救及职业介绍等保障措施。

3）工伤保险，即劳动者因工负伤，暂时或永久丧失劳动能力后的工资收入补偿，也是对因工负伤劳动者的医疗护理和生活照顾措施。

4）医疗保险，即劳动者在患病期间在医疗、护理方面的保障措施。

5）生育保险，即女职工在生育期间的收入补助和保障措施。

(2) 社会救助是由政府对生活在社会底层的人给予救助，雪中送炭，使人能活下去。社会救助的项目有：灾民救助、城市贫民救助、农村五保户救助、城乡特殊对象救助、流浪者收容等。

(3) 社会福利是社会保障的最高层次，是实现社会保障的最高纲领和目标。它的目的是增进群众福利，改善国民的物质文化生活，它把社会保障推上最高阶段；社会福利基金的重要来源是国家和社会群体。

(4) 社会优抚安置是社会保障的特殊构成部分，属于特殊阶层的社会保障，是实现社会保障的特殊纲领。社会优抚安置的目的是优待和抚恤；社会优抚安置的对象是军人及其家属；社会优抚安置的基本特征是对军人及其家属的优待；社会优抚安置的基金来源是国家财政拨款。

第二节　职业发展

大学生对自己职业发展的定位是十分重要的。学会规划自己的未来，并正确应对自己职业生涯中遇到的问题，对于大学生能否实现自己的人生价值至关重要。

一、大学生求职安全注意事项

(一) 信息安全

(1) 尽量通过正规途径，如学校就业服务中心、所在地人才交流市场、自己的老师、正规的网站获取就业需求信息，尽量选择信誉佳的公司应征；对于那些并不熟悉或没听说过的小公司，多渠道核实招聘信息，利用亲友和网络资源，核查该公司发布招聘信息的真实性和实效性，全面了解公司情况、职责描述，特别是完全依靠劳动力成本、技术含量比较低的企业，在进入这样的企业前一定要多方面打听。

(2) 要确保自己的信息安全。不要将个人的所有联系方式和信息都提供给招聘单位，一般提供手机号码和电子邮件即可，至于固定电话，可以提供本院系负责就业工作老师的办公电话，最好不要提供宿舍或者家庭电话。不要提供自己的账户信息。

（二）面试安全

（1）清楚告诉老师或者同学面试的具体地点和约见的公司名称，最好留下联系电话，特别是到比较偏僻的场所面试，最好有人陪着前往。当然这或许造成若干不便，但安全较有保障。面试中如果“气氛不对”，应有意无意地表示自己朋友就等在外面。

（2）初次面试尽量不吃提供的点心或饮用饮料；注意面试场地的外观与对外通道；注意观察面试者之言行举止，如暧昧不清，应果断立即离开。

（3）对方如果核对证件，只能交影印本并注明用途而不应给原件；千万不要把身份证等重要证件给招聘方用作抵押。

（三）考察每条招聘信息的真实有效

大学生要仔细浏览招聘单位简介、招聘职位介绍、信息发布时间、有效期等，必要时还可登录该公司的主页了解更多相关信息。在全面详细地了解了招聘职位的情况后再投递简历。同时，要留意信息更新，以防错过机会。

（四）严防收取不当费用

国家已明确规定用人单位不得以收取押金、保证金、集资等作为录用条件。而仍有一些不法分子正是利用了求职者急于找工作的心理，要求事先缴纳一些应当由企业承担的费用如服装费、档案管理费、培训费、信息费、体检费等，即使培训通过后，也会借用各种苛刻的工作条件和要求，胁迫求职者知难而退。

（五）防止工作地点变化

现在由于劳动成本的原因，很多大企业在全国许多地方有分部，求职者在应聘时往往以为工作地点就在总部所在的大城市，结果上岗后被分到偏远地区。

（六）严防非法传销

求职者要提高警惕，避免被他人骗去搞“非法传销”。有时求职者会接到一些公司电话要求参加面试，但是并没有投递这家公司的简历。碰到这种情况，求职者务必特别注意，行业招聘职业指导专家指出：如果没有投递简历却接到面试电话，很可能是对方通过搜索该网站的简历库选中了你的简历。须经查证无误后再去面试，避免陷入传销陷阱。

（七）出行安全

大学最后一年比较繁忙，外出较多，这时要特别注意宿舍内个人钱财物品的安全，特别是现金、贵重物品要妥善保管，随手关好门窗，锁好自己的箱、柜，防止丢失、被窃。参加各地举办的就业洽谈会、人才交流会，要遵守会场纪律，注意人身安全。凡会场安全条件差，秩序混乱，拥挤不堪宁可推迟入场或不参加，也不能进入混乱场合。

（八）学会用法律保护自己的权益

与用人单位签订合同时，毕业生一定要搞清楚协议期、试用期和见习期的概念，从而避免自己的权益受到损害。有少数个体经营者采取拖欠工资、谎称赔本等手段拒绝支付劳动报酬，骗取劳动力，甚至欺辱女工的现象也时有发生。为了保障大家的权益，劳动合同从建立劳动关系的第一天起就应该建立劳动合同，这是劳动者保障自己合法权益的必要手段。求职者在签订劳动合同、与招聘方谈工资待遇时都要谨慎，谨防招聘方的“文字游戏”。

二、职业发展

人的一生会面临很多选择，正确的选择有助于人的成长，不正确的选择也许会成为今后发展的障碍。职业选择更是这样，选择一个未来发展前景好的职业，以后的职业发展会十分顺畅，反之则可能在今后的发展中涉及职业转型，需要付出更多努力，增加更多隐性或显性成本。

（一）大学生职业规划的步骤

一般职业规划的模式有四个阶段。

1. 准备阶段

首先要对自己有个准确的认识。假如你不了解自己，可能无法决定什么工作是最适合自己的。大学生必须静下心来对自己做一些内在的思考，找出自己的兴趣，发掘自己的优势，分析自己的技能、实力和成就。此外，还要找出自己的弱点，并努力克服这些弱点。

2. 评估阶段

就是要对各种可行性进行评估。一旦收集全自己的全部讯息，大学生便要做好准备，去评估眼前的选择，并从有利的观点去选择、探究自己未来的工作领域。大学生可从多方渠道去考察，直到发现和自己兴趣、预期目标相一致的职业。

3. 决定阶段

一旦具备了追求的目标，大学生便要做好充分的准备，扬长避短，要勇于舍弃和把握，迅速下决定，抓住自己应该抓住的机会，对得不到的东西不要惋惜，以免影响自己前进的动力。

4. 保持阶段

一旦获得机会，大学生就不能停滞不前，必须确保胜任各项工作，怠忽职守、不思进取则无法强化自己原来的优势。

（二）大学生对待职业的态度

无论现在或将来从事的职业是什么，大学生对职业要负责任这一点切不可忘记。一定要认真敬业、勇承重担、兢兢业业、恪守职业道德。具体要注意以下几点。

(1) 建立和谐融洽的人际关系。实践证明与同事间人事关系融洽能使工作效率倍增，优良的交际技能可为谋职就业提高成功几率。大学生要在工作中对上级服从，对下级尊重，凡事从工作需要出发，不要为坚持一己之见或出于私心，而与同事发生冲突或不快；要勇于承认错误，善于表扬别人，不斤斤计较。

(2) 善于发现变化并积极适应。职业竞争增大，单位的人员流动也大，技术更新快。未来时代的工作者们可能经常转换职业角色，这就是说你要善于灵活地从一个角色迅速转换到另一个角色方能适应时代环境的变化。不管周围环境及人生某一阶段出现何样的变化，大学生都要善于发现并抓住各种机遇。例如，在互联网上经营商务，这是一种时代的变化，同时对你也可能是一种机遇，不管你从不从事网络商务，面对此新生事物都应该认同它是当今世界上最有功效的事物且是变化的未来趋势，不管这种变化是好还是坏，你都要认真审视、认真预测，因为你目前或将来从事的职业可能与此密切相关，各种机遇可能正包含在其中。

(3) 要善于学习运用新技术。要舍得花钱、花时间学习知识。一个复合的社会将不仅需要专业化知识，同时还需要通用化及灵活式技能。为未来职业考虑，大学生绝不应只专心研究某一种专业知识，还应同时了解这种专业知识在未来社会是否还将为人们所需求。以长远眼光看问题，多掌握几种技能要比只精通一门狭窄的专业知识更有前景。

(4) 更换工作要多做调查研究。当欲加盟一家新公司，大学生要多下点力气去研究这家公司，事先多从侧面了解该公司的规范、行为、准则等事项，阅读有关该公司的公开财务报表；或到邻近该公司的饭店向饭店服务人员侧面了解一些有关该公司员工情况。尤其是考虑某新兴职业或新产业时，观念一定要更新，以防被错误思维误导。

三、杜绝职务犯罪

职务犯罪作为一种社会历史现象，是伴随着阶级、国家、职务、法的产生而出现的。现代意义的职务犯罪分广义和狭义两种，广义讲是指有职务的人利用职务进行的犯罪，狭义讲指的是国家工作人员职务犯罪，即国家工作人员利用职务上的便利，进行非法活动，或者滥用职权，或者对工作严重不负责任，不履行或不正确履行职责，破坏国家对职务行为的管理活动，致使国家和人民利益遭受重大损失。

(一) 职务犯罪的社会危害性

职务犯罪具有严重的社会危害性。由于其犯罪主体具有一定职务、掌握一定权力，所以比一般犯罪更为严重，社会危害性更大。其危害性具体表现如下。

1. 职务犯罪危害他人的生命财产安全

职务意味着责任。大学生任职后，如果严重不负责任，不履行或不正确履行职责，或滥用职权，就会损害多数人生命财产的安全。特别对主管领导或工程管理人员严重不负责任，不按有关规定履行职责，或徇私舞弊、贪污受贿，就会造成工程质量劣、豆腐渣工程等问题的发生，从而导致工程不能用，甚至倒塌造成人员伤亡等他人生命财产严重受损情况的发生。

2. 职务犯罪造成国家财产流失

贪污、挪用等职务犯罪严重违反国家的有关法律法规，如果不择手段违法违纪，侵吞、动用公款，就会造成大量公共财产的流失，损害国家和人民的利益，其危害程度往往比盗窃、抢劫、诈骗等犯罪行为更为严重。

3. 危害国家的长治久安

国家公务员的职务犯罪不仅严重腐蚀国家肌体和人们的灵魂，还败坏党风和社会风气，降低国家和政府的声誉，而且直接危害国家机关的正常活动，削弱国家的职能。同时，职务犯罪还必然阻碍社会主义民主政治建设的步伐，干扰党和国家的方针、政策、法律、法令的贯彻和实施，破坏社会主义法制的统一和尊严，危害国家的长治久安。

（二）职务犯罪的产生原因

职务犯罪作为一种社会历史现象，其产生的原因很多，也很复杂，但归纳起来，其产生原因可分为内因和外因两种。

1. 内因

内因包括职务行为人的素质、修养、人生观、世界观、价值观等。不难理解，如果职务行为人思想觉悟不高，素养差，追求享乐，贪图名利，则其利用职务或因为职务而犯罪的可能性是随时随地都会有的；相反，如果职务行为人思想觉悟高，素养好，一切以国家和人民利益为重，则其利用职务或因为职务而犯罪的可能性是很小的。

2. 外因

第一，传统文化影响。礼尚往来是中华民族的传统美德，如亲戚朋友之间，私人关系之间等，而对于公务、职务行为来说就不能再以重情义，礼尚往来去行事了。

第二，不良社会风气影响。无论小事、大事，公事、私事，求人办事，请客送礼、塞红包已成社会普遍现象。可以说，很多人在日常生活中也常常抱有这样走捷径的想法。

第三，国家公职人员收入不均等。目前，受我国经济和社会发展水平等因素的制约，国家工作人员的收入地区差异大，与社会上先富起来的一部分人相比收入还偏低，这种情况往往导致国家工作人员心理失衡。

第四，监督管理因素。监督管理对于保障各项规章制度的贯彻落实，减少各种职务犯罪产生的机会具有重要作用。当前还存在规章制度操作性不强，疏于或不到位的监督管理等很容易导致职务犯罪发生的因素。

第五，当事人的赌博心理。违法未能及时追究在一定程度上助长了职务犯罪分子的嚣张气焰。他们往往认为，凭借其构筑的关系网，即使犯了罪也能摆平而逍遥法外。在这一心理支配下，他们敢于以身试法，肆无忌惮。

（三）职务犯罪预防

遏制和减少职务犯罪，打击是治标之举，预防才是治本之策。任何事物都是在内因和外因的交互作用下发展变化的，职务犯罪作为一种社会现象自然也不例外。预防职务犯罪自然就要从其产生的内因和外因谈起。

(1) 不断提高个人素质。大学生要加强理论学习，认真贯彻党的路线、方针、政策，维护社会的道德风尚；要培养健康向上的爱好，拒绝腐蚀，自觉抵制不良思潮的影响，拒绝拜金主义，让行贿者无机可乘，树立正确的人生观、世界观、价值观。

(2) 正面教材影响自己。人的好恶、善恶是受后天的环境影响而形成的，一个人生下来就受到好的教育，而远离不良习俗、不良环境，则这个人就会向着善的方向发展。大学生在实际工作中，要多接触一些有远大理想和抱负的人，可以帮助自己祛除不良因素的影响和不良思想在一个人头脑中的分量。

(3) 反面教材吸取教训。大学生要多看一些犯罪案例，注重运用反面教材的宣传教育以警示自己。社会生活中，少部分人虽然没有进行职务犯罪，但这并不是其不想，而是不敢为或不能为，这是一群不稳定分子，其思想随意性很大，犯罪的可能性也很大。通过大量反面教材的宣传教育，就会促使他们由不敢为转为不为，从而起到预防职务犯罪发生的作用。

(4) 遵守法律照章办事。大学生要从我做起，从本单位做起，从小事做起，从第一天工作做起，依法照章办事，消除为谋利益而走后门、拉关系的非分之想，不给有关单位和个人开后门、得好处提供条件。

(5) 民主管理集体决策。工作中要自觉接受人民监督、媒体监督。要养成民主管理和民主监督的好习惯，在实际工作中重大的事项要集体研究决定。通过规范、科学的工作程序和及时有效的监督管理可使职务行为人减少和避免职务犯罪的发生。

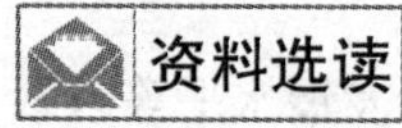

将职务犯罪预防延伸至大学生就业前

2008 年年初，鞍山市检察院通过与鞍山的两所高校（辽宁科技大学和鞍山师范学院）沟通协调并达成共识，在这两所高校开展“廉政文化进高校”活动。一是在学生中开展了问卷调查，问卷调查的内容包括学生对国家反腐败情况的了解程度、了解渠道、对社会腐败现象的看法等 30 多个方面的问题，目的是为今后的活动开展制定针对性的工作措施。二是对鞍山地区三年来的职务犯罪进行个案筛选、统计，调研分析大学生的比重、年龄结构及走上犯罪道路原因等，并挑选出个别典型案例，组织了 100 多名大学生与服刑人员座谈。三是挑选出 5 名检察官做廉政教员和辅导员开展廉政授课，并聘请了20余名学生代表参加社会实践，与检察官一同开展了5次职务犯罪预防工作。在采访中，辽宁科技大学一位即将毕业的大学生告诉记者：“‘廉政文化进高校’活动，听着似乎离我们大学生很远，其实很近。在大学毕业前，通过与服刑犯人座谈、参加社会实践，与检察官一同开展职务犯罪预防等活动，不仅让我们了解了职务犯罪的危害，而且我们从中还学习到了有益的法律知识，受到了深刻的教育，对今后参加工作有积极的意义。”

资料来源：http：//www.legaldaily.com.cn/。

第三节　职业疾病

职业病危害因素广泛存在于冶金、机械、造船、纺织、化工、医药、涂料、轻工业、电子、仪表、建筑、采矿、农业等各个行业。大学生要了解相应的法律法规，了解常用的职业病预防知识，并在工作中保护自己的身体健康。

一、《中华人民共和国职业病防治法》的相关内容

为了预防、控制和消除职业病危害，防治职业病，保护劳动者健康及其相关权益，促进经济发展，2001年10月27日第九届全国人民代表大会常务委员会第二十四次会议通过了《中华人民共和国职业病防治法》。大学生需要了解其中的内容如下。

（1）职业病，是指企业、事业单位和个体经济组织（以下统称用人单位）的劳动者在职业活动中，因接触粉尘、放射性物质和其他有毒、有害物质等因素而引起的疾病。

（2）劳动者依法享有职业卫生保护的权利。用人单位应当为劳动者创造符合国家职业卫生标准和卫生要求的工作环境和条件，并采取措施保障劳动者获得职业卫生保护。

（3）产生职业病危害的用人单位，应当在醒目位置设置公告栏，公布有关职业病防治的规章制度、操作规程、职业病危害事故应急救援措施和工作场所职业病危害因素检测结果。对产生严重职业病危害的作业岗位，应当在其醒目位置，设置警示标志和中文警示说明。警示说明应当载明产生职业病危害的种类、后果、预防以及应急救治措施等内容。

（4）用人单位与劳动者订立劳动合同（含聘用合同，下同）时，应当将工作过程中可能产生的职业病危害及其后果、职业病防护措施和待遇等如实告知劳动者，并在劳动合同中写明，不得隐瞒或者欺骗。

（5）劳动者应当学习和掌握相关的职业卫生知识，遵守职业病防治法律、法

规、规章和操作规程，正确使用、维护职业病防护设备和个人使用的职业病防护用品，发现职业病危害事故隐患应当及时报告。

(6) 对从事接触职业病危害的作业的劳动者，用人单位应当按照国务院卫生行政部门的规定组织上岗前、在岗期间和离岗时的职业健康检查，并将检查结果如实告知劳动者。职业健康检查费用由用人单位承担。

(7) 用人单位不得安排未经上岗前职业健康检查的劳动者从事接触职业病危害的作业；不得安排有职业禁忌的劳动者从事其所禁忌的作业；不得安排未成年工从事接触职业病危害的作业；不得安排孕期、哺乳期的女职工从事对本人和胎儿、婴儿有危害的作业。

二、职业病目录

根据《中华人民共和国职业病防治法》第 2 条的规定，职业病的分类和目录由国务院卫生行政部门会同国务院劳动保障行政部门规定、调整并公布。目录中所列的各种职业病介绍如下。

(一) 尘肺

矽肺、煤工尘肺、石墨尘肺、碳黑尘肺、石棉肺、滑石尘肺、水泥尘肺、云母尘肺、陶工尘肺、铝尘肺、电焊工尘肺、铸工尘肺、根据《尘肺病诊断标准》和《尘肺病理诊断标准》可以诊断的其他尘肺。

(二) 职业性放射性疾病

外照射急性放射病、外照射亚急性放射病、外照射慢性放射病、内照射放射病、放射性皮肤疾病、放射性肿瘤、放射性骨损伤、放射性甲状腺疾病、放射性性腺疾病、放射复合伤、根据《职业性放射性疾病诊断标准（总则)》可以诊断的其他放射性损伤。

(三) 职业中毒

铅及其化合物中毒（不包括四乙基铅)、汞及其化合物中毒、锰及其化合物中毒、镉及其化合物中毒、铍病、铊及其化合物中毒、钡及其化合物中毒、钒及其化合物中毒、磷及其化合物中毒、砷及其化合物中毒、铀中毒、砷化氢中毒、氯气中毒、二氧化硫中毒、光气中毒、氨中毒、偏二甲基肼中毒、氮氧化合物中毒、一氧化碳中毒、二硫化碳中毒、硫化氢中毒、磷化氢、磷化锌、磷化铝中毒、工业性氟病、氰及腈类化合物中毒、四乙基铅中毒、有机锡中毒、羰基镍中毒、苯中毒、甲苯中毒、二甲苯中毒、正已烷中毒、汽油中毒、一甲胺中毒、有机氟聚合物单体及其热裂解物中毒、二氯乙烷中毒、四氯化碳中毒、氯乙烯中毒、三氯乙烯中毒、氯丙烯中毒、氯丁二烯中毒、苯的氨基及硝基化合物（不包括三硝基甲苯）中毒、三硝基甲苯中毒、甲醇中毒、酚中毒、五氯酚（钠）中毒、甲醛中毒、硫酸二甲酯中毒、丙烯酰胺中毒、二甲基甲酰胺中毒、有机磷农药中毒、氨基甲酸酯类农药中毒、杀虫脒中毒、溴甲烷中毒、拟除虫菊酯类农药中毒、根据《职业性中毒性肝病诊断标准》可以诊断的职业性中毒性肝病、根据《职业性急性化学物中毒诊断标准（总则）》可以诊断的其他职业性急性中毒。

（四）物理因素所致职业病

中暑、减压病、高原病、航空病、手臂振动病。

（五）生物因素所致职业病

炭疽、森林脑炎、布氏杆菌病。

（六）职业性皮肤病

接触性皮炎、光敏性皮炎、电光性皮炎、黑变病、痤疮、溃疡、化学性皮肤灼伤、根据《职业性皮肤病诊断标准（总则）》可以诊断的其他职业性皮肤病。

（七）职业性眼病

化学性眼部灼伤、电光性眼炎、职业性白内障（含放射性白内障、三硝基甲苯白内障）。

（八）职业性耳鼻喉口腔疾病

噪声聋、铬鼻病、牙酸蚀病。

（九）职业性肿瘤

石棉所致肺癌、间皮瘤、联苯胺所致膀胱癌、苯所致白血病、氯甲醚所致肺癌、砷所致肺癌、皮肤癌、氯乙烯所致肝血管肉瘤、焦炉工人肺癌、铬酸盐制造业工人肺癌。

（十）其他职业病

金属烟热、职业性哮喘、职业性变态反应性肺泡炎、棉尘病、煤矿井下工人滑囊炎。

三、常见行业的职业病

(1) 鞋厂、皮具、皮件厂是使用黏合剂的企业，加工过程中常用含苯、正己烷、二氯乙烷的黏合剂，工人长期接触容易引起苯中毒、正己烷中毒、二氯乙烷中毒。

(2) 玩具厂用到的一些油漆中含苯、铅，容易引起苯中毒、铅中毒。用三氯乙烯、正己烷、天拿水（含苯）作为清洗剂，易引起三氯乙烯中毒、正己烷中毒和苯中毒。用含有二氯乙烷的胶水作黏合剂则引起二氯乙烷中毒。玩具制造多有噪音，易损伤听力。

(3) 玻璃厂、石材、宝石加工厂通常切割、雕刻、抛光、打磨等工序接触粉尘，易引起尘肺病中的矽肺；长期使用多种电动工具，会引起肢端血管痉挛，末梢神经感觉障碍的振动病和噪声病。

(4) 电工电子元件厂的焊锡工人易患铅中毒，清洗电路板用到三氯乙烯或天拿水等，易引起正己烷中毒、三氯乙烯中毒和苯中毒。一些电子产品中含铅、汞、镉等金属，可能会引起铅中毒、汞中毒、镉中毒。

(5) 印刷厂常用白电油、汽油、天拿水作清洗剂，清洗印刷机器，油墨和印刷品含有有机溶剂，易引起正己烷中毒、汽油中毒、苯中毒。

(6) 五金厂使用三氯乙烯、天拿水、白电油清洗产品，引起三氯乙烯中毒、苯中毒、正己烷中毒；打磨、抛光产生的粉尘引起尘肺、振动病和噪声病。

(7) 玻璃厂制造玻璃要用到沙子作为原料，吸入会引起矽肺。

(8) 陶瓷厂以陶土为原料，长期吸入这些粉尘极易引起陶工尘肺。烧制陶瓷温度很高，夏天易引起中暑。

(9) 金属制品加工厂的电焊、喷漆工人易患电焊工尘肺，焊条含铅、锰，还会引起铅中毒、锰中毒。喷漆含苯，很容易引起苯中毒。喷砂、打砂工人还会引起尘肺中的矽肺。铁板要经过打磨、冲压，在此过程中产生很大的噪音，使听力下降，导致职业性听力损伤。电镀中使用的提取液和电镀液中含有氰化物，易导致相关化学品中毒。

(10) 纺织制衣行业。高温高湿环境危害易中暑；用眼紧张导致视力减退；染布、印花在干燥和蒸化过程中也会接触苯胺类染料可致癌；接触棉、麻粉尘的疾病有纱厂热、织布工咳、急性呼吸道病和棉尘症。

(11) 医学影像专业和微机操作人员，由于经常接触放射线，会发生白血病、再生障碍性贫血、各种肿瘤、眼底病变、生殖系统疾病、早衰等。

(12) 办公室白领疾病。目前中国职业病立法仅限于由实际物理化学危害因素导致的疾病。虽然学理上职业病涉及劳动过程中诸如劳动制度、劳动压力等致病因素导致的疾病，但是法定职业病范围尚未扩展到办公室工作引起的疾病。办公室人员也要注意，防止颈椎、腰椎疾病、痔疮、胃病、干眼病的发生。

四、常见职业病的主要症状

(一) 矽肺

早期咳嗽较重，无痰或少量黏液痰。单纯矽肺多无胸痛或有轻微胸痛，一旦有明显胸痛应考虑有肺内感染或并发肺结核的可能。胸膜摩擦常常是并发肺结核的征象。晚期矽肺，特别是并发肺结核的病人，突然胸痛，并伴有气短者。早期矽肺气短不明显，晚期矽肺，并发肺结核、肺气肿时，气短明显。一般经吸氧可以缓解，晚期矽肺病人常需持续吸氧，十分痛苦。咳血、发热多是并发肺结核或肺部感染的征象。

(二) 铅及其化合物中毒

职业性铅中毒多为慢性中毒，临床上有神经、消化、血液等系统的综合症状。神经系统，主要表现为神经衰弱、多发性神经病和脑病。早期和较常见的症状之一，表现为头昏、头痛、全身无力、记忆力减退、睡眠障碍、多梦等，其中以头昏、全身无力最为明显。多发性神经病，表现为肢端麻木和四肢末端呈手套袜子型感觉障碍或桡神经支配的手指和手腕伸肌呈腕下垂。消化道症状包括在齿龈边缘出现的蓝灰色铅线、口内金属味、食欲不振、上腹部胀闷、不适、腹隐痛和便秘，大便干结呈算盘珠状，铅绞痛发作前常有顽固性便秘作为先兆。严重的腹绞痛易被误诊为外科急腹症。

（三）锰及其化合物中毒

轻度中毒常有嗜睡、淡漠、精神萎靡，继之有失眠、乏力、头昏、头痛、注意力涣散、记忆力减退等。中度中毒除上述症状和体征外，还有两腿发沉、走路笨拙并缓慢，易跌倒；语言单调、口吃，举止缓慢，完成精细动作困难，面部表情呆板。重度中毒精神症状，患者有四肢僵直，动作缓慢笨拙，说话含糊不清，面部表情减少呈面具样。

（四）有机锡中毒

主要表现为皮肤黏膜刺激症状和中枢神经系统症状。皮肤黏膜刺激症状有眼痛、流泪、流涕、喷嚏、咽喉干燥、干咳等。严重时，出现咳嗽、胸闷、呼吸困难，可发生肺炎和肺水肿。中枢神经系统症状早期出现头痛，先为阵发性，后为持续性，可十分剧烈，也常见头晕。患者精神萎靡，疲乏无力，食欲减退，恶心，频繁呕吐。常出现心动过缓、多汗、手指震颤。严重病人可突然昏迷，抽搐，呼吸停止。

（五）汞及其化合物中毒

最先出现一般性神衰症状，如轻度头昏、头痛、健忘、多梦等，部分病例会有心悸、多汗等植物神经系统紊乱现象。易兴奋症，即慢性汞中毒的精神症状，表现多种多样，如失眠或嗜睡、性情抑郁孤僻而又急躁，易紧张激动与发怒而自己不能控制。手指、舌头、眼睛明显震颤，而以手指及手部震颤最为突出。重病者讲话不灵活，步态不稳，下楼时更明显。病情较急较重的口中金属味与唾液增加，早晨醒来时见到枕套潮湿。苯中毒，苯主要以蒸气形式由呼吸道吸入。苯的急性毒作用主要为中枢神麻醉，慢性毒作用主要影响骨髓造血功能，表现为骨髓毒性和致白血病作用。

（六）急性中毒

急性中毒主要引起中毒麻醉，其过程与醉酒或手术时的全身麻醉相似，轻者头昏、头胀、头痛、眩晕、酩酊感，意识稍模糊，或兴奋、欣快感、步态不稳等。如果继续吸入，神志模糊加重，进入浅昏迷状态，呼之不应，无目的地工作（例如一直在同一地点油漆）或乱动。再继续吸入，陷入深昏迷而倒下，严重者呼吸停止，继之以心跳停止。

（七）正己烷中毒

长期低浓度接触可引起慢性中毒，感觉减退通常累及两手、两足，跟腱反射减弱。较重者出现运动神经病，常伴有无力、食欲减退和体重减轻。通常先下肢远端无力、肌肉痉挛样疼痛，上肢较少受累，仅手部肌肉无力。感觉运动型周围神经病也以运动障碍为主，痛觉、触觉消失常限于手及足部，振动觉及位置觉轻度减退。人吸入高浓度正己烷可引起急性中毒，出现眼和呼吸道刺激症状，及头痛、头昏、恶心、乏力、胸闷，甚至意识不清。严重者发生中枢神经抑制。

（八）三氯乙烯中毒

吸入性中毒多在接触半小时内，少数达数小时出现症状。除眼睛及呼吸道刺激症状外，主要有头晕、头痛、乏力、嗜睡、欣快感、易激动、步态不稳及恶心、呕吐、肢体发麻、抽动、震颤、肌肉和关节疼痛等。长期接触本品可致慢性中毒。症状表现与急性中毒类似，但程度较轻。早期患者常诉疲乏、头痛、发作性眩晕、易激动、睡眠障碍、记忆力减退以及心悸、震颤、食欲不振等，尤以神经症状及视神经病变为突出。

（九）硫化氢中毒

轻者出现头痛、头昏、乏力、恶心、眼胀痛、咽干、咳嗽等症状。较重者上述症状加重，并出现胸闷、心悸等症状，视力模糊、眼结膜水肿及角膜糜烂，神志出现轻度意识障碍。重症者则神志昏迷，出现肺水肿、脑水肿，呼吸循环衰竭。很高浓度的硫化氢吸入后，会导致吸入者呼吸、心跳骤停。

五、职业病诊断与鉴定

根据《职业病诊断与鉴定管理办法》的有关规定，对职业病诊断及产生异议的职业病鉴定程序如下。

（一）鉴定

劳动者可以在用人单位所在地或者本人居住地依法承担职业病诊断的医疗卫生机构进行职业病诊断，并提供以下材料：

（1）职业史；

（2）职业病危害接触史和现场危害调查与评价；

（3）临床表现以及辅助检查结果等。

（二）有异议时如何处理

当事人对职业病诊断有异议的，可以向作出诊断的医疗卫生机构所在地的地方人民政府卫生行政部门申请鉴定。职业病诊断争议由设区的市级以上地方人民政府卫生行政部门根据当事人的申请，组织职业病诊断鉴定委员会进行鉴定。申请职业病诊断时应当提供以下材料：

（1）职业史、既往史；

（2）职业健康监护档案复印件；

（3）职业健康检查结果；

（4）工作场所历年职业病危害因素检测、评价资料；

（5）诊断机构要求提供的其他必需的有关材料。

（三）费用及复查规定

当事人对设区的市级职业病诊断鉴定委员会的鉴定结论不服的，在接到职业病诊断鉴定书之日起 15 日内，可以向原鉴定机构所在地省级卫生行政部门申请再鉴定。省级职业病诊断鉴定委员会的鉴定为最终鉴定。

职业病诊断鉴定委员会由卫生行政部门组织。职业病诊断鉴定办事机构应当在受理鉴定之日起 60 日内组织鉴定。职业病鉴定的费用由用人单位承担。

职业病诊断机构做出职业病诊断后，应当向当事人出具职业病诊断证明书。职业病诊断证明书应当明确是否患有职业病，对患有职业病的，还应当载明所患职业病的名称、程度、处理意见和复查时间。

[案例] 职业中毒案例

20 岁的小王曾在“珠三角”某电子厂打工。她每天的工作是用天拿水清洗电子产品的外壳污染。刚进车间时，她觉得气味很重，后来时间长了也就习惯了。干了一年后，她感觉身体越来越差，最初感觉头晕，后来脚上出血点、淤斑，再后来脸上一点血色也没有，直到有一天她晕倒在车间，并被同事送往医院。经医院确诊，小王系苯中毒导致再生障碍性贫血。

大学生进入工作单位，一定要对自己的工作存在的危害好好了解，以免平时预防措施不到位，损伤自己的健康。

信息链接

1. 劳动合同法网（http：//www. ldht. org/index. html）。
2. 中国职业病网（http：//www. zybw. net/）。
3. 中华人民共和国人力资源和社会保障部网（http：//www. mohrss. gov. cn/）。
4. 大学生职业发展在线（http：//career. job9151. com/）。
5. 中国职务犯罪预防网（http：//www. yfw. com. cn/）。
6. 中国职业安全网（http：//www. chinahse. com/）。

思考与练习

1. 通过本章的学习，大学生要掌握有关职业的法律法规知识。
2. 开展小组讨论，谈谈如何进行职业规划。
3. 大学生应该知道哪些职业病预防知识？

参考文献

［1］高开华．当代大学生安全知识读本．合肥：中国科技技术大学出版社，2009

［2］杨湘洪．常用法律法规汇编．北京：中央编译出版社，2007

［3］李洪渠，李友玉，洪贞银．安全警示录：大学生安全教育读本．武汉：武汉大学出版社，2007

［4］中共北京市委教育工作委员会，北京高教学会保卫学研究会组．大学生安全知识．北京：机械工业出版社，2008

［5］宋志伟，燕国瑞．大学生安全教育．北京：清华大学出版社，2007

［6］刘盛，刘明洁．消防安全知识教育读本．北京：中国法制出版社，2009

［7］陈万柏，张耀灿．思想政治教育学原理．武汉：华中师范大学出版社，2009

［8］徐厚道．心理学概论．北京：北京工业大学出版社，2010

［9］美国陆军司令部编，张雪兰，贾士娥译．美军生存手册．北京：京华出版社，2007

［10］谢振华．安全生产基础知识．北京：中国劳动社会保障出版社，2008

［11］卢标．体育运动与安全防护．武汉：中国地质大学出版社，2009

［12］王长利，王立成，马安洁．实验室安全手册．长春：吉林大学出版社，2009

［13］洪雪燕，林建军，王富勇．安全用电．北京：中国电力出版社，2008

教师信息反馈表

为了更好地为您服务,提高教学质量,中国人民大学出版社愿意为您提供全面的教学支持,期望与您建立更广泛的合作关系。请您填好下表后以电子邮件或信件的形式反馈给我们。

<table>
<tr><td>您使用过或正在使用的我社教材名称</td><td></td><td>版次</td><td></td></tr>
<tr><td>您希望获得哪些相关教学资料</td><td colspan="3"></td></tr>
<tr><td>您对本书的建议(可附页)</td><td colspan="3"></td></tr>
<tr><td>您的姓名</td><td colspan="3"></td></tr>
<tr><td>您所在的学校、院系</td><td colspan="3"></td></tr>
<tr><td>您所讲授课程名称</td><td colspan="3"></td></tr>
<tr><td>学生人数</td><td colspan="3"></td></tr>
<tr><td>您的联系地址</td><td colspan="3"></td></tr>
<tr><td>邮政编码</td><td></td><td>联系电话</td><td></td></tr>
<tr><td>电子邮件(必填)</td><td colspan="3"></td></tr>
<tr><td>您是否为人大社教研网会员</td><td colspan="3">□ 是　会员卡号:______
□ 不是,现在申请</td></tr>
<tr><td>您在相关专业是否有主编或参编教材意向</td><td colspan="3">□ 是　　□ 否
□ 不一定</td></tr>
<tr><td>您所希望参编或主编的教材的基本情况(包括内容、框架结构、特色等,可附页)</td><td colspan="3"></td></tr>
</table>

我们的联系方式:北京市海淀区中关村大街31号

中国人民大学出版社教育分社

邮政编码:100080

电话:010-62515910

网址:http://www.crup.com.cn/zyjy/

E-mail:jyfs_2007@126.com

图书在版编目（CIP）数据

大学生安全教育/赵升文主编
北京：中国人民大学出版社，2010
21世纪高职高专规划教材·通识课系列
ISBN 978-7-300-12266-3

Ⅰ.①大…
Ⅱ.①赵…
Ⅲ.①大学生-安全教育-高等学校：技术学校-教材
Ⅳ.①G645.5

中国版本图书馆CIP数据核字（2010）第104999号

21世纪高职高专规划教材·通识课系列
大学生安全教育
主　编　赵升文
副主编　马建华

出版发行　中国人民大学出版社
社　　址　北京中关村大街31号　　**邮政编码**　100080
电　　话　010－62511242（总编室）　010－62511398（质管部）
　　　　　010－82501766（邮购部）　010－62514148（门市部）
　　　　　010－62515195（发行公司）　010－62515275（盗版举报）
网　　址　http://www.crup.com.cn
　　　　　http://www.ttrnet.com(人大教研网)
经　　销　新华书店
印　　刷　北京鑫丰华彩印有限公司
规　　格　170 mm×228 mm　16开本　　**版　　次**　2010年8月第1版
印　　张　14.25　　**印　　次**　2010年12月第2次印刷
字　　数　277 000　　**定　　价**　25.00元